Oliver Hassencamp

»Die gute schlechte Zeit«

Oliver Hassencamp

»Die gute schlechte Zeit«

Erinnerungen an Damals

Herbig

Dieser Band vereinigt Texte aus den Büchern
»Der Sieg nach dem Krieg«, 1983,
und »Fröhliche Zeiten«, 1984.

Schutzumschlaggestaltung: Wolfgang Heinzel
Satz: Filmsatz Schröter GmbH, München
Gesetzt aus 10,4/12 Punkt New Caledonia
auf Macintosh in QuarkXPress
Druck: Jos. C. Huber KG, Dießen
Binden: R. Oldenbourg, München
Printed in Germany
ISBN 3-7766-2090-0

Meiner Frau

Inhalt

Voraus

Schwierigkeiten und Entbehrungen im Nachkriegsdeutschland sind geschildert und bebildert. Wie immer in Zeiten der Not gab es auch Erheiterndes, um den Alltag zu bestehen, Freude an Improvisation und Komik, die Ausnahmezustände voraussetzen.

Ein Teil der Jugend – hier eine Clique von Gegnern des Dritten Reiches in München – sah eine bescheidene Chance. Naiv, voll aufgestauter Lebenslust und ohne Selbstmitleid wehrte sie sich gegen das Erbe, für das sie nichts konnte. Es war ihre Jugendzeit, die sie endlich in eigener Regie gestalten wollte. Niemand hat sie gefördert, niemand hat ihnen geholfen. Das ist ihnen glänzend bekommen.

Tief über Deutschland

```
Grossmutter tot - stop - komme sofort - stop
 - kann Zimmer sonst nicht halten - stop -
```

Eine treffendere Kurzgeschichte über die Lage in Deutschland im Winter 45/46 ist mir nicht bekannt. Ein Zimmer war damals alles. Selbst wenn es alles andere war als ein Zimmer.

Die Meldung über das Ableben war im Wohnungsamt gerade eingegangen, da stand ich schon mit Anmeldeformular in der Schlange vor dem Eckhaus an der Goethestraße in München. Ein Krückstock diente mir als moralischer Dringlichkeitsausweis. Leider war er echt, kein ausgeborgtes Requisit, um das Schlangestehen abzukürzen. Damals mußte einem etwas fehlen, damit man etwas bekam. Etwas Unnötiges. Das Nötige fehlte ohnehin. Der Alltag bestand vornehmlich aus Mangel und Verboten. Ihn zu bestehen, hieß beides umgehen, abwechselnd oder simultan. Ständig mußte man sich etwas einfallen lassen. Überleben war eine Frage der Kreativität.

Die Stunde der Schieber hatte geschlagen, der Nachkriegsgewinnler, Profitmacher, die sich über Gesetze, Sitten und Anstand hinwegsetzten, aber auch die Stunde einzelkämpferischer Käuze, die in Hinterzimmern ahnungslos an Imperien bastelten. Später nannte man die Erfolgreichsten beider Lager »Unternehmer«.

Auch der Normalverbraucher an Kalorien, Skrupeln und

Phantasien schöpfte, da Not bekanntlich erfinderisch macht, aus kleinen Erfolgserlebnissen Kraft, um das Überlebthaben zu überleben. Gewiß, außerhalb der Legalität zumeist. Wenn etwa jemand einen dringend benötigten, aber unerreichbaren Stempel mittels eines hartgekochten Eies heimlich von einem echten Formular abnahm und ihn auf ein fingiertes übertrug. Das kostete mitunter Zeit, galt es doch, vorab an ein hartgekochtes Ei zu kommen. Kleinste Erleichterungen erforderten viele, scheinbar unzusammenhängende Arbeitsgänge.

Eilig rekrutierte, halbwegs weißwestige deutsche Behörden verwalteten die Not. Von einer der Landessprache wie der Mentalität gleichermaßen unkundigen Militärregierung mit Argwohn beobachtet, gaben sie ihre Ohnmacht mit viel gutem Willen an den Bürger weiter. Dem waren Unzumutbarkeiten seit Jahren so vertraut, daß er auch ohne Androhung der Todesstrafe nicht aufmuckte. Die Notverwaltung funktionierte nach dem Prinzip der sparsamen Hausfrau. Wie Mutter die Suppe mit allerlei obskuren Zutaten streckte, damit sie für alle Mäuler reiche, wurde jeder Engpaß nach bewährter Behördentradition durch zusätzliche Bestimmungen und Verordnungen in Unter-Engpässe aufgesplittert. Dieses *splitting* – man lernte gerade die ersten neudeutschen Wörter – hatte seine eigene Logik: Je weniger möglichst wenige bekommen, desto länger wird das Nichtvorhandene reichen.

Um Zeit zu gewinnen, verschob man die Zeit.

Der Bürger seinerseits konnte nicht warten und verschob, was ihm in die Finger kam. Er schleppte ran und beiseite, tauschte, täuschte, sich und andere, tauchte auf und unter und lebte, um im Bild dieser manuellen Zeit zu bleiben, nach der geballten Faustregel: Was du brauchst, mußt du schon haben, um es offiziell bekommen zu können, beziehungsweise besitzen zu dürfen. Und für alle Fälle immer einen Absagetransformator in der Hinterhand. Am besten einen mit englischem Namen. Ein Päckchen amerikanischer Zigaretten zum Beispiel, unter einem Formular verborgen dem Beamten über den Tisch gereicht, verwandelte Unbestechlichkeit in Unbedenklichkeit, mit Stempel und Unterschrift.

Dem Ernst der Lage ließ sich nur trotzen, indem man ihn ignorierte. Das möglichst trickreich. Überspitzt ausgedrückt dachte das ganze Volk in Kategorien von früheren Studentenstreichen. Für die Psyche ein unübertroffener Jungbrunnen. Noch heute genügt ein Stichwort, und spitzbübisches Seniorenschmunzeln legt dritte Zähne frei. Kein Wunder, daß es millimeterweise aufwärts ging. Eine andere Möglichkeit gab es nicht.

Der Besitz des Einweisungsscheines verlieh meinem – jawohl meinem – von fünfundzwanzig Watt erhellten Kellerraum die strahlende Atmosphäre eines Festsaals. Heizen ließ er sich, wie viele Säle, von Haus aus nicht. Ungewöhnlich länglich war er, ein Durchgangsraum für Leitungsrohre, die allerlei Geräusche transportierten, und trödlerhaft möbliert. Den Eindruck eines Abstellraums vereitelten notdürftig zwei Fenster. Sie überragten das Gehsteigniveau um satte dreißig Zentimeter. Dieser vergitterte Weltausschnitt bot Ausblick für Studien über den beklagenswerten Zustand deutschen Schuhwerks einerseits sowie über den hohen Stand nationaler Strumpfstopfkunst andererseits.

Wieder in München! Im alten Freundeskreis. Seit Kriegsbeginn hatte ich hier gelebt, teils in militärischer Wohnkultur,

teils in privater bei meinem Schulfreund Pitt. Dazwischen ausgedehnte Dienstreisen, Heldentourismus mit Vollpension zu nahen und entfernteren Nachbarn.
Unsere Clique wies noch Lücken auf, auch war es nicht das Zimmer geworden, das Freund Pitt mir telegrafisch in Aussicht gestellt hatte, trotzdem, ich wohnte. Und fühlte mich klamm-glücklich. Wer sollte mir die Rumpelkammer streitig machen? Seit den Bombennächten vermittelten Kellerräume die Illusion relativer Geborgenheit. Auch, wie mir schien, gegen Beschlagnahmung. Die Sieger und ihre Mitläufer zogen Villenpracht intimspionageträchtigen Mehrfamilienhäusern vor, ganz wie die Herren vor ihnen und deren Mitläufer, die jetzt keine gewesen sein wollten.
Vielleicht gelang es, einen Kanonenofen zu organisieren? Zwar gebärdete sich der erste Nachkriegswinter mit Temperaturen bis zu zehn Grad plus im Dezember und gar zwölf im Februar ausgesprochen deutschfreundlich. Dazwischen aber fror schon einmal die Zahnbürste am Glasrand fest. Dann zog man eben an, was man besaß und legte sich ins Bett oder verschaffte sich, falls Magenknurren einen keine Ruhe finden ließ, Wärme durch Bewegung. Alle Welt ging zu Fuß. Schon weil praktisch nichts fuhr. Gehend suchte man Brauchbares, gehend suchte man Tauschbares. Angebote waren überall angeschlagen oder wurden einem von Vorübergehenden zugeflüstert. »Amizigaretten – Zucker – Fleischmarken!«
Gehend informierte man sich über das angeordnete und das tatsächliche Geschehen. Es gab ja keine Zeitungen, und Zusammenstehen in Gruppen war für Deutsche verboten. Die Besatzer fürchteten Schwarzhandel, Konspiration, Sabotage. So blieb München weiterhin, was es gewesen war: Hauptstadt der Bewegung.

Bilderbuchsommer

Unsere alte Clique füllte sich auf. Aus Kriegsgefangenschaft, aus Verstecken in den Bergen, aus Nazigefängnissen, aus Dörfern, wohin sie mit ihren Angehörigen nach Bombenschaden evakuiert worden waren, kehrten die Freunde nach München zurück. Ich hatte den Krieg am Bodensee gewonnen. Hier, wo ich mich seit Schülertagen in Salem auskannte, war es mir gelungen, dem Abtransport in französische Kriegsgefangenschaft durch zeitweiliges Verschwinden zu entgehen.

Die Strecke vom Bodensee nach München, an sich eine Halbtagstour, führt durch das landschaftlich reizvolle und abwechslungsreiche Allgäu. Aus damaliger Sicht bedeutete Abwechslung unter anderem viele Brücken und von denen lagen manche gesprengt im Fluß. Einen Zugfahrplan gab es noch nicht wieder, Reisen bedeutete Abenteuer, wie zu Zeiten der Postkutsche. Eine weitere Schwierigkeit bildete die Grenze zwischen der französischen und der amerikanischen Besatzungszone, Gerüchten zufolge eine Kontrollhürde von schikanöser Höhe.

Um überhaupt zu dürfen, was man vorhatte, benötigte man Bescheinigungen vom Bürgermeisteramt bis zur Militärregierung, Sonder- und Dringlichkeitsausweise, die man bei Schwierigkeiten unterwegs wie Trumpfkarten auf den Tisch blättern konnte.

An alles hatte ich gedacht und war vor Überraschungen dennoch nicht sicher. Kurz vor dem beabsichtigten Aufbruch fanden französische Soldaten bei einer Razzia im Gasthof Schwanen, unter dessen Dach ich nistete, im Schrank meiner Magdkammer achtzig Kilodosen *meat* & *beans* aus amerikanischen Armeebeständen und wollten mich schon, trotz ramponiertem Chassis, schwerer körperlicher Arbeit in Frankreich zuführen. Glücklicherweise fiel mir ein Wort ein, das sie innehalten ließ und mir Zeit verschaffte, mich zu erklären: Seit den Dreißigerjahren dem Jazz verfallen, hatte ich mich unmittelbar nach dem Umbruch von den Folgen der Befreiung befreit und zusammen mit meinem Freund Friedrich Meyer getingelt. In der schauerlichen Besetzung Klavier und Akkordeon hatten wir monatelang in beschlagnahmten Gaststätten den Feierabend der Sieger verschönt. Mit Gesang in drei Sprachen. Zum Lohn dafür gab man uns das, was von der neuen Herren Tisch abfiel – Armeekonserven.

Für sich selbst bevorzugten sie Frisches von deutschen Feldern, aus deutschen Ställen und Gewässern. Nicht nur dies. Auch Älteres aus deutschen Kellern und Altes aus unzerstörten Bürgerhäusern.

Das eine Wort, das ich gesagt hatte, das Zauberwort zur Daseinserleichterung lautete – nicht nur im Bilderbuchsommer 1945 – in Ost wie West: *Artist.* Auf englisch, französisch und russisch besagt es Künstler. Hierzulande denkt man dabei eher an Varieté und Zirkus – eine deutsche Eigenart.

1945 wurde die deutsche Eigenart noch einmal ganz groß geschrieben. Diejenigen, die sich für das *bessere Deutschland* hielten – fahneneidtreue Akademiker in der Mehrzahl – pflegten auch nach dem letzten Schuß das Freund-Feindverhältnis der Nazis munter weiter. Wenn sie von uns *Meat & beans*-Dosen käuflich zu erwerben suchten, blickten sie

hochmütig-geschmerzt an uns vorbei und schnauften dramatisch, zum Zeichen, wie geschmacklos sie es von uns fanden, daß wir für die Besatzer musizierten. Mit dem ehemaligen Gegner zu sprechen, den Mitmenschen in ihm zu sehen, der auch nicht dort ist, wo er sein möchte, verbot ihnen etwas, das sie für inneren Antrieb hielten und das ihnen derart selbstverständlich erschien, daß sie es gar nicht beim Namen nannten. Vermutlich war es Takt, deutscher Takt, und der gebot ihnen: Noch nicht! Später vielleicht. Jetzt ist es noch zu früh.
Glücklicherweise lebten nicht nur *bessere* Deutsche am Bodenseeufer. Wir hatten auch Freunde. Unter ihnen viele nord- und ostdeutsche Flüchtlinge. Die Gegend war gefragt. Prominente Künstler hatten sich rechtzeitig an den Alpenrand verschlagen lassen. Ab 1944 wurden in Berlin vor allem Gebirgsfilme produziert. Überall an der natürlichen Südgrenze des Reiches drehten Regisseure oder warfen unbelichtete Filme in Gletscherspalten, um neues Material anfordern und darauf warten zu können. Bis zum Endsieg.
Friedrich Meyer blickte mit Familie aus einer Villa hoch über Meersburg auf den See, auf dem niemand fuhr, es sei denn er selbst, von Besatzern betreut, auf einer requirierten Yacht als Artist. Vor Überlingen kräftigte Irene von Meyendorff ihr schönes Filmprofil mit Meat & beans aus meinem, per Fahrrad plus Fahrgenehmigung betriebenen Kalorienservice. Hinter Unteruhldingen saß ein Regierungsrat aus dem Reichspropagandaministerium, der allzu vielen Künstlern bei der Beschaffung arischer Großmütter behilflich gewesen war, um länger in der Reichshauptstadt zu verbleiben. Aus Berlin hatte sich auch Staatsmime Eugen Klöpfer ins Konstanzer Inselhotel abgesetzt, wo er Steckdosen und

Lichtschalter abmontierte, wie mir die Besitzerin erzählte. Bei Bohnenkaffee übrigens, sie war Schweizerin. Klöpfer mußte bald weiter, in die Festung Vorarlberg, seiner braunen Weste wegen.

Das war vor dem Einzug der Armee *Rhin et Danube* des Generals De Lattre de Tassigny, der nach dem Staatsmimen dort residierte. Während der letzten hundert Stunden des Krieges hatten wir nächtelang bei ansässigen Freunden unter gar nicht fernem Geschützdonner Silber vergraben und Weinkeller geleert, so gut wir konnten.

Nicht immer reichte die Zeit. Freunde in Bayern, wo man ähnlich vorsorgte, besaßen einen nicht auszutrinkenden Bestand an edelsten Tropfen: Wein, Champagner, Cognac, Whisky, erlesene Obstwässer. Da sie auf dem Land lebten, machte es keine Mühe, ein geeignetes Versteck zu finden. Keine Vorsichtsmaßnahme durften sie außer acht lassen. Denn wer grabenderweise im Wald oder auf freiem Feld beobachtet wurde, mußte damit rechnen, daß andere das im Schweiße des eigenen Angesichts ausgehobene Versteck plündern würden, noch ehe die Front die Gegend überrollte.

Auch lassen sich größere Grabstellen selbst bei gärtnerischem Talent nicht spurlos verwischen. Da muß es erst einmal regnen. Dann aber besteht die Gefahr, daß der gelockerte Boden sich senkt.

Um diese Schwierigkeiten wissend, hatten meine Freunde einen genialen Einfall: Sie vergruben ihren Weinkeller nicht, sie steckten die Flaschen während der Dämmerung vom Boot aus in den Uferschlick eines kleinen Sees. Alles ging gut. Auch die Befreiung richtete keine unnötigen Schäden an. Vom Liebreiz der Landschaft in Ferienlaune versetzt, gebärdeten sich die Besatzer nach Gutsherrenart. Sie widmeten sich der Jagd und dem Fischfang. Auf dem kleinen See warfen sie ihre Angeln aus. Doch was trieb da an der Oberfläche? Gab es in Deutschland rechteckige Seerosen? Gezielte Weitwürfe brachten eine Überraschung nach der andern: Flaschenetiketten am Angelhaken.

Zuerst schöpften die Petrijünger Verdacht, dann fischten sie mit dem Arm bis zur Schulter im See. Sie fanden alles. Noch vor Ort entkorkten sie die ersten Flaschen, beanstandeten den Rotwein als zu kalt, dafür war der Weiße genau richtig. Nur was sie da tranken, wußten die erfahrensten Feinschmecker der Einheit selbst nach Durchsicht der aufgefischten Etiketten nicht zu bestimmen. Im Krieg geht eben viel Kultur verloren.

Etwas weiter südlich, am Bodensee, die beiden bangen Fragen: Was wird die abziehende SS uns noch antun? – Was werden die Franzosen mit uns bei ihrem Einzug machen?

Am Sonntag, dem 6. Mai 1945, saßen wir im Freundeskreis zusammen mit einem amerikanischen Offizier. Supervisor war er, ausgeschickt, um zu überprüfen, ob die französischen Waffenbrüder, die voll von Uncle Sam ausgerüstet waren, auch kein US-Material vergeudeten. Zum Beispiel Meat & beans. Mit dem rührigen Captain feierten wir in einem Haus am See Victory-Party. In der US-Zone wäre das zu diesem Zeitpunkt unmöglich gewesen. Erst ab Ende Juli durften Armeeangehörige mit Deutschen sprechen.

Bei amerikanischen Zigaretten und Süßigkeiten, bei Swingplatten, Whisky und randvollen Tellern holten wir in Stunden ganze Monate nach. Die Maulwurfsjahre lagen hinter uns. Ohne Verdunklungsrollos konnten wir nach dem Essen bei vollem Licht vor das Haus treten und zum stampfenden

Jazzrhythmus in den nächtlichen See hinausschwimmen. Da bekamen wir Gänsehaut. Vor Glück. Zum ersten Mal fühlten wir, was das ist – Freiheit. Diesem Gefühl jagten wir fortan nach.

Auf grosser Fahrt

Es liegt am Fahrplan, wenn Reisen unruhig macht. Man drängt zum Bahnhof, um den Zug nicht zu versäumen. Ohne feste Abfahrts- und Ankunftszeiten faßt man sich gottergeben in Geduld. Hieß es, ein Zug sollte kommen, begab man sich zur Station, um ihn zu erwarten. Die Fahrtrichtung spielte dabei eine untergeordnete Rolle.

Mein Zug nach München fuhr nach Stuttgart, ein Güterzug mit Aussiedlern oder nachgelieferten Landsleuten aus dem Südosten. Voller Hoffnung und mit wenig Gepäck startete ich in eine hoffentlich private Zukunft. Als erfahrener Obergefreiter jedoch nicht allein, sondern mit Freund Friedrich. Zu zweit fühlte man sich besser gerüstet, falls einer bei einer Kontrolle unterwegs Schwierigkeiten bekommen, vielleicht sogar verhaftet werden sollte. Wer mit allem rechnet, erfährt überraschende Freuden, wenn nichts Schlimmes eintrifft.

Der Güterwaggon, in den wir uns schwangen, empfing uns wie ein unterkühlter Harem. Vermummt bis zur Konturlosigkeit lagerten hier ausschließlich Frauen. Jubel kam auf, als wären wir rohe Eier vom Schwarzmarkt. Friedrich fand sofort den richtigen Ton, eine Mitgift der alten Wehrmacht: Er gab sich zu erkennen als Komponist und Pianist, als jener Friedrich Meyer, der beim Soldatensender Belgrad manch lange Kriegsnacht erträglicher gestaltet und sich mit seiner Vorliebe für jüdisch-negroiden Jazz – so die amtliche Bezeichnung – Rüffel von höchster Stelle zugezogen hatte.

Jazz war bei opponierenden Jugendlichen ein nicht zu unterschätzender Kraftquell. Das wußte man im Reichspropagandaministerium.
»Soldatensender Belgrad!« wiederholten einige. »Habt ihr's gehört! Die sind vom Soldatensender Belgrad.«
Ich widersprach dem Plural nicht. Die Atmosphäre schlug um. In dem stickigen Waggon kam Stimmung auf, als wären wir ein Jahr jünger und der Krieg noch nicht zu Ende, genau jene Stimmung, wie wir sie von Wehrmachtsunterkünften, von Frontleitstellen und nächtlichen Bahnhöfen her kannten, wo deutsche Frauenhände, die bekanntlich niemals ruhen durften, Kochlöffel schwangen, Tee ausschenkten, verlausten Landsern fürsorglich schwere Tornister abnahmen, wo Frauen mit patentem Zuspruch Zoten überhörten. Deutsche Frauen im Einsatz, ohne Eigenleben, ekelhaft-positiv dem Endsieg entgegenwerkelnd – so hatte sich uns Heimat dargestellt.
Schon schmierte eine Mutti Stullen für uns, in der Ecke, wo ein Loch im Wagenboden den sonst hinter verschlossener Tür befindlichen Porzellansitz ersetzte, ging eine in leichte Hocke, ohne ihre Teilnahme an der allgemeinen Begeisterung zu unterbrechen. Und wir waren die Jungs, Teufelskerle, die sich von Belgrad zum Bodensee durchgeschlagen hatten, trotz der Partisanen, wie man lobend hervorhob.
Plötzlich tat es einen gewaltigen Ruck. Der Zug hielt, ohne Station. Vor uns lag eine gesprengte Eisenbahnbrücke auf der Seite, wie ein müder Elefant. Über den Holzsteg daneben schlängelten sich im Gänsemarsch lastenschleppende Menschen, drüben die Böschung hinauf, wo kein Anschlußzug wartete. Immerhin gebe es einen – erfuhren wir. Er stehe einige Kilometer entfernt im nächsten Ort, gleich hinter

der Zonengrenze. Zonengrenze – das Wort löste Griffe nach den Brusttaschen unserer Jacketts aus. Hatten wir wirklich alle erforderlichen Papiere? Würde man uns durchsuchen? Aufhalten, so daß wir den Zug versäumten?
Wir reihten uns ein. Niemand sprach. Die andern hatten wohl ähnliche Gedanken. Der Querfeldeinmarsch vollzog sich ohne Hast. Alle waren beladen, mit Koffern, Rucksäcken, Körben, ausgebeulten Aktentaschen. Deutschland auf der Walz. Kleidung zeigte scheue Ansätze zu einer Notmode, Qualität und Zuschnitt ließen frühere Lebensumstände erahnen.
Die meisten Frauen trugen das kleine Fluchtcomplet, Kopftuch, Mantel mit unbeugsam eckig ausgestopften Schultern, darunter Wollkleid, darunter lange Hosen oder hie und da Pumphosen im Dunkelblau damaliger Trainingsanzüge, einen Faltenrock, dazu dicke weiße Wadenstrümpfe mit Zopfmuster, selbstgestrickt vermutlich, und Skistiefel. Auch Pelzmäntel, Felle jener undefinierbaren Tierarten, wie sie nach dem Frankreichfeldzug als Beute aufgetaucht waren, dazu Schaftstiefel. Auf solches Eroberungsschuhwerk verzichteten die Männer völlig. Sie gaben sich zivilistisch mit Schlapphüten, die Krempe, wie aus schlechtem Gewissen, rundherum nach unten gestülpt. Keine Schirmmützen. Gelegentlich ein Professorenkopf mit Baskenmütze und Wollschal. Überall Hungerhälse aus schlotternden Hemdkrägen, doch alle mit Krawatte. Graue Leder- und schmalschultrige Militärmäntel, ohne Epauletten, mit Hornknöpfen zivilisiert, blaue Doppelreihersakkos mit Marinevergangenheit, lange Wehrmachtspulloverärmel, die aus zu kurzen Sakkos ragten, weite Hosen, ohne Spurenelemente von Bügelfalten, schwere Schuhe, die den Gang verfälschten und immer wieder, wie Accessoires aus zu großer Zeit, ein kantiges Her-

renreitergesicht in jagdlichem Grün. Jagdlich – die bevorzugte Ziviluniform ehemaliger Haudegen, die nie verlieren konnten. So standen sie in der Schlange, die sich zusammenschob, wie ein Regenwurm, der hinten noch kriecht, während er vorne schon hält.

Zonengrenze.

Wir rückten nach. Und staunten. Wie kleine Buben, die Zollkontrolle spielen, standen da aufgepfaute Säbelrassler, bemüht, hinter wichtigen Mienen Langeweile zu verbergen. Unsere gallischen Nachbarn trieben es bunt. Sie hatten nicht nur den Fahnenmast, an dem eine schlaffe Trikolore baumelte, blau-weiß-rot angestrichen, sondern auch die Pflastersteine rund um den Stamm. Vermutlich trugen sie blau-weiß-rote Ringelunterwäsche.

Bei den Überseeischen stand ein Jeep mit aufmontiertem Maschinengewehr so geparkt, daß jeder an der Mündung vorbei mußte. Vielleicht war im Lauf ein Kameraobjekt versteckt, denn die drei Insassen mit ihren Schokoladegesichtern und der Bewegungsgrazie von Stammeskriegern sahen eher nach Fotosafari aus. Zwei der Burschen standen vorgebeugt im Weg, als bestünden sie nur aus Helm und Händen. Sie schauten unsere Papiere an, flüchtig, wie Tenöre in einer Militäroperette. Es fehlte nur die ironisch-martialische Musik aus der Verfilmung von Günter Grass' *Blechtrommel*. Friedrich Meyer sollte sie fünfunddreißig Jahre später komponieren.

Das Trauma auf der Rauhen Alb – so heißt die Gegend – löste sich in Veteranenlächeln. Da waren wir anderes gewöhnt! Dabei hätte ein Blick in unsere Rucksäcke genügt, um die Weiterreise wesentlich zu verzögern. Der monatliche Verpflegungssatz des sogenannten Normalverbrauchers bestand aus 800 Gramm Nährmittel, 125 Gramm Käse, 125

Gramm Quark, 10250 Gramm Brot, 16 Kilogramm Kartoffeln, 3,5 Liter Magermilch und 200 Gramm Kaffee-Ersatz. Unsere Reiserationen überstiegen diese Kalorienmenge mühelos. Wir führten Speck mit, Butter, Eier, Honig, einige Kilo Quark in der Blechdose, Schokolade und fühlten uns durchaus im Recht, so wenig das damals bedeutete. Eine Sonderbescheinigung machte uns gelassen: Artist. Gegebenenfalls hätten wir's beweisen können.

Es ging weiter. In einem veritablen Personenzug gen Stuttgart. Die Muttis waren wir los. Doch das weibliche Element blieb. Über mehrere Bänke hinweg hatte Freund Friedrich ein sinnliches Blickband geknüpft, welches alsbald zu einer Umgruppierung führte. Mit blauer Pupille umrundete er konvexe Merkmale, und mir wurde klar, daß ich den Abend allein würde gestalten müssen.

Wen kannte ich in Stuttgart? Hatten sie überlebt? Wohnten sie noch dort, wo sie gewohnt hatten? Oder lagen die Häuser in Trümmern?

Den Feuerschein der letzten Bombardierung hatte ich selbst gesehen. Von Tuttlingen aus. Dorthin war das Lazarett, dem ich angehörte, nach dem Angriff auf die Lazarettstadt Freiburg im Breisgau verlegt worden. Ohne mich. Im Durcheinander nach der Bombennacht hatte ich mich eigenmächtig an den Bodensee abgesetzt. Etwas voreilig, wie sich zeigte. Obwohl in Rekonvaleszenz, sollte ich wegen Fahnenflucht vors Kriegsgericht. Ende 1944 mußte in Tuttlingen Durchhalteeifer gemimt werden. Der Sonderzug des Reichsführers SS Himmler stand bombensicher in einem Tunnel, nicht weit von der Stadt. Mit Mühe gelang es mir schließlich, meine Behauptung, ich hätte die Großeltern evakuieren müssen, schriftlich bestätigt zu bekommen. Ich beantragte Verlegung nach Konstanz, wo ein Onkel ein Sanatorium betrieb, das zeitgemäß mit Kurgästen in Uniform vollgestopft war. Es klappte. Mich loszuwerden, den Deserteur oder Nicht-ganz-Deserteur, der schon durch seinen englischen Vornamen verdächtig war, kam den Tuttlinger Machthabern gelegen.

Stuttgart empfing uns ablehnend. Dreckig und durch Zerstörung fremd. Wie Ratten krochen graue Menschen aus Löchern, verschwanden hinter Trümmern. Durch die Straßen rollten Militärfahrzeuge und dazwischen, bisher nicht gesehene amerikanische Zivilwagen, fischmäulige Chromprotze in hollywoodhaftem Art-déco-Schwulst.
Unsere Wege trennten sich. Friedrich schleppte seinen Blick-Fang zu einem Bekannten, der, wie er sagte, über Beziehungen verfüge. Beziehungen – der Klang dieses Wortes verhieß noch intensivere Hilfe als Artist. Durch Beziehungen erhoffte er sich raschen, reibungslosen Übergang in die britische Zone und weiter in seine Heimatstadt Bremen. Friedrich war nicht der einzige Meyer, den es jetzt nach Hause drängte, um in vertrauter Umgebung einen neuen Anfang zu versuchen und später die Familie nachkommen zu lassen.
Geduld hatte man gelernt, Zeit spielte noch keine Rolle. Irgendwie ging es weiter. Irgendwann fand sich ein Weg, irgendwo. Irgendwer hatte irgendeinen Draht zu irgendwem; mit irgend jemand machte man mit irgend etwas irgendwelche Geschäfte …
Damals fielen Entscheidungen nicht, sie schlichen sich ein. Ich ging vom Bahnhof zum Theater. Der Artist in mir lenkte meine Schritte. Es drängte mich zur Bühne. Irgendwie.
»Hi! Get out of here!« Das feiste Gesicht paßte nicht zur

Uniform; der Ton aber veranlaßte den Besiegten zur Umkehr. Das Theater war ziemlich heil geblieben und daher beschlagnahmt. Irgendwer kam und fing meine Enttäuschung in deutscher Sprache ab. Fotograf war er, irgendwie bei den Amerikanern beschäftigt, und hieß Kilian, vorne oder hinten. Oder so ähnlich. Wie sich herausstellte, kannte er irgend jemand, den ich kannte, und hatte irgendwo in der Nähe seine Wohnung in irgendeiner Villa. Mein Nachtlager war gesichert.

Wir tauschten unsere Vorstellungen aus, wie es weitergehen würde, unsere Wünsche und die bescheideneren Hoffnungen. Zufälle mischten sich ein. Kilian kannte den Intendanten des ausgelagerten Württembergischen Staatstheaters. Der hieß Karl-Heinz Ruppel, später lange Jahre Musikkritiker der Süddeutschen Zeitung in München, damals designierter oder schon resignierter Schauspielchef in Stuttgart. Anderntags sollte ich ihn kennenlernen.

»Wenn Sie wollen, können Sie hier als Regieassistent anfangen«, kam der hagere, herzliche Mann sogleich zur Sache. Ich sehe noch das karg möblierte Parterrezimmer mit einer Wehrmachtsdecke als Tischtuch. Während ich passende Worte ordnete, lächelte er voll Verständnis dafür, daß ich nicht wollte. Ein junger Mensch dachte nicht in Arbeitsplätzen. Schon weil er davon nicht leben konnte. Diese Möglichkeit ergab sich erst bei gehobenen Stellungen. Mehr schlecht als recht. Keine Sicherheit tötete das Eigenleben. Die Versuchung, etwas zu tun, was man eigentlich nicht wollte, entfiel. Irgendwie würde es weitergehen. Auch so kann Freiheit aussehen.

Bei Speck von mir und Obstler von ihm erzählte Kilian in seiner Flohmarktwohnung vom Leben in der Großstadt.

Das hieß, zu siebzig Prozent vom Essen. Alle Variationen über dieses deutsche Generalthema endeten bei der Besatzungsmacht, beziehungsweise bei deren Großmarkt, dem PiEx. Fotos im Profiformat belegten seine Schilderung. Mit großen Tüten im Arm, gleichsam zum ersten Schultag in Deutschlandkunde, kamen Sieger heraus, adrett, leger, in blanken Schuhen, engen Hosen mit Bügelfalten, straff gespannt über Hintern, prall wie von Brauereirössern, besonders beim Einladen der Schätze in ihre unmäßigen Automobile. Mitten im Hast-du-was-bist-du-was schweifte Kilian ab. Vom Special Service, der US-Truppenbetreuung, veranstaltet, sollte am Abend im beschlagnahmten Theater eine Show über die Bühne gehen. Eine original amerikanische Show, das bedeutete Swing, die Musik, die uns verboten gewesen war, erstmals direkt von der Quelle. Das Wort *live* kannten wir noch nicht.

Da mußte ich hin!

Wie spätere Generationen artikulierte die damalige Jugend ihr Lebensgefühl vorab musikalisch. Mit »Westerwald« die einen, die anderen mit »Lady be good«. An der Front war Swing aus dem Funkgerät Erkennungszeichen gewesen. Wenn beim Drehen am Knopf die unverkennbare Klarinette des *King of Swing*, des »Nichtariers« Benny Goodman, den feldgrauen Kasten vibrieren ließ, hatte ein Blick zur Verständigung genügt, ehe man weiterdrehen mußte, falls ein Prolet der Herrenrasse in der Nähe war.

Neue Kameraden, deren politisches Credo man noch nicht kannte, wurden getestet, ob sie würdig waren, in den Kreis der swingenden Wehrkraftzersetzer aufgenommen zu werden. Hierzu genügte es, bei einer vaterländischen Tätigkeit wie Waffenreinigen den ersten Takt von »Flat Foot Floogee« zu pfeifen. Wer zu uns gehörte, kannte das Stück und antwortete mit derselben Tonfolge, aus Freude vielleicht etwas schärfer synkopiert. Swing-Anhänger waren musikalische Schwejks, gut getarnte schlechte Soldaten, raffinierte Befehlsverfremder, vor allem im Mannschaftsstand, und haben den Krieg mit Sicherheit um einige Tage verkürzt, auch wenn sich das nicht nachweisen läßt.

Bereits Mitte der Dreißigerjahre hatte die Swing-Jugend begonnen sich zu formieren. Damals lernte ich Klarinette und gründete eine Band. Wir gaben uns einen hochtrabenden Namen und malten ihn auf die große Trommel des Schlagzeugs: *King Oliver's Hot Swing Rhythm Band*. In der Abgeschiedenheit unseres weltanschaulich noch nicht gleichgeschalteten Internats war das möglich. Jedes staatliche Gymnasium hätte uns rausgeworfen, uns rauswerfen müssen, zumal wir statt Mützenhaarschnitt für damalige Verhältnisse wallende Mähnen trugen. Wir brauchten weder Joint noch Nadel, um von deutscher Scholle abzuheben, uns genügten Grammophonnadeln.

Als der ideologische Mißbrauch der Jugend ins gesundheitsschädliche Stadium trat, stärkten wir uns moralisch mit Swing. Auf dem Kasernenhof habe ich bei der zwangsweisen Vereidigung dem obersten Befehlshaber ein Schnippchen geschlagen. Statt die Formel mitzusprechen, summte ich innerlich zu stummen Lippenbewegungen den »Saint Louis Blues« in der Version der Benny-Goodman-Band. Ich besaß die Platte und kannte das Arrangement auswendig. Naiv, gewiß, aber so waren wir, träumten auf der Tonleiter von Freiheit und sollten recht behalten mit unserer unverbildeten Witterung, die kommende Erdbeben spürt, wie instinktgesteuerte Tiere. Jugend kann warnen mit ihrer Musik. Daran hat sich nichts geändert.

Der »Saint Louis Blues« wurde zu meinem persönlichen

Widerstandslied. Mitten im Krieg auf Urlaub in München, wohnte ich neben dem Palais Kaulbach, wo, wie es hieß, der Gauleiter größenwahnte. Es war ein heißer Sommertag, drüben stand ein Fenster offen, und heraus drang der verbotene »Saint Louis Blues« im Arrangement der Goodman-Band. Reflexhaft stellte ich mein Grammophon aufs Fensterbrett und hielt mit der gleichen Platte dagegen. Langsam, ohne daß jemand zu sehen gewesen wäre, wurde das Fenster geschlossen. Vorsichtshalber verließ ich das Haus.

Ich mußte in die amerikanische Show!

Vor meinen geballten Wünschen kapitulierte Kilian. Durchs Zimmer marschierend, fand er einen Weg: ein Schreiben, welches bestätigte, daß ich als falscher Fotograf Kilian für die Besatzungsmacht tätig sei. Er besaß mehrere nützliche Schreiben dieser Art.

Eine Viertelstunde vor Beginn der Show ragte ein kleiner Atelierscheinwerfer auf hohem Stativ aus dem Strom der amerikanischen Besucher, gewissermaßen als deutscher Beitrag zum Gelingen des Abends. Gesichtsausdruck und Ausstrahlung beim Kontrollposten richtig einzusetzen, hatte der falsche Kilian durch die Feldgendarmerie gelernt. So passierte er den schwarzen Zerberus am Portal ohne Aufenthalt. Drinnen allerdings gab's Schwierigkeiten. Bei den deutschen Bühnenarbeitern brauchte es einige Takte im noch vertrauten Obergefreitenjargon, dann erst durfte sein, was nicht sein durfte.

Im Orchestergraben swingte eine Armyband, auf der Bühne wechselten Sketches, Tanz- und Gesangsnummern einander ab. Viel Selbstironie und alles ungemein lässig. Nichts vom Kraft-durch-Freude-Durchhaltefrohsinn unserer Wehrmachts-Tingeltruppen. Mir war wie im Vorschulalter an

Weihnachten, wenn ich endlich ins Zimmer durfte. Ich schwebte ohne Ideologie, ohne Vaterland am Bein. Bühne – das bedeutete Lichtfülle statt Sparbirne, Spiel statt Schlangestehen, bedeutete Phantasie als bessere Realität. Der fallende Vorhang holte den falschen Kilian in die Wirklichkeit zurück. Den verlöschten Scheinwerfer als Funkfeuer meiner Zukunft geschultert, marschierte ich heim ins befreite Reich. Und hatte plötzlich ein Ziel: Wiedergutmachung im Eigenbau. Nach sechs Jahren Soldatsein – sechs Jahre heitere Freiheit. Auf der Bühne. Trotz Hungerjahren – Hungerberuf. Mit Ausweichmöglichkeit in musikalische Unterhaltung.

Die Bahnfahrt auf der Hauptstrecke von Stuttgart nach München entwickelte sich zu einem Erlebnis eigener Art. Bis zu dem großen Viadukt bei Nürtingen dampfte das Zügle schwäbisch-emsig. Dann mußten alle laufen. Den Berg hinunter, um den gesprengten Brückenteil herum und drüben hinauf, wo der Anschluß wartete. Immerhin sogar D-Zugwagen mit Ziehharmonikaverbindung. Aber wieso schon vollbesetzt? Man schob, man wurde geschoben, stand in fremdem Atem auf irgend etwas und merkte mit der Zeit, daß es die eigenen Beine sein mußten, denn sie fingen an zu schmerzen mangels der Möglichkeit, sich anzulehnen oder das Gewicht zu verlagern. Dann stand der Zug wieder, und alle sollten raus, weil zwei Reisende, die man nicht sehen konnte, mit einer großen Kiste aussteigen wollten. Druck entstand und Gegendruck; jeder war froh, überhaupt im Wagen zu sein, und wollte seinen Platz auf keinen Fall gefährden.

»Draußen stehen zu viele, die noch mitwollen!« warnte jemand.

Druck und Gegendruck wurden stärker, die Eingekeilten dazwischen blasser. Willensäußerungen prallten auf Unwillensäußerungen, beide überschritten den Plaudertonphonpegel und die Grenze zur Beleidigung.
Da gab plötzlich eine Seite nach. Wie von einem Strudel erfaßt, zog es die Eingekeilten in eine Kreisbewegung hinein. Mit dem Hinterteil prallte ich gegen eine Barriere. Mehrere Sinne meldeten, es müsse sich um das Klo handeln, genauer um das Waschbecken dort. Mein Rucksack paßte genau in die Nische. Ohne Druck – welch unerwartete Wendung zum Komfort. Wir waren zumindest zu dritt.
Der Zug fuhr dann wieder, und wir bekamen Besuch. Rätselhaft, wie sich die Leute zu unserer Latrinengemeinschaft hatten durchschlängeln können.
Der Dialog hat dokumentarischen Rang:
Würden Sie bitte mal rausgehen?
Das sagen Sie so, Fräulein.
Sie müssen hier raus. Das ist ein Klo.
Das wissen wir.
Ich kann nicht länger warten. Ich muß …
Dafür haben wir vollstes Verständnis.
Gehört der Koffer Ihnen?
Nein.
Ich möchte die Tür zumachen.
Das schlagen Sie sich aus dem Kopf, gnädiges Fräulein.
Der Koffer muß weg.
Hören Sie, ich muß …
Daran zweifelt ja niemand.
Sie müssen, und wir können nicht.
Aber …
Kein Aber! Betrachten Sie uns als Einrichtungsgegenstände.

Bei denen vorher ging's auch.
Bei denen vorher?
Es ist ein ewiges Kommen und Gehn.
Nehmen Sie Platz, gnädiges Fräulein. Wir schauen nicht hin. Wir sind Klofrauen.

Therapie mit Tönen

Im Anfang war Musik. Siebzig Tage nach der Kapitulation gaben die Münchner Philharmoniker unter Eugen Jochum im Prinzregententheater ihr erstes Konzert. Mit Mendelssohn, Mozart, Tschaikowsky ein harmonischer Wiederanfang. Leben hieß Kulturleben, Kunst war Medizin gegen den Alltag. Es gab eigenartige Nutzverbindungen: So wurden in manchen Theatern Karten nur dem ausgehändigt, der neben dem Eintrittspreis auch ein Brikett entrichtete.

Das Theater ist geheizt! stand lockend auf einem Plakat des literarischen Kabaretts *Schaubude*. Das Schöne, Heitere, Erbauliche hatte Vorfahrt. Wer erfolgreich um Karten angestanden hatte, zehrte noch lange davon. Wer keine bekam, strickte seine Kultur selber, hüllte sich in Feinsinn und kroch für Stunden unter den Glassturz des Erbaulichen.

Das *bessere Deutschland*, vor allem dasjenige mit akademischer Bildung, litt lautstark an der Lage, Zitate von Goethe, Hölderlin, Rilke bewiesen das Repertoire an Vergleichsmöglichkeiten. Junge Literaten machten sich in weiten Hosen auf Standpunktsuche, Zimmergrübler öffneten Innentüren und rührten Empfindsamkeiten zu Lyrikbändchen an. Manches geriet unfreiwillig komisch, wenn auch nicht im Ausrutschformat einer Friederike Kempner, die alles vorausgeahnt hatte:

Wie die Rose unter Dornen
steht das Ideelle jetzt,
nur das scheußlich Materielle
kommt zuerst und kommt zuletzt.

Wahre Werte wurden wieder wichtig, Tugenden wurden ins Zivilleben transportiert. Haperte es mit den Versorgungstalenten, erinnerte man sich ersatzweise seiner Erziehung und Herkunft, des kulturellen Erbes des Abendlands bis hin zu Venus und Thales von Milo und Milet. Vor allem aber und mit Verve erinnerte man sich seines besseren, für den Augenblick gar nicht sonderlich geeigneten Ichs. Unvermögen mit Stolz zu entschuldigen, war in diesen Kreisen ein verbreitetes Haltungsspiel, das gern in der Feststellung gipfelte, man sei schließlich Deutscher. Das bedeutete zwar nicht mehr Widerstand bis zum letzten, getreu dem Fahneneid, wohl aber Bewahrung jener Werte. Hochmut kam auch nach dem Fall. Man beanspruchte Ritardando beim Umlernen.

Saloppes Gegengewicht bildete der aus der inneren Emigration zurückgekehrte Sarkasmus. Auch er konnte Tradition vorweisen, aus dem Berlin der späten Zwanzigerjahre. Tucholsky, Kästner, Mehring durften wieder gelesen und vorgetragen werden. Satire aus vergangenen schlechten Zeiten provozierte Vergleiche. Zynismus machte Mut. Ein Abend in der Schaubude brachte manchen, der noch an Deutschland litt, aus dem Häuschen, so daß die Ehefrau später jubeln konnte: Horst war so gelöst wie nie!

Hellmuth Krüger, genannt das baltische Plaudertäschchen, Conferencier des Etablissements, stimmte das Publikum ein. Wie das vor sich ging, hat er mir mit seinem baltischen Akzent verraten: »Wenn ich vor den Vorhang trete, habe ich drei Sätze. Denn es jibt nur drei Sorten Publikum, die Dummen, die Schwerfälligen und die Intellijenten. Für jede Sorte habe ich einen Satz. An den Reaktionen merke ich, wie die Mischung ist, und auf dem Niveau bestreite ich dann den janzen Abend!«

Ein Heißhunger, gerade nach Niveau, war unbestritten. Mangel, Verordnungen und Willkür zerrten an den Nerven, die Abende gehörten dem Vergessen. Viele allerdings brachten den ganzen Tag damit zu, voller Sorge, daß Nachbarn und Bekannte sich nur ja nicht allzu deutlich erinnern mögen.

Das kulturelle Angebot übertraf kühnste Träume. In den ersten zwölf Monaten seit der Befreiung wurden über ein Dutzend Theaterstücke inszeniert, darunter *Macbeth, Nathan der Weise, Herodes und Mariamne, Iphigenie auf Tauris, Der Passagier ohne Gepäck* von Anouilh, auch Molnárs *Spiel im Schloß*, Ambessers *Lebensmut zu hohen Preisen*. In Schulen, Sälen, selbst in einem Café entstanden neue Theater, und die Staatsoper im Prinzregententheater brachte als erste Neuinszenierung nach dem Krieg im November 1945 Beethovens *Fidelio* in der Regie von Günther Rennert heraus; es folgten bis Weihnachten Mozarts *Schauspieldirektor*, Puccinis *Bohème* und d'Alberts *Tiefland*. Vier Kabaretts übten die Freiheit, wieder mehr sagen zu dürfen. Die frisch lizenzierte Süddeutsche Zeitung sagte zu viel und stieß mit einem Artikel über Ausgewiesene aus der ČSSR an die Grenze der Importdemokratie. Konzerte, Filme, Ballette, Puppen- und Singspiele, Ausstellungen, Lesungen, Wohltätigkeitsveranstaltungen, ja sogar eine Schlittschuhrevue *Melodie auf dem Eis* erfreuten Publikum wie Veranstalter. Der Bereitschaft und regen Nachfrage wegen stellten sich mögliche Talente auf einer Brettlbühne vor oder in Frage. Auch Stromsperren, Zivilkontrollen gegen Schwarzfahrer auf den Trambahnen und Verhaftungen von Personen, die Mäntel aus US-Armeedecken trugen, sorgten für Abwechslung.

Wir jungen und nicht mehr ganz jungen Jugendnachholer saßen nachts vor dem Radio, um zu hören, was wir endlich ungestraft hören durften: Swing von AFN, dem American Forces Network, wie der alliierte Soldatensender hieß. Wenn Mark White, der kleine, zierliche Discjockey mit der sonoren Stimme, im Programm *Midnight in Munich* die Platten ankündigte und abspielte, schwelgten wir in unserem Lebensgefühl. Schon mittags hatten wir Swing getankt – bei *Luncheon in Munchen*, einer täglichen Sendung aus dem ehemaligen Palais des Malers Friedrich August Kaulbach.

Ältere Ohren sehnten sich nicht gerade nach dem Verbot zurück, unsere Genußlautstärke störte sie jedoch erheblich. Das war keine Musik mehr, das war ein aufsässiges, skandalöses Rütteln an bestehender Ordnung, die ohnehin bröckelte.

»Genauso ging's schon den Großeltern beim Walzer!« meinte ein Freund. Durch Tieffliegerangriff hatte er den rechten Arm verloren. Seitdem nahm er die Musik als Therapie. Vor dem Radio vergaß er die schwere Verwundung, er swingte sich ein in sein neues Gleichgewicht.

Wie der Blick in eine Partitur zeigt, markiert Swing eine Mitte. Auf der einen Seite arrangiertes Zusammenspiel im Sinne abendländischer Überlieferung, wenn auch mit den gewagten Harmonien des Jazz, auf der andern intuitive Improvisation des jweiligen Solisten. Swing war die Mitte zwi-

schen Aufbruch und Tradition, zwischen neuer und alter Welt, Sichausleben vor dem Hintergrund bestehender Ordnung, ohne diese zu sprengen – musikalisches Art déco.
Später, in den Fünfzigerjahren, als die amerikanischen Bigbands der Swingära mit *Jazz at the Philharmonic* deutsche Konzertsäle füllten, lernte ich Benny Goodman kennen. Auf seinen Wunsch brachte ich ihn in ein bayerisches Restaurant und versuchte dort, ihm zu erklären, was er mit seiner Musik für uns bedeutet hatte. Der King of Swing kaute an einem Stück Leberkäs, blinzelte zufrieden, während seine beiden kleinen Finger aus lauter Gewohnheit Zweiunddreißigstel zuckten und sagte: »I like bavarian sausages!«
Meine Enttäuschung entging ihm, denn sie währte nicht lange. Ich begriff, daß es so richtig war. Der Verusacher soll nicht wissen,was er verursacht. Was zu Herzen geht, hat im Kopf nichts verloren.

Die Besatzer nahmen den Swing weniger wichtig. Für sie war er ein nie entbehrtes Mittel zur Unterhaltung. Ihr Bedürfnis, sich trotz fremdem Land und staatlicher Kleidung nicht zu langweilen, machte eine Armee von Unterhaltern mobil. Professionelle deutsche Jazzer, wie der im Dritten Reich als »entartet« gerügte Schlagzeuger Freddie Brocksieper, der Trompeter Charly Tabor oder ein noch unbekannter, vitaler Tenorsaxophonist namens Max Greger meldeten sich lautstark aus der inneren Emigration zurück und wurden sofort beschlagnahmt. Abend für Abend durften sie spielen, was und wie sie schon immer hatten spielen wollen, dazwischen amerikanische Zigaretten rauchen und sich sattessen. Wie wurden sie beneidet! Von einem Musiker hieß es, er habe eine mit Wachstuch gefütterte Aktentasche, da

kippe er alles Eßbare hinein, um es den Seinen mitzubringen.
Max Greger leitete seine erste Band im Negerclub Orlando di Lasso am Platzl. Deutschen war der Zutritt verboten. Außer »Fräuleins« oder, wie sie auf bayrisch hießen, Amischlampen. Sie wurden ja gebraucht. Auch zum Tanzen. Es müsse wild zugehen, munkelte man. Ganz besonders beim »Zitterbock«. Ein Hörfehler, wie sich herausstellte, im damals für englische Ausdrücke noch ungeübten Ohr. Tatsächlich handelte es sich um die Bezeichnung für eine Tanzform, die bald geläufig werden sollte: Jitterbug.

Musik bewegte die Menschen in beeindruckender Weise. Sie half zu vergessen, ja Not zu wenden. Welche Kraft von gemeinsamem Gesang auch ohne Marschrhythmus ausgehen kann, wurde an Fronleichnam, vier Wochen nach der Kapitulation, neu entdeckt. Die Prozession war am 31. Mai wegen Dauerregens verschoben worden und fand am Sonntag, dem 3. Juni 1945, unter strahlend blauem Himmel statt. Das frische Grün junger Birken entlang der Straßen, durch die sich der Zug bewegte, eine unüberblickbare Menschenmenge vor und auf Ruinen deckten die Wunden der Stadt zu.
Unsere Clique verfolgte diese erste öffentliche Feier von der schwer getroffenen Residenz herab. Wir saßen auf Dachlatten wie auf einer ansteigenden Tribüne und überschauten den Platz vor der Theatinerkirche. Unvergessener Eindruck: die imposante Gestalt von Kardinal Faulhaber in roten Schuhen. Für Fußbekleidung war der Blick geschärft. Alle, Junge wie Alte, fühlten das Besondere, das sich hier ereignete. Menschen, die sich zu ihrem Glauben bekennen, hatte man in dieser Zahl und Offenheit lange nicht mehr

gesehen. Doch das war es nicht allein. Hier stellte sich abendländische Tradition dar, eine neue Ordnung schien über Nacht auferstanden zu sein aus dem Nichts. Das *andere* Deutschland präsentierte sich zum ersten Mal in der Öffentlichkeit, strahlte Selbstbewußtsein und Verläßlichkeit aus gegenüber der alliierten Propaganda mit Kollektivschuld und überheblichem Umerziehungsgehabe.
Enttäuscht vom Unverständnis der Befreier für die Mentalität der Befreiten, verwirrt von ihrer unberechenbaren, teils liebenswerten, teils hanebüchenen Naivität begannen die Menschen hier wieder zu hoffen. Ein trotziges Aufatmen ging gleichsam durch die Reihen. Wir würden es, gewiß nicht ohne materielle Hilfe, letztendlich aber doch aus uns selbst heraus schaffen.
Diese Zuversicht überstrahlte den religiösen Rahmen. Niemand konnte sich ihr entziehen. Auch nicht die zur Überwachung der Feier sehr zahlreich erschienenen Amerikaner, die voll Staunen begriffen, daß sie's nicht nur mit Barbaren, vielmehr auch mit einem alten Kulturvolk zu tun hatten.

Aufbruch

Ich würde es nicht Galgenhumor nennen, was uns zu Höchstleistungen an Fröhlichkeit anspornte. Wir verdankten sie nicht dem *Morgenthau-Plan*, der Deutschland versteppen wollte, zum Agrarland ohne jede Industrie, und damit unsere Zukunftsaussichten auf Agrikultur mit Kultur heruntergeschraubt hätte.

Was es war, hat Hans Werner Richter formuliert. Nicht irgendeiner dieses Namens, vielmehr *der* Hans Werner Richter, Mitfeierer, Mentor und Dompteur der Gruppe 47, die nach dem Kahlschlag im Goebbels'schen Propaganda-Wald die zarten Pflänzchen unschuldiger deutscher Buchstaben hegte und pflegte.

Spontan erinnert er sich an einen besonders vergnügten Faschingsabend unter dem Motto *Bayerischer Kolonialball* – ein Fest der Künstler, Poeten, Maler, Schauspieler im Stil von 1910, zur ironischen Erinnerung an die herrlichen Zeiten unter Willi Zwo, speziell an die bayerischen Kolonien in Übersee. Also nicht weit weg. Übersee heißt ein kleiner Ort beim Chiemsee. Den Preis für die besten Masken – eine Flasche Sekt – gewannen der Bühnenbildner der Kammerspiele Wolfgang Znamenacek und die Kostümbildnerin Elisabeth Urbancic.

Doch zu Freund Hans Werner. Er sagt:

> Vielleicht haben viele von uns in den ersten Nachkriegsjahren ihre Jugend nachgeholt, eine Jugend, die ihnen ge-

nommen wurde, nicht nur in den Jahren des Krieges, sondern auch in denen davor. Wir hatten überlebt und alles schien vorbei: der Haß, die Unterordnung, der Zwang, die Schikaniererei und die ständig vorhandene Furcht. Es entstand eine überschäumende Lebensfreude, gespeist von dem Gefühl: Wir sind noch einmal davongekommen. Gewiß, Entbehrungen und Armut hielten noch lange an. Aber auch sie trugen zur Lebensfreude bei, sie beeinträchtigten sie nicht, sondern erhöhten sie. Jedes Fest, jede Feier war eine Art Bestätigung dafür, daß wir noch leben konnten. Die schönen Seiten des Lebens taten sich vor uns auf; die anderen, die häßlichen, die brutalen, die gemeinen, die kannten wir. Nun wollten wir sie vergessen. Wir waren voll großer Hoffnungen, vielleicht auch großer Utopien.

Diese ersten Jahre waren für uns der Aufbruch in eine neue und bessere Zeit. Nur so kann man sich erklären, warum wir in diesen Jahren keinen Anlaß zum Feiern ausließen, kein Fest versäumten, und je turbulenter es zuging, um so wohler fühlten wir uns. Der Nachholbedarf war ungeheuer. Und wenn ich von mir sprechen darf, es waren die schönsten Jahre meines Lebens.

Damit ist Freund Hans Werner nicht allein. Erst viel später begriffen wir, welche Freiheiten zur Entfaltung die Stunde Null uns bot. Kein Zwang von Milieu und Stand, keine Gesetze, keine Förderungsprogramme drängten das Individuum in vorgegebene Bahnen, kein Konkurrenzkampf entzweite Freunde, kein Ehrgeiz machte verwandte Gemüter zu Feinden.

Wann je war Chancengleichheit radikaler verwirklicht, wann Hilfsbereitschaft selbstverständlicher? Wann gab es

vergleichbaren Ideenreichtum, um aus dem Nichts etwas zu machen, spielerisch mit der Leichtigkeit der Davongekommenen? Wann herrschte ein elementareres Bedürfnis nach Lebensfreude?
Von Gesellschaftssystemen, von Bevormundung im Gewand sozialen Fortschritts geheilt, warteten wir nicht auf staatliche Förderungen, machten kein Recht auf Starthilfe geltend, demonstrierten nicht für Pensionsanspruch nach dem Abitur. Mit viel Staat ist wenig Staat zu machen – das hatten wir schmerzlich erfahren und vertrauten allein auf die eigenen Kräfte und Einfälle.
Zeit war noch nicht Geld. Man hatte Zeit. Und brauchte sie für die tägliche Improvisation beim Freistilringen mit Verbot und Not. Vermögen, Unvermögen und nicht vorhandenes Vermögen wiesen den Weg in die ureigenste Richtung. Mit Phantasie, einer gewissen sportlichen Beharrlichkeit wurde man, von keinerlei Selbstverwirklichungsgeschwätz irritiert, zwangsläufig der, der man war. Ganz nach dem Rezept des Fürsten Metternich: »Talente soll man hindern, damit sie reifen.«
Wir Gehinderten – ein Freundeskreis von Feinden des alten Regimes in München – denken verjüngend an unsere Abenteuer durch Begrenzung zurück. Wir haben uns redlich geplagt.
Kommende Generationen sollten es einmal besser haben!
Eins ist uns mittlerweile klar: Mit ihnen tauschen möchten wir nicht.

Wir hatten die Nase von Politik und ihren Folgen voll. Gewissermaßen hinter dem Rücken des letzten abziehenden SS-Mannes entfernten wir die Requisiten der großen Zeit, das Hoheitszeichen vor allem, jenen trutzigen Adler, der

den Lorbeerkranz mit dem Hakenkreuz hält. Nichts sollte mehr dran erinnern.
Ein langjähriges Ärgernis war die bronzene Ehrentafel an der Feldherrnhalle, bewacht von je zwei SS-Männern mit Gardemaß und dem stupiden Geradeaus-Heldenblick der Statuen des Reichs-Muskelprotzers – des Bildhauers Joseph Thorak.
Alle Vorübergehenden hatten an diesem *Ehrenmal der Nation* den Deutschen Gruß zu entbieten. Sonst landeten sie auf der gegenüberliegenden SS-Wache und wer weiß wo danach.
Wir umgingen die Zumutung im genauen Sinn des Wortes: Wir bogen vorher ab, ins sogenannte *Drückebergergäßchen*.
Die militärische Lage machte – Simsalabim – aus dem Ehren- ein Schandmal. Anfang Mai 1945, unmittelbar nach dem Einrollen der Amerikaner, brachen zwei Freunde auf, es zu entfernen: Der Ex-Obergefreite Dieter Rieppel – er hatte sich am Vortag als Pfarrer verkleidet, von einer Strafversetzung nach Hause durchgesegnet – und sein Schwager, der Architekt Tino Walz.
Frühmorgens kamen sie zur Feldherrnhalle. Die Tafel war aus der Halterung gerissen und lehnte an der Wand, der Kopf des Adlers fehlte. Mit Hebeltechnik wuchteten sie die Last auf Rundhölzer, um sie über die Straße in die Residenz zu rollen. Einer hob die hinten freiwerdenden Hölzer auf und legte sie vorn wieder in den Weg, der andere schob das Monstrum am Hals des Adlers vorwärts.
Ein Radler kam des Wegs, sah sie den König der Lüfte anschieben wie eine störrische Kuh und lachte. »Aha! Tut's Vögel fangen in aller Herrgottsfrüh.«
Die beiden schoben nicht allein die Vergangenheit weg, sie sorgten bereits für die Zukunft vor: Die Bronze stellte einen

Wert dar, der nicht verlorengehen durfte. In NATO-Deutsch würde man von *Recycling* sprechen. Denn nicht alles, das man seiner Eigenschaften wegen von früher übernimmt, verdient die Bezeichnung *Tradition*.

Tanz unter dem Vulkan

Wir feierten die Feste nicht nur wie sie fielen, wir brachen sie vom Zaun, eines nach dem anderen. Und keines war langweilig. Nicht zuletzt verdankten wir das der heiteren Bereitschaft und den technischen Fähigkeiten eines Schwaben mit russischem Vornamen: Boris.
Über einen gemeinsamen Vorfahren namens Andreae im 16. Jahrhundert war er mit dem ersten Bundespräsidenten Theodor Heuss verwandt. Boris, die Galionsfigur durchtanzter Nächte, lieferte das Lebensgefühl. Er brachte Swing in die Bude. Ein abgeschlossenes Studium der Elektrotechnik befähigte ihn zu genialen Improvisationen am Rande von Kurzschluß und Legalität. Weil ihm während des Krieges die zickige Unterhaltungsmusik des Reichsrundfunks mißfiel, hatte er sich einen Plattenspieler mit starkem Motor besorgt und dazu ein sogenanntes Schneidegerät. Bei der Herstellung von Benzin fiel Abfall an, ein Kunststoff namens Decelit, aus dem Platten hergestellt wurden, die man kaufen konnte. Boris schnitt auf Decelit fleißig Sendungen von BBC London mit. Aus diesem Fundus mit Benny Goodman, Harry James, Tommy und Jimmy Dorsey, Glenn Miller, Louis Armstrong und wie sie alle heißen, bestritt er unsere Feste, mehr noch: durch wohlüberlegte Reihenfolge der ausgesuchten Stücke gestaltete er die Stimmungskurve. Er brachte uns, nach eigenen Worten, in eine gewisse emotionale Ordnung. Das Denkmal für den ersten Discjockey im Nachkriegsdeutschland gebührt ihm.

Ausgebrochen war der Nachholbedarf an Fröhlichkeit schon früher. Im Juni 1944 wurde bei einem Bombenangriff das Anwesen Franz-Joseph-Straße 41 getroffen. Es war ein herrschaftliches Wohnhaus gewesen, mit fünf Etagen und einer prächtigen Eingangstür, die beim Öffnen den Anfang des Rosenkavalierwalzers quietschte: da-di-diii, da-di-diii. Hier hatte, bei ihrer Großmutter im zweiten Stock, ein Mädchen gewohnt, das den Fernsehenden durch Robert Lembkes Ratespiel bekannt geworden ist: Annette von Aretin, unter Freunden Putzi genannt.
Da nur Brandbomben gefallen waren – man vermerkte das dankbar – und kein Wasser zum Löschen mehr floß, konnte ein Teil der Möbel und des Hausrats unbeschädigt auf den Hof geschleppt werden; das Haus brannte langsam hinterher. Ein Major, bei dem die junge Dame dienstverpflichtet war, schickte einen Lastwagen mit zwei Soldaten zum Abtransport.
Ende September – man war bei Verwandten auf dem Land untergekommen – vermißte die Großmama plötzlich eine Rokokokonsole. Sie habe im Keller gelegen, wo man seine Rokokokonsolen eben hat, und habe möglicherweise sozusagen überlebt. Die Enkelin versprach nachzusehen und begab sich in die ehemalige Straße. Wie aber sich zurechtfinden? Trümmer beeinträchtigen die Orientierung ungemein. Bis wohin ging der Schutt des eigenen Hauses? Wo fing der vom Nachbarn an? Wie sollte man unter die Trümmer kommen?
Durch den ehemaligen Lieferanteneingang gelangte sie zur Kellertreppe. Unerträgliche Hitze drang herauf, sie konnte kaum atmen. Der Keller hatte – umständehalber – die erste Deckenheizung. Unter dem Schutt glühte es noch immer. Trotzdem stieg sie hinunter. Gedanken an Dantes Inferno

drängten sich auf, und da, gewissermaßen im Entrée zum Fegefeuer, stand die Rokokokonsole. Ringsum war alles voller Dreck, aber großzügig angelegt mit Waschküche, Abstell- und Vorratsräumen. Wahrnehmung und Einstellung verdichteten sich zur Idee: Hier ist Platz, hier hört uns niemand, sieht uns niemand, und geheizt ist auch … hier gebe ich ein Fest!

Wie besessen machte sie sich in den folgenden Tagen zusammen mit Amana von Bayern und Maxl Billig, dem Besitzer des Hotels Continental, an die Säuberung der Hölle. Sie setzte einen Termin fest und verständigte den Freundeskreis, Künstler, Studenten, Urlauber, durch Weitersagen. Jeder wurde gebeten, etwas mitzubringen. Kerzen vor allem und Taschenlampen, Eßbares, Trinkbares, jeder ein Glas und Kissen, denn es gab keine Stühle.

Unter den Verständigten war auch Boris. Der gründliche Schwabe schaute sich die Festräume erst einmal an. Mit fachmännischem Blick fand er das Erdkabel und die Haussicherung und entschied nach kurzer Prüfung: »Wir brauchen keine Kerzen, wir brauchen Nachttischlampen. Weitersagen!«

An einem Nachmittag verschwand der Discjockey mit einer unauffälligen Kiste in dem Trümmerhaufen. Sie enthielt den Plattenspieler samt Tonabnehmer 1001 von Telefunken – mit Saphir! –, damals das Nonplusultra für Klangqualität, den Lautsprecher mit Schallwand und das Allerwichtigste: die Verstärkerröhre UCL 11. Ohne sie ging nichts. In Münchens Stromversorgung herrschte nämlich heilloses Durcheinander. Hatte ein Haus 110 Volt Gleichstrom, floß im Nachbarhaus schon 220 Wechselstrom aus der Steckdose.

Mit zwei Klemmen, ohne Sicherung, schloß er seine Stimmungsartillerie und alle mitgebrachten Nachttischlampen an das Erdkabel an. Für Luftzirkulation hatten Putzi und ihre Helfer bereits beim Saubermachen gesorgt. Ungefähr sechzig Gäste in idealer Geschlechterproportion, die Abwärme aus dem Schutt und heiße Musik sorgten für eine brodelnde Nacht. Die Freude, noch am Leben zu sein, sich unter Freunden endlich ohne *Feind hört mit* austoben zu können, steigerte das Fest zu einer Orgie von Glück. Und das mitten im Krieg. Der Keller konnte einstürzen, eine Bombe einschlagen, denn die Luftschutzsirenen hörte hier niemand. Die Gastgeberin hat recht, wenn sie rückblickend sagt: »Ein Tanz unter dem Vulkan.«

Mitternacht war längst vorbei. Zufrieden mit der angeheizten Stimmung stieg der Discjockey die Kellertreppe hinauf, um Luft zu schnappen. Unbeabsichtigt kam er anderswo heraus als erwartet, mitten im Trümmerfeld. Es war sternenklar, kalt, und irgend etwas stimmte nicht. Damals roch man das. Da waren plötzlich Leute rund um den Schuttberg, Leute, die sich merkwürdig bewegten, so als suchten sie etwas. Das taten sie auch. Sie konnten sich nicht erklären, wo die Musik herkam, die sie hörten, wilde, verbotene Musik, sogar mit englischem Gesang. Hörte hier ein Lebensmüder Feindsender?

Zum Glück hatten sie Boris noch nicht entdeckt. Schleunigst stieg der wieder hinunter und senkte den Lautpegel. Niemand begehrte auf. Lärm war nicht ausschlaggebend, die Stimmung wurde dadurch nicht gedämpft. Ohne Protest nahm man zur Kenntnis, daß es jetzt eben leiser zuging. Nur einer, der die sorgfältige Feineinstellung beobachtet hatte, fragte nach dem Grund. Boris erklärte, worauf der junge Mann zusammenzuckte. »Um Gottes willen! Das sind Spitzel. Hier in der Nähe ist eine Nazidienststelle.«

Um keine Panik zu verursachen, sprachen die beiden mit niemandem darüber. Boris drosselte die Lautstärke noch mehr, leitete mit weniger aggressiven Rhythmen in die zärtliche Phase über und steuerte das Fest langsam dem Ende zu. Vor Morgengrauen mußten alle weg sein.
Unauffällig weihten die beiden einige Freunde ein. Es ging darum, den Auszug leise und fließend zu gestalten, möglichst einzeln oder paarweise und in verschiedenen Richtungen. Keinesfalls in Gruppen. Dank der verinnerlichten Stimmung gelang das Kunststück. Unbehelligt kamen die Nichtsahnenden wohlbehalten nach Hause.

BÜRGERINITIATIVE

Als 1944 die Bombenangriffe die Stadt umzupflügen begannen, retteten Münchner Bürger die unersetzliche Innenausstattung des Residenztheaters von François Cuvilliés. Private Initiative war damals nicht ungefährlich. Kunstschätze erhalten zu wollen ohne Befehl von oben, wurde mit Defaitismus gleichgesetzt. Man glaubte demnach nicht an den deutschen Endsieg – eine Haltung, die nach vorgeschriebener Meinung den Abwehrwillen schwächte.
Die Retter waren Männer vom Fach. Sie hatten von Berufs wegen mit dem Bauwesen zu tun, insbesondere mit der Residenz. Sie wußten, wofür sie sich einsetzten – für eines der schönsten Rokoko-Theater der Welt.
Da milderte der Bombenangriff vom 18. März 1944 Gleichgültigkeit und Argwohn bei der Regierung so weit, daß sie ans Werk gehen konnten. Dr. Pfister, Baureferent im Kultusministerium, Ministerialrat Gablonsky vom Innenministerium, Regierungsbaudirektor von Petz, Regierungsbaurat Otto Mayer, beide von der Bauleitung der Münchner Staatstheater, und – man lese und staune – ein Neutraler, der die gefährdete Stadt hätte verlassen können, ein Schweizer Staatsbürger, der bauleitende Architekt in der Münchner Residenz, Tino Walz. Man ging professionell vor, beschloß die Innenausstattung zu teilen und beide Hälften an verschiedenen Orten auszulagern. Sollte eines der Notquartiere zerstört werden, konnte später die gerettete Hälfte als Vorlage für die Restauration dienen.

Das gesamte Dekor war nicht, wie Theaterbesucher vielfach glaubten, in Stuck ausgeführt, sondern in Holz. Die Schnitzereien waren aufgeleimt und bemalt; ihr Ausbau machte keine Schwierigkeiten. Logenbrüstungen, Pfeilerverkleidungen, die ganzen Paneele wurden einfach zerlegt, in Kisten verpackt und weggebracht. Lediglich Teile aus Gipsmarmor am Unterbau der Königsloge sowie die Proszeniumsumrandung konnten nicht ausgebaut werden. Doch sie überdauerten wundersamerweise bis auf den Portalvorhang.

Selbstverständlich sollten alle Stücke für den Wiedereinbau numeriert werden. Hier gab es eine Überraschung. Sie waren bereits auf der Rückseite fortlaufend gekennzeichnet.

»In der edlen und klaren Schrift der napoleonischen Zeit numeriert ...«, wie Regierungsbaurat Mayer sich ausdrückte.

Was hatte das zu bedeuten?

Der Seniorchef der mit dem Ausbau beauftragten Firma Heinrich Pössenbacher fand die Erklärung: Zu Zeiten König Ludwigs I. galt Rokoko nicht viel, der Begriff war nahezu ein Schimpfwort. Zu üppig, zu verspielt, entsprach es nicht dem Zeitgeschmack. Damals war die gesamte Cuvilliés'sche Ausstattung zum ersten Mal ausgebaut und irgendwo im Stadtteil Lehel gelagert worden. Der leere Zuschauerraum mit den rohen Wänden diente dann als Dekorationsmagazin für das Hoftheater. Unter Ludwig II. feierte das Rokoko üppige Wiederkehr. Vor allem in seinen Schlössern Linderhof und Herrenchiemsee. Die Cuvilliés-Dekoration wurde wieder in den Theaterraum eingebaut und zum Teil unangebracht übermalt. Guter Stil hält so etwas aus, wie ein gutgebautes Stück eine schlechte Inszenierung.

Nun, beim zweiten Ausbau, wurde die eine Hälfte mit offizieller Fahrgenehmigung ins Pfarrhaus von Obing im Chiemgau gebracht. Die andere fühlte sich als Theaterdekoration dramatischem Geschehen offenbar besonders verpflichtet. Die Kisten und bis zu sechs Meter langen Paneele aus Lindenholz sollten im Schloß Herrenchiemsee gelagert werden.
Hierbei wurde der private Charakter der Initiative deutlich. Das Unternehmen begann gewissermaßen im Familienkreis: Architekt Tino Walz leitete den Transport; sein Schwager, der Obergefreite Dieter Rieppel, führte ihn durch, dessen Schwägerin begleitete als Kunsthistorikerin die Fahrt.
Dieter, aus alter Münchner Familie, war nach längerem Lazarettaufenthalt nicht mehr frontfähig und zum Fahrlehrer für Lastwagen umgeschult worden. Täglich unternahm er mit Fahrschülern eine Übungsfahrt. Diesmal nach Herrenchiemsee. Das Fahrzeug, ein schwerer Laster mit Holzgasantrieb und Anhänger, wurde in der Residenz beladen und erreichte, von Tieffliegern unbelästigt, den Ort Gstaad am Chiemsee.
Dort wartete, vom Architekten Walz organisiert, eine Pontonfähre mit Motorboot als Zugmaschine. Millimeterweise bugsierte der Obergefreite persönlich das breite Gefährt auf die schmale Plattform. Rechts wie links ragten die Reifen einige Zentimeter über den Rand hinaus, zudem wehte eine nette Brise. Bei ausgezeichnetem Segelwetter mit kleinen Schaumkrönchen legten sie ab. Der Wind griff den Konvoi von der Seite an. Er war stark genug, den Kurs zu beeinflussen.
Rhythmisch wie ein Metronom schaukelte die kostbare Fracht von einer Seite zur andern; leicht grünlich mußten

die Begleiter zusehen, wie ihr ruderloses Floß dem Motorboot keineswegs folgte. Es brach nach der Seite aus, als wolle es zum Überholen ansetzen, änderte dann abrupt den Kurs, hielt auf eine nicht vorhandene Boje zu, wie beim Wasserskislalom. Jede dieser Wenden verstärkte den Eindruck, diesmal werde das hochbeladene Gefährt gewiß kentern. Doch, aller Landrattenfurcht zum Trotz, erreichte es die Insel.
Millimeterweise, ohne von der Plattform abzukommen, rollte der Lastzug auf festen Grund. Die beiden Fahrschüler durften ihn zum Schloß steuern und dort das Rückwärtsfahren mit Anhänger üben, bis er korrekt vor der Abladestelle stand. Hilfskräfte verschiedener Nationalität luden ab und schleppten die Kisten in einen besonders trockenen Keller.
Auch die Rückfahrt, bei noch besserem Segelwetter, wurde ohne Seenot gemeistert. Es sollte nicht die letzte Feindberührung mit dem Element Wasser bleiben.
Im verschärften Bombenkrieg erwies sich das Schloß Herrenchiemsee als leicht auszumachendes Ziel. Und da die Alliierten nicht nur kriegswichtige Objekte in Trümmer legten, veranlaßte man den Umzug zu einem anderen Lagerort, den der umsichtige Schweizer ausfindig gemacht hatte.
Diesmal ging es nach kurzer Schönwetterbootspartie um so länger über Land. Bis hinauf nach Kelheim, wo hoch über der Donau auf dem Michelsberg die Befreiungshalle klassizistisch in die Landschaft klotzt. Von König Ludwig I. zur Erinnerung an das Ende der napoleonischen Fremdherrschaft errichtet, war sie gewiß auch ein gut erkennbares Bombenziel, als leerer Ruhmestempel aber kein lohnendes. Daher ein ideales Versteck schon des Unterbaus wegen. Na-

tionale Einschüchterungsarchitektur pflegt auf überdurchschnittlich soliden Fundamenten zu ruhen.
Die kostbare Theaterhälfte verschwand in den geräumigen und trockenen Kellern des Monuments. Ein beamteter Wärter mit Dienstmütze bekam die Schlüssel sowie den Auftrag, Temperatur und Luftfeuchtigkeit konstant zu halten, indem er regelmäßig lüftete.
Beruhigt kehrte Tino Walz zu seiner Frau und weiteren Rettungsaktionen nach München zurück. Wie das Leben im Kriegsdeutschland für einen Neutralen aussah, bezeugen seine Tagebucheintragungen als bauleitender Architekt.

26. APRIL 1944: Das Gewölbe des Theatinerganges stürzt ein und reißt die Residenzfassade am Odeonsplatz bis zur Decke Erdgeschoß mit sich.
25. MAI: Prof. Rudolf Esterer gründet die Bauleitung Residenz, die dem Ministerium direkt unterstellt ist.
4. JUNI: Eine Abteilung Pioniere will die Reste der Fassade an der Residenzstraße sprengen. Bis von Gauleiter Giesler der Einstellungsbefehl erwirkt wurde, ist eines der Prunkportale schon zur Hälfte abgerissen, ebenso ein Teil der Nische der Patrona Bavariae.
13. JUNI: Treffer im Hofgartentempel. Die Rottmann-Fresken unter den Arkaden werden abgenommen.
11. JULI: Erster Angriff 11 Uhr. Sprengbomben über der ganzen Stadt. Zeitzünder detonieren die ganze Nacht und erschweren die Rettungsarbeiten.
12. JULI: Zweiter Angriff mit Brandbomben. Feuersturm in Schwabing.
13. JULI: Dritter Angriff: Es funktioniert nichts mehr. Auch die Alarmanlagen versagen. Da es keinen Strom gibt, kann man auch übers Radio keine Luftwarnung erhalten.

Nachrichtenlos lebt man in Ungewißheit wie auf einer Insel.

16. Juli: Vierte Angriffswelle. Die aus den Häusern auf die Straßenmitte geretteten Möbel brennen z. T. wie Zündschnüre durch die Straßen ab. Wasser gibt es nirgends mehr. Vom Nymphenburger Kanal versucht die Feuerwehr mit einer Schlauchleitung durch die Nymphenburger Straße Wasser ins Innere der Stadt zu leiten. Die gerade abgestützte Fassade der Grottenhalle erhält einen Volltreffer und bricht zusammen. Alle Mühe war umsonst. Die mittleren Felder des Antiquarium-Gewölbes stürzen ein. Der Brunnenhof ist umgepflügt. Volltreffer in den Steinzimmern. Durch die gerissene Lücke blickt man aus dem Innern der Residenz unmittelbar auf die Theatinerkirche. Unser Notbüro im Königsbau ist völlig zerstört. Treffer im Preysing-Palais, das zweite Notdach wie weggeblasen. In der Ökonomie des Englischen Gartens verbrennen 45 Stück Vieh.

20. Juli: Attentat mißglückt! Der Krieg wird weitergehen!

23. Juli: Die letzten Brandherde verlöschen. Es regnet stark. Die Residenz schwimmt, da kein einziges Notdach erhalten geblieben ist. Wir beginnen von vorne. Es gibt immer weniger zu schützen: Die Ahnengalerie, das restliche Antiquarium, das Schiff der Hofkapelle, Teile des Königsbaues, die Kaisertreppe. Stukkatur-Reste von Dekken und Wandfriesen werden abgenommen, registriert und in den Kellergewölben gelagert. Wird man sie jemals verwenden?

7. November: Der erste Schneefall. Verheerende Zustände in der Residenz. Unerwartete Hilfe: Am 9. November soll Hitler zur Kranzniederlegung am Ehrenmal der Feld-

herrnhalle kommen. Die Residenzstraße muß dafür schuttfrei sein. Sonderzuteilung von zwei Baggern, beliebig Benzin und Lastwagen. Mit allen verfügbaren Kräften schaffen wir Schutt aus der Residenz auf die Straße, um ihn auf diese Weise loszuwerden. Die Feuerwehr muß mit Schwämmen den Staub von den traurigen Resten der Residenzfassade waschen. Tag und Nacht wird gearbeitet.

9. NOVEMBER: Die Kranzniederlegung findet nicht statt!!! Radioansprache von Goebbels vom Endsieg.

Stoisch arrangierten sich die Menschen mit dem Wahnsinn. Sie machten einfach weiter, halfen einander und witterten, wo es etwas ohne Marken gab. Auch der großdeutsche Obergefreite Rieppel rettete, was zu retten war. Wie er von seinem Schwager wußte, befand sich im Keller unter dem Thronsaal der Residenz der Weinkeller des primitivsten aller Spitzen-Nazis: Christian Weber. Dort lagerte zusammengestohlene Rebenlese von Weltklasse, wie Rothschilds *Château Mouton*.

Im Frühjahr 1945 nahm der Obergefreite das Lager im Handstreich. Mit einem Elektrokarren, wie sie zum Gepäcktransport am Bahnhof verwendet wurden, fuhr er in die flüssige Schatzkammer. Hinten auf der Ladeplattform klirrten leise leere Flaschen. Freund Dieter ging generalstabsmäßig vor. Um die Bestände in großem Stil lichten zu können, galt es den Schein zu wahren, als sei noch alles da. Mit der altgedienten Obergefreiten eigenen Seelenruhe entkorkte er Flasche um Flasche, füllte den Inhalt um und legte das staubige Original mit dem vielversprechenden Etikett neu bekorkt an seinen Platz im Regal zurück. Seine gründliche Arbeit linderte die Not. Tage- und nächtelang

dämmerte der gesamte Freundeskreis, aufs edelste trunken, dem »Endsieg« entgegen.
Dann endlich!
In Zeitlupe tasteten sich die Amerikaner an die zerstörte Stadt heran. Nicht schneller erfuhren die Befreiten die neue Freiheit. Zuerst war alles verboten. Niemand durfte das Stadtgebiet verlassen, es gab weder Post noch Telefon.
Wie mag es um die Befreiungshalle stehen? fragte sich Tino Walz. Sind die Dekorteile unversehrt geblieben?
Er beschloß, so bald wie möglich nachzusehen. Sein Schweizer Paß wirkte beschleunigend. Bereits am 7. Mai, dem Tag der bedingungslosen Kapitulation, hatte er eine schriftliche Fahrgenehmigung und Benzin. Die Formalitäten, sich um das ausgelagerte Gut überhaupt kümmern zu dürfen, dauerten allerdings länger. Sechs Wochen nach dem Einmarsch konnte er schließlich starten.
Es war ein strahlender Julitag. Mit jedem Kilometer wuchs seine merkwürdige Unruhe. In Kelheim fuhr er zuerst zum Wärter. Stand das Haus? Lebte der Mann noch? Wo hatte er die Schlüssel?
Das Haus stand, der Wärter war da. Erleichterung, dann der Schock. Die örtliche Militärregierung hatte ihm untersagt, seinen Dienst in der Befreiungshalle weiterhin zu versehen. Weil er Parteigenosse gewesen war.
Es gibt Fügungen, die zu dumm sind, um darauf gefaßt zu sein. Die unersetzlichen Paneele seit Wochen ungelüftet! In welchem Zustand mochten sie sich befinden? Eine Kreuz- und Querfahrt zu amerikanischen Dienststellen begann, von einem Unzuständigen zum nächsten. Dabei fiel immer wieder ein Name: Captain Shuffie. Er sei der richtige Mann. Tino Walz fand ihn.
Der Captain war der Richtige. Er zeigte Verständnis und

konnte ein Machtwort sprechen: Der kleine PG durfte die Keller aufschließen.
Mit überhitztem Motor rasten sie zur Befreiungshalle hinauf, als gelte es, ein Bergrennen zu gewinnen. Gleich bei der ersten Tür bestätigte modriger Geruch die ungute Vorahnung. Was sie fanden, übertraf jedoch die schlimmsten Befürchtungen. Ordentlich aufgereiht standen die einzelnen Teile an den Kellerwänden, jedes Brett mit dem unteren Ende in einer breiigen, übelriechenden Masse. Der Knochenleim, der die Schnitzereien zusammenhielt, hatte sich aufgelöst. Das gesamte Dekor war samt der Bemalung wie dicke Suppe hinuntergelaufen. Nicht mehr zu erkennen, lagen die einzelnen Teile in dem Brei.
Wie sollte man dieses gigantische Puzzle je wieder richtig zusammensetzen?
Entmutigt verließen sie den Ruhmestempel. Es hatte keinen Sinn mehr, noch irgend etwas zu unternehmen. Zufällig entdeckte das mit Zerstörungen und aussichtslosen Rettungsversuchen vertraute Architektenauge auf der anderen Seite der Donau eine Zementfabrik. Der Anblick genügte, um eine Idee zu zünden. Wie der Teufel fuhren sie hinunter und hinüber.
Richtig, da lag, was er suchte: Papiersäcke, gestapelt, um mit Zement gefüllt zu werden. Doch das Werk arbeitete nicht. Was sie verstauen konnten, nahmen sie mit, rasten wieder zurück und machten sich an die Arbeit. Jedes Brett des Paneels bekam einen Sack für sich; die dazugehörigen Schnitzteile wurden aus dem Brei gefischt und beigegeben. Das würde spätere Sortierarbeiten wesentlich erleichtern. Falls es je dazu kommen sollte, würde man wissen, was wohin gehörte und konnte die Teile nach gründlichem Trocknen neu aufleimen.

Captain Shuffie, gewissermaßen im Schnellkurs zum Kunstsachverständigen gereift, sprach ein weiteres Machtwort: Er setzte den kleinen PG wieder in sein Amt ein.
In den Säcken trockneten die Dekorationsstücke wie erwartet ab. Noch im selben Jahr wurden sie in die Obhut der Bayerischen Schlösser- und Seenverwaltung übergeben und nach Schloß Schleißheim gebracht. Diesmal ohne Mithilfe des seetüchtigen Obergefreiten. Der wollte jetzt Architekt werden.
Die andere Hälfte mit dem undramatischen Schicksal hatte die Zeitenwende im Pfarrhaus von Obing heil und trocken überstanden.
Elf Jahre sollte die gesamte Innenausstattung ausgelagert bleiben. Die Zeiten hatten sich normalisiert, Freunde taten sich zusammen, die Friedrich-Bauer-Stiftung spendete 6000,– D-Mark für den Versuch, die beschädigten Teile zu restaurieren. Und tatsächlich, in zweijähriger Arbeit gelang es den Werkstätten der Residenz, das Puzzle zusammenzusetzen, die Bemalung neu aufzubringen. Die Bauleitung, nun unter Otto Meitinger, dem Nachfolger des Schweizers, führte das Werk mit genialer Einfühlung zu Ende.
Man gelangt heute nicht mehr wie früher direkt vom Max-Joseph-Platz, sondern von der Residenzstraße durch den Brunnenhof in das Theater. Der plätschernde Brunnen trennt gleich einer Schleuse Alltag und Erbauung – ein alter Wunsch der *Freunde der Residenz* war damit erfüllt, das Kleinod des Rokoko gerettet.
1958 wurde das neu eingepaßte Cuvilliés-Theater im alten Patinaglanz wiedereröffnet.

Selbsthilfe ist wieder im Kommen. Immer häufiger ergreifen Bürger die Initiative, damit etwas geschehe, was im

Sinne des Allgemeinwohls geschehen müßte, von der Obrigkeit aber ignoriert wird oder nicht durchgesetzt werden kann.

Noch vor Ende des Krieges organisierte sich in der bayerischen Landeshauptstadt die erste Bürgerinitiative unserer jüngsten Geschichte. Zweihundert bis zweihundertfünfzig leidenschaftliche Münchner umfaßte sie, Einheimische wie Zugereiste, und trat unter dem Namen *Freunde der Residenz* am 16. Februar 1945 erstmals zusammen. Ihr Ziel: Kultur zu erhalten. Vor Kriegsende ein Ansinnen für Tagträumer. Sollte man meinen. Doch wer den Anfängen wehren will, muß bekanntlich früh anfangen.

Mit der Stunde Null hatte die Zerstörung durch Bomben ein Ende. Genauer besehen wurde sie nur abgelöst: von der Zerstörung durch Behörden. Deren Eifer, den Schutt möglichst schnell wegzuschaffen, erwies sich als Bärendienst.

Manch noble Fassade, die stehengeblieben war, wurde vollends abgerissen, um Platz für einen öden Neubau zu schaffen. Andere gelang es zu retten – dank der Initiative von Bürgern. Die *Freunde der Residenz* schauten weit voraus. Sie beschlossen als erstes, den Grottenhof der Residenz auszuräumen, damit er »für nachher« bereit sei.

In einem vom Dach bis zum Keller aufgerissenen Haus sahen sie in einer hochgelegenen Etage einen Konzertflügel stehen und kauften ihn dem Besitzer ab. Der hatte gerade andere Sorgen – das Instrument war für »künftige Konzerte« vorgesehen. Irgend jemand schenkte ihnen einen Projektionsapparat.

Bis zuletzt trotzten sie den Verheerungen mit kulturellen Unternehmungen. In Wohnungen, in einer Klinik veranstalteten sie Konzerte und Theaterabende.

Die große Zeit dieser Bürgerinitiative aber kam nach dem Zusammenbruch. Sie schwelgte in Plänen.
»Wenn wir«, so sagten die *Freunde*, »die Residenz zu einem kulturellen Zentrum machen, die Ruinen mit Veranstaltungen beleben und Zulauf finden, kann sie nicht abgerissen werden.«
Am 28. August 1945 veranstalteten die *Freunde* das erste Konzert im vorsorglich »für nachher« ausgeräumten Grottenhof. Es musizierten: Gerda Sommerschuh, Alexander Paulmüller, Friedrich von Hausegger, Hermann von Beckerath, Georg Schmid und Ludwig Jäger. Unter den Gästen befanden sich: Ministerpräsident Fritz Schaeffer, Kultusminister Dr. Hipp, Oberbürgermeister Karl Scharnagl.
Der Abend begann mit einer rührenden Ansprache:

> Verehrte Gäste, liebe Freunde der Residenz! Musik im Grottenhof, in den Ruinen – viele werden sich gewundert haben. Doch sind es nicht allein die Not oder Mangel an Raum, die uns gerade hier spielen lassen. Mehr soll damit gesagt sein: Wir wollen die schwer getroffenen Denkmäler unserer Kultur nicht aufgeben. Denn diese Kultur sichert uns auch jetzt und nach diesem Zusammenbruch einen vollgültigen Platz in der Reihe der Völker. So bitten wir, diese und die kommenden Veranstaltungen zu werten. Sie sollen die Trümmer, von denen auch heute noch Schönheit und ein starker Zauber ausstrahlt, mit neuem Leben und Klang erfüllen.

Ein nobles Anliegen ohne devote Töne schlechten Gewissens, ein Hinweis auf das *andere Deutschland*, das es auch noch gab. Die Initiative allein genügte jedoch nicht mehr. In einem Staatswesen, das sich gerade zur Demokratie mausert, darf nur sein, was offiziell erlaubt ist. Der Freundeskreis benötigte für weitere Veranstaltungen eine Lizenz. Er mußte sich, um für seine Vorhaben Geld sammeln zu dürfen, als Verein konstituieren. Dies fand am 13. November 1945 statt. Um ihre Tatkraft und Wichtigkeit zu bekunden, formulierten die *Freunde* mit dem Besiegten anstehenden stolzen Ernst einen massiven, kulturstrotzenden Text:

> Jahrhundertelang war die Münchner Residenz Mittelpunkt und Magnet aller kulturellen Kräfte des Landes. In dieser Tradition will sich nun ein Kreis künstlerischer und geistig interessierter Menschen zu einem Verein *Freunde der Residenz* zusammenschließen. Für ihn soll der ehemalige Herrschersitz der bayerischen Herzöge, Kurfürsten und Könige Sinnbild und lebendes Vermächtnis bilden.
> Die Residenz soll keine Trümmerstätte bleiben, sondern für München und ganz Bayern wieder neues Leben für alle Ströme und Entwicklungen der Kultur hervorbringen. Als Brücke von einer großen Vergangenheit zu einer lebensfroheren Zukunft soll sie nicht nur musealer Besitz, sondern ständige Verpflichtung sein. So wollen wir nicht nur mithelfen an der Sicherung und Neugestaltung dieses großartigen Baudenkmals, sondern mit Veranstaltungen verschiedenartigsten Gepräges an die Öffentlichkeit treten. Konzerte, Vorträge, Schauspiele und Ausstellungen seien der Ausdruck des Wachseins im Geiste. Solches Wirken bilde den Nährboden für das kulturelle Schaffen der Gegenwart und ein Bekenntnis zu unserer Zeit.

Wer konnte da *nein* sagen? Die Kulturbombe mit dem ganzen Gewicht des Abendlands schlug ein, bei deutschen wie bei amerikanischen Dienststellen. Tino Walz, Museumsdirektor Hans Thoma und Friedrich von Hausegger

standen dem Verein vor. Reinhard Riemerschmid, Gert Hornung und Alwin Seifert bildeten den Beirat.
Nun konnten sie veranstalten. Zu Weihnachten im verschneiten Grottenhof einen Christkindlmarkt mit Krippe und Chor, weitere Konzerte, Lesungen, Vortragsabende und vor allem Geld sammeln für ihren kühnsten Plan: den Bau eines Theaters.
Eva Walz, die Frau des Architekten, sammelte in vierzehn Tagen die Rekordsumme von 100000 Rentenmark. Fünf Monate später, zum Jahrestag der Kapitulation am 7. Mai, wurde das »Theater am Brunnenhof« der Residenz eröffnet. Es hatte alles in allem 80000 R-Mark gekostet und wurde bis 1950 bespielt.
Die Unternehmungslust und unbekümmerte Einsatzfreude aller Beteiligten sprach der Ernährungslage Hohn. Ohne ihren Idealismus hätte jeder doppelte Schwerstarbeiterzulage bekommen müssen, um das zu leisten. Es war noch der Geist, der den Körper antrieb, nicht der Überfluß.
Ganz ungeschoren blieb die Bürgerinitiative allerdings nicht. Der Landtag, um einen geeigneten Versammlungsraum verlegen, nistete sich im Brunnenhoftheater ein. Gegen dieses parlamentarische Kuckucksei liefen die *Freunde der Residenz* Sturm.
Und sie siegten.
Die Abgeordneten mußten wieder ausziehen. Wegen unzulässiger Zweckentfremdung. Ein Parlament ist noch keine Kultur.
Das Theater mit der kleinen, knarzenden Bühne war ein Geschenk der *Freunde* an den Freistaat Bayern. Es hat, harten Zeiten und ebensolcher Bestuhlung zum Trotz, viel geistige Kraft und Optimismus vermittelt.
Erinnern wir uns: Bei der Eröffnung mit *Nathan der Weise*

spielte Hellmuth Renar die Titelrolle, Willy Rösner den Sultan, Eva Vaitl die Recha, Rudolf Vogel den Derwisch und Curd Jürgens den Tempelherrn. Unvergessen Inge Langens Antigone von Anouilh, Anne Kerstens Phädra von Racine, Thornton Wilders *Wir sind noch einmal davongekommen* in der Regie von Paul Verhoeven mit Otto Wernicke und Heidemarie Hatheyer als Mr. und Mrs. Antrobus und Luise Ullrich als Sabina.

Bald darauf standen Robert Ardreys *Leuchtfeuer*, Franz Molnárs *Liliom*, Schillers *Maria Stuart*, Gerhart Hauptmanns *Und Pippa tanzt!*, Strindbergs *Traumspiel*, Hebbels *Maria Magdalene* ebenso auf dem Spielplan wie Goethes *Clavigo* und *Stella*, Georg Kaisers *Soldat Tanaka*, Ibsens *Nora*, Eliots *Mord im Dom*, Terence Rattigans *Liebe im Müßiggang*, der amerikanische Schwank *Drei Mann auf einem Pferd* und Carl Zuckmayers *Hauptmann von Köpenick*. Auch ich, hier sei's gestanden, habe das Theater von oben erlebt. In einem Stück über das Leben Vincent van Goghs durfte ich unter der Regie von Arnulf Schröder sage und schreibe fünf Rollen spielen.

1950 gingen die Lichter aus. Die kleine Bühne mußte dem Neubau des Alten Residenztheaters weichen, das zur 800-Jahrfeier der Stadt München 1958 fertigwerden sollte.

Unvergessen sind die Vorträge von Ernst Buschor, Fedor Stepun, Wilhelm Hausenstein, Lesungen von Hans Carossa, Werner Bergengruen, von Inge Birkmann oder von dem Dramaturgen Rudolf Bach, Kunsthistorisches von Carl Lamb, Tino Walz, Pauk Girkon sowie Lichtbilderabende mit dem geschenkten Projektor. Das war noch am alten Platz. Sie pflegen die Freude an der Sache, die *Freunde*. Sie sind die einzige Einrichtung, die den Idealismus und die Bescheidenheit von damals bewahren konnte. Ein moralischer Kraftakt.

Dieser Geist überträgt sich noch heute auf die Mitwirkenden. Da wird nicht als erstes nach der Gage gefragt, werden kleine Mängel in Kauf genommen, statt sie zu beanstanden, sei es die Akustik, das Licht oder ein fehlender Wasserhahn in der Garderobe. Man geht zu Werk – wie damals.
Das erfordert Mühe, Zeit. Sie aufzuwenden, bedeutet Kultur. Freiwilligkeit, Sorgfalt, Liebe zum Detail schaffen das besondere Klima, um das man sich andernorts mit Ansprüchen, Management und Perfektionssucht vergeblich müht.
Die Bürgerinitiative hat Erfolg und Tradition angesetzt. Ihr origineller Einfall, sich ausgerechnet mit Kultur gegen Behördenwillkür und Schutträumeifer zu wehren, ist als Eulenspiegelei mit tieferer Bedeutung in der Geschichte der deutschen Wiederauferstehung einmalig. Hier leuchtet München am hellsten.

Das Schtetl in der Stadt

Nicht nur das Land war besetzt, auch die Sprache. Viele Worte wurden ohne phonetische oder orthographische Anpassung aus dem Amerikanischen übernommen. Dann wandelten sich die Besatzer zu Verbündeten; die Besetzung der Sprache aber blieb, ja sie steigerte sich noch. Niemand wehrte sich dagegen. Was Verbündete sprechen, ist Freundsprache, nicht Fremdsprache. Auch daran mag es liegen, wenn wir den unaufhörlichen Zustrom von Amerikanismen nicht als verbale Unterdrückung empfinden. Und an der Kürze, am Trend, um sprachlich im Bild zu bleiben, nicht zuletzt am technischen Vorsprung des großen Bruders. Was anderswo erfunden wurde, kann im Land noch keinen eigenen Namen haben. Man übernimmt beides, Sache und Bezeichnung, oder kombiniert. So entstehen Mischbegriffe wie Freizeit-Ranch, Heimwerker-Shop, Einkaufs-Center.

Mehr als fünfzig Jahre, bevor die Bezeichnung geprägt wurde, gab es in München ein solches Einkaufs-Center, wo sich greifnah beisammen fand, was bis dahin viele Wege erfordert hatte: die *Möhlstraße*. Hier konnte man alles kaufen, wenn man's bezahlen konnte.

Amerikanisch war der Umschlagplatz nur dem Großteil der Waren nach, ansonsten eher ein osteuropäischer Markt, voll merkantiler Romantik wie aus Chagalls Kindheitserinnerungen, ein verpflanztes Ghetto ohne feste Preise. Der endgültige Warenwert wurde in tastendem Dialog zwischen

Verkäufer und Käufer ausgehandelt. Geschäft als Sport und Abenteuer – eine verlorene Welt, in der es menschelte.
Da man sich gegenseitig zu überzeugen trachtete, entfiel der dumme Snobismus, nur das Teuerste zu nehmen, waren Schlagfertigkeit, Witz, ja Charme unerläßlich. So kam man einander näher. Kein Verkäufer spielte den Beleidigten, wenn ein Interessent das Gesuchte als zu teuer rügte. Nirgendwo wurde Seriosität durch Arroganz vorgetäuscht. Eine Zugabe kündigte das Limit an.
»Wenn Sie's nehmen, schenk ich Ihnen noch a Paar Socken dazu.«
Geschicklichkeit ist am Ende ehrlicher als kalkulierter Betrug. Am Schluß hatten beide Seiten ihr Erfolgserlebnis.
Die Möhlstraße war ein kurioses Paradies, eine Erdbeere im Reisrand aus Trümmern. In den Vorgärten der ehedem noblen Straße reihte sich Bretterbude an Bretterbude. Die meisten mit Schaufenstern, verglast, ohne Sprünge, eine Seltenheit. Auch die Gehsteige dienten als Auslage. Kisten und Tische quollen von Waren über; in Vitrinen lag Fleisch mit dem Vermerk »koscher«.
Da es sich bei den Händlern und einem Teil ihrer Kundschaft um sogenannte *displaced persons* handelte, um rehabilitierte Minderheiten aus den Ostgebieten, ließ sich der Handel mit Waren, die es für Deutsche offiziell nicht gab, nicht als Schwarzhandel abtun. Straftaten konnte die deutsche Polizei nur vermelden, wenn sie Münchner Bürger beim Einkauf erwischte. Immer wieder gab es Razzien – in Samthandschuhen gewissermaßen. Denn die Händler pochten temperamentvoll auf ihr wiedererlangtes Recht, verwahrten sich gestenreich gegen Diffamierung, und alle sprachen sie deutsch. Wir mußten den Umgang mit der galizischen Mentalität erst lernen. Ein gewöhnlicher Schwarz-

händler verlangte einen überhöhten Preis. Das war normal. In der Möhlstraße kam noch ein psychologisches Moment hinzu, ein Kaufanreiz von eigener Logik. Ich erinnere mich an einen Obststand, vor dem drei Kisten mit Orangen, dieser lang entbehrten Köstlichkeit, in ansprechender Schrägneigung den Blickfang bildeten. In der linken Kiste befanden sich kleine Orangen, in der mittleren größere und leuchtende Prachtexemplare in der rechten. Alle drei Güteklassen waren durch Preisschilder unterschieden. Das Pfund zu 10, 20 und 30 Mark, um es vereinfacht zu sagen. Nun lagen in der Zehn- und in der Zwanzig-Mark-Kiste je eine aufgeschnittene Hälfte. Nichts dergleichen in der Dreißiger-Kiste. Ich fand das sozial. Auch weniger kaufkräftige Kunden sollten sehen, daß das für sie Erschwingliche von lohnender Qualität sei. Bei der Güteklasse eins verstand sich das von selbst. Während ich dastand und überlegte, kam in schwarzem Hut, schwarzem Bart, mit Schläfenlocken und schwarzem Mantel ein Rehabilitierter daher. Nach kurzem Blick in die Kisten rascher Zugriff. Er hielt die aufgeschnittenen Hälften aus der Zehn- und Zwanzig-Mark-Kiste gegeneinander.

»Paßt«, sagte er, lachte laut, legte beide in die Dreißig-Mark-Kiste und ging weiter.

Vom Reiz dieser Denkweise fasziniert, erstand ich ein Pfund zu dreißig Mark, ließ es im eigens mitgebrachten Trompeten-Formkoffer verschwinden und konnte nicht widerstehen, mich noch einmal umzudrehen.

Richtig: gerade nahm der Händler die beiden Hälften aus der teuren Kiste und legte sie an ihre Plätze zurück.

Wie gesagt, alle Händler sprachen deutsch. Mehr nach Gutdünken als nach Duden, mehr jiddisch in vielen Varianten. Auf der Schaufensterscheibe einer winzigen Konditorei stand ein Werbespruch, der mir im Gedächtnis geblieben ist.

> Kuchen und Torten, die feinsten Sorten.
> Mein Spezialität – nur Qualität

Aber auch Fremdsprachen waren zu hören in diesem Schtetl in der Stadt. Russisch, Rumänisch, Bulgarisch, Jugoslawisch, Polnisch, Tschechisch, Ungarisch, Griechisch, Kroatisch, Serbisch, Albanisch, Montenegrinisch klangen durcheinander wie Karussellmusik auf dem Oktoberfest, das erst 1949 auf die Theresienwiese zurückkehrte. Dunkel bleiben die Wege, auf denen Zeitungen in vielen dieser Sprachen in die Möhlstraße gelangten. Es gab sie, mit relativ aktuellem Inhalt, und sie wurden gekauft.

»SCHAUBUDE«

Im Schwarzhandel war ich ein ganz Kleiner, auf der Bühne kaum größer, als Jazzler mit dem Akkordeon aber fiel ich auf. Besonders durch meinen Gesang in einer gewissermaßen chiffrierten, synkopenreichen Sprache, die sich BE BOP nennt.

»Du jaulst zwar wie ein irrer Derwisch, aber es ist mal was anderes«, sagten die Freunde.

Das fand man auch beim Nachwuchsbrettl im *Simpl*, damals am Platzl, gegenüber dem Hofbräuhaus. Theo Prosl, Wirt und Kabarettnestor, hatte sich trotz der schweren Zeiten ein Herz für zarte Talentpflänzchen bewahrt. Nach dem offiziellen Programm durften diese sich um das Wohlwollen des bereits entströmenden Publikums bemühen – Scharmützel an der Untergrenze der Kleinkunst. Die Obergrenze wurde von der *Schaubude* markiert, wo Ursula Herking auftrat und Erich Kästner Texte schrieb.

Nach ein paar Auftritten unten meldete ich mich unaufgefordert oben, das Instrument im Koffer. Einer der zwei Direktoren des Hauses, Rudolf Schündler – er sollte später einer der brillantesten Chargenspieler des deutschsprachigen Theaters werden – empfing mich in der Rolle des feingespürigen Talententdeckers. Er blickte kritisch, nicht versonnen, hörte nicht zu. Ungeduldig schickte er mich auf die Bühne. Auch für meinen Vortrag nahm er sich keine Zeit.

»Danke, genug.«

Mit dem Luftknopf schloß ich den Balg des Akkordeons. Es klang wie ein Seufzer vor ungewisser Zukunft. Um meine demütigende Lage nicht auszuweiten, nahm ich das Instrument über die Schulter, stürmte mit leerem Koffer ab und dem Ausgang zu. Neue Peinlichkeit im Foyer: Rudolf Schündler stand mir im Weg.

»Kommen Sie mit«, sagte er, »Sie spielen im nächsten Programm.«

Es war im umgedrehten Orwell-Jahr, und er bot mir pro Vorstellung acht Mark. Für mich waren sie wie achthundert. Bei dieser Visitenkarte!

Die provozierte Entdeckung brachte mir neben einem Solo mit Akkordeon allerlei Kleinstrollen in Sketches und Ensemblenummern, mit Monika Grewing, Gisela Fackeldey, Ruth Kappelsberger, mit Hellmuth und Bum Krüger, Alfons Höckmann und Fritz Walter: unvermeidbare Randfiguren zu acht Mark, oder bekamen sie gar zehn? Über Gagen wird unter Gleichrangigen geschwiegen, aber jeder fürchtete, der andere verdiene mehr.

Wir spielten kein geschlossenes Stück, wir machten sogenanntes Nummernkabarett mit Zwischenconférencen, bissigen oder heimtükisch-samtpfotigen Anmerkungen zum Zeitgeschehen.

Meist conferierte Hellmuth Krüger. Gelegentlich ein anderer, langsamer, kontemplativer als der Balte, der Ostpreuße Walther Kiaulehn. Eigentlich Journalist und vor allem Theaterkritiker, kompensierte er das einseitige Befinderdasein durch schneidigen Seitenwechsel, indem er selbst auftrat und sich seinen Kollegen von der Kritik stellte. Das wirkt nicht nur mäßigend auf die eigenen Rezensionen; wer Mittel und Möglichkeiten des Darstellers aus eigener Erfahrung kennt, dem gelingen interessante Blickwinkel. Er glei-

tet weniger leicht in Bildung, Eitelkeit oder Geschmäcklerei ab.
Und trotzdem: Walther Kiaulehn blieb auch auf der Kabarettbühne seinem Fach treu. Er kritisierte das Welttheater, nahm sich Schmierenkomödianten aus der Politik vor, die jüngsten Ereignisse – auch Nebensächliches, so es typisch war – sarkastisch und aus dem Stegreif. Dabei kam der im Feuilleton so konzis Formulierende leicht vom Hundertsten ins Tausendste, als sei er von jemandem gelobt worden, man könne ihm stundenlang zuhören. Sicher war es auch die Lust des langsamen Verfertigens der Gedanken beim Reden, die er dabei auskostete, die Kunst, Einfall um Einfall hervorzubringen und auf Anhieb witzig zu formulieren.
Wenn Walther Kiaulehn conferierte, hatte das weitere Programm Verspätung. Kein Zischen des Inspizienten aus der Kulisse störte ihn, keine musikalischen Warnschüsse, die Matthias Perl und Heinz Brüning von zwei Klavieren aus dem Orchestergraben abfeuerten, brachten ihn aus dem Text, geschweige denn zum Schweigen. Mitunter merkte das Publikum an den Klavierballern oder an einem Darsteller, der plötzlich auftrat, ihn erstaunt ansah, deutlich »Verzeihung« sagte und wieder abging, daß hier etwas nicht stimmte. Aber das ist ja die Krux mit dem Witz – beim Kabarett denken die Leute, es gehöre dazu. Und sie klatschen. Walther Kiaulehn konnte fortfahren, wie nach eigener Pointe. Er tat es. Keiner der Mitwirkenden nahm ihm seine Marathonconférencen übel. Sie amüsierten alle. Dieser Mann war nicht einer, der sich vordrängt. Er hatte etwas zu berichten, auf seine Art, und das kostete Zeit.
Nun kommt da noch etwas hinzu. Beharrungsvermögen wie Unbeirrbarkeit können auch von hohen Öchslegraden herrühren. Vor der Vorstellung und auch danach wußten wir

mit einiger Sicherheit, wo unser Vorstellungsverlängerer zu finden sein könnte. In einem verschwiegenen Ausschank saß er als privilegierter Schwarztrinker. Oft zusammen mit Bum Krüger. Beider Augen verrieten, wie weit sie sich schon vom Alltag entfernt hatten.
Einmal war der Abstand so groß, daß der Beginn der Vorstellung fraglich wurde. Bum kam und kam nicht. Zuerst verständigten wir Rudolf Schündler, der leicht zu finden war. Er saß vorzugsweise in der Damengarderobe. Danach begab sich Fritz Walter, genannt Pinkus, ein alter Freund aus Mannheimer Theatertagen, in den Ausschank, auch *Bum's Lokal* genannt, um den Säumigen aus dem Glas zu fischen. Er hatte Petri Heil und brachte ihn, mehr in tragender als in führender Rolle, in die Garderobe.
Gemeinsam topften wir ihn ins Kostüm, eine preußische Uniform, um. Lallend ließ er uns hasten. Einer verständigte vorsichtshalber die beiden Pianisten, daß heute geschehen könne, was im Theater selbst bei hohem Fieber eines Darstellers nicht geschieht und nie geschehen darf, daß ein Auftritt ausfallen muß. Noch dazu ein Solo.
Der Vorhang teilte sich zur musikalisch vollsaftigen Eröffnung mit dem ganzen Ensemble. Unbemerkt halfen alle mit, schubsten, drehten und stützten den Kurzatmigen, dessen Kopf auf Zeitlupe geschaltet war. Immerhin sang er mit, das gleiche Lied sogar und dieselbe Zeile wie die andern, oder tat jedenfalls so. Beim raschen Abgang jedoch versagten ihm die Beine. Er stolperte und stürzte, fürs Publikum nicht mehr zu sehen.
Dann war es wie in der Pause von der zwölften Runde. Wir führten ihn in seine Ecke in der Garderobe, trockneten das erhitzte Gesicht, massierten ihm kreislaufanregend den Nacken, flößten ihm Wasser ein, tätschelten seine Backen,

damit er präsent bleibe und fragten ihn, ob er sich tatsächlich zutraue weiterzumachen, oder ob wir das Handtuch werfen sollten.
Seine Augen traten hervor. Schubartig erhob er sich, leer wie nur ein Voller es kann, starrte er in die Runde und wankte zur Tür.
»Noch nicht!« warnte sein behutsamer Freund.
Da schüttelte ein Schluckauf die Antwort aus ihm heraus.
»Ich trete auf, wo und wann ich es für richtig halte!«
Erneut geschüttelt, öffnete er griffsicher die Tür, stakste wie auf geliehenen Beinen über den Korridor zur Bühne. Als Betreuer schlichen wir ihm nach, um das Schlimmste zu verhindern.
Im Blackout und Beifall für ein Chanson von Inge Bartsch verloren wir den Kontakt, glaubten aber ein Stöhnen zu hören. Die Scheinwerfer flammten wieder auf, Gott sei Dank, er stand noch da. Ein Ruck durchfuhr die rundliche Gestalt und gleichsam ausgenüchtert von Werner Bochmanns schmissiger Musik zu seinem Solo in Uniform, marschierte er ohne Wanken an die Rampe und siegte wie selten zuvor.
Zirkuspferde sind aus anderem Stoff.
Nach der Vorstellung wurde kein Wort mehr darüber verloren. Zu zittern, aufeinander angewiesen zu sein und selbstverständlich zu bestehen, gehörte zum Geschäft. Beinahkatastrophen und Miterlebnisse verbinden. Aus ihnen wächst das Ensemble. Bei Privattheatern wird das deutlicher als bei den Darstellungsbeamten subventionierter Häuser.
Ich sog die leichtlebige Akkuratesse, die straffe Boheme der Schaubude auf wie Vollbier, im Gegensatz zu den damaligen Molkegetränken. Es ging so herrlich familiär zu. Mit aller Distanz, die Verwandten bisweilen gebührt. Viele kannten

sich seit Jahren, zum Teil flüchtig-genau. Axel von Ambesser und Karl Schönböck, die in der Vorstellung gewesen waren, hatten mit Rudolf Schündler, Ursula Herking wie auch mit Cheftexter Erich Kästner schon in Berlin zusammengearbeitet.

Diese Art zu leben gefiel mir. Völlig unvoraussehbar immer wieder zu einer Arbeit zusammenzukommen, nach Jahren getrennter Tätigkeit den Kontakt neu aufzunehmen, loser oder enger, je nach Rolle und Umständen dort weiterzumachen, wo man aufgehört hatte, sei es nach einem Skandal, einem Triumph oder einem Riesenkrach persönlicher Art, selbstverständlich mit einem Schulterklopfen: »Weißt du noch …?«

Das Theater war auf jede nur erdenkliche Hilfe angewiesen. Im eisigen Winter 46/47 konnte auf der Bühne nicht probiert werden. Die Abendvorstellungen genügten vollauf, sämtliche Bronchien labil zu halten. Ständige Auseinandersetzungen mit dem Besitzer, der die leichte Muse aus seinem katholischen Haus verbannen wollte, ließen es zudem angeraten sein, ihm den Anblick des frivolen Künstlervölkchens bei Tageslicht zu ersparen.

Nun sollte im neuen Programm der noch unbekannte Gert Fröbe mitwirken. Sein Engagement erwies sich gleich zu Beginn der Probenzeit als Glücksfall. Der zaundürre spätere *Otto Normalverbraucher* war nämlich nebenbei ein begabter Amateurmaler. Mit seinem Pinsel hatte er es geschafft, die Frau eines Kohlenhändlers auf die damals viel wichtigere vertikale Leinwand zu bringen und sie dort für immer festzuhalten. Dankbar entlohnte ihn die Geschönte mit Briketts.

Der Vielseitige wohnte am Max-II-Denkmal, im Haus über der *Kleinen Komödie*, dem ersten Münchner Boulevardtheater. Selbstverständlich stellte er sein friedensmäßig geheiztes Zimmer als Probebühne zur Verfügung. Hier traf sich das Ensemble fortan jeden Morgen. Da die Treppe dank einer Luftmine zu großen Teilen fehlte, mußte man über Balken und Abgründe hinaufklettern bis unter ein Dach, das den Komplex bedeckte wie ein Faschingshütchen mit Gummiband. Hier befand sich unter standhaft gebliebenen Ziegeln der mollig warme Probenraum. Gleichzeitig auch Anproberaum und Musikzimmer.

Während in einer Ecke ein Sketch gelesen und in albernster Laune mundgerecht gemacht wurde, stand vor dem Ofen eine halbnackte Kollegin. An ihr plagte sich die Modeschöpferin Bessie Becker damit, Stoffreste zu Bühnenchic zusammenzufügen.

Hart wie scharfe Pingpongbälle klapperte über beide hinweg ein Dialog auf Rufweite. Am Fenster sang Edmund Nick Ursula Herking seine Melodie zu ihrem neuesten Chanson ins Ohr, auf daß es drinbleibe. Statt des Klaviers hatte er das absolute Gehör dabei. Die Tonart mußte ja stimmen.

Konzentration war reine Nervensache.

Ensembleszenen, die Platz brauchten wie Kästners legendäres *Ringelspiel*, wurden draußen im Oben-ohne-Teil des Dachbodens einstudiert. Vermummt, mit Thermosflaschen in der Hand, hielten die Darsteller ihre künstlerische Temperatur aufrecht, während Regisseur Schündler Mühe hatte, im dichten Atemnebel Mienenspiele zu prüfen.

Als das Programm stand und alle jenes gute Gefühl hatten, das man abergläubischerweise nicht aussprechen darf, gab es einen Riesenkrach. Gert Fröbe stieg aus, in aller Eile mußte umgestellt werden. Es blieb nicht einmal Zeit, nach Schuld zu suchen, was auch unökonomisch gewesen wäre,

die Nerven flatterten schon genug so kurz vor der Premiere.
Und es klappte, versteht sich. Applaus streichelte die Geschundenen. Woher der einzelne die Kraft nahm, blieb ihm selber rätselhaft. Reserven können es nicht gewesen sein, die hatte keiner mehr.
Im Grunde gab's nur noch Haltung und die gebietet, daß man nicht über sie spricht. Wie Alexander Hunzinger, ein Komiker, dem es erbärmlich schlecht ging. Sein Talent als Feinschmecker versagte bei der Beschaffung des fein zu Schmeckenden völlig. Da nahm sich ein Schulkamerad aus Hamburger Tagen seiner an: Axel von Ambesser, der für die Schaubude Texte schrieb, lud ihn zum Mittagessen ein, damals eine Tat, die heute einer Gehaltserhöhung gleichkommt.
Inge von Österreich, Axels Frau, schonte weder Beine noch Scheine, um auf einem Rundgang zu verschiedenen Schwarzhändlern alles für ein friedensmäßiges Essen Erforderliche zusammenzutragen.
Schulfreund Alexander fühlte sich gerührt-geehrt. Er bedurfte dringend dieser Vitaminspritze. Am Morgen des Sättigungstages rief er an. Nicht um sich zu vergewissern, ob es auch dabei bleibe. Etwas anderes machte ihm zu schaffen. Das Ensemble, so sagte er, habe beschlossen, heute Holz für die Öfen in den beiden Garderoben zu sammeln. Alle würden mithelfen, es sollte bis in den Nachmittag dauern. Man möge ihn bitte verstehen, daß er da nicht fernbleiben und sich den Magen vollschlagen könne.
Solcher Ensemblegeist hat Strahlkraft. Sie kam am Abend über die Rampe, gab den ohnehin nicht zimperlichen Texten zusätzlichen Schub. Die Autoren durften ja wieder ihre Meinung sagen und sie taten es.

Axel von Ambesser hatte eine Parodie auf die erste Nachkriegsexportschau verfaßt, eine *Ausverkaufsschau*, in der er Typen vorführte. Den Export-Deutschen, brav, ohne Nazivergangenheit, die Samariterin der Besatzer, das sogenannte *Fräulein*, und so weiter.
Da kam aus der Schweiz Carl Zuckmayer erstmals wieder nach Deutschland. Er sah sich Theater an, prüfte die Stimmungslage für sein Stückprojekt *Des Teufels General* und besuchte auch die Schaubude. Das Programm gefiel ihm. Bis auf Ambessers Export-Sketch. Sein Einwand verblüffte, ja er rührte ans Herz. Ausgerechnet er, der Vertriebene, der Emigrant, fühlte sich in seinem alten Heimatgemüt verletzt. Der Text war ihm, wie er sagte, zu »anti-deutsch«.
Gestrichen wurde er deswegen nicht. Für die zwangsläufig Dagebliebenen traf er genau. Im Morgenrot der Freiheit galt es wachsam zu sein. Nicht nur auf dem Schwarzen Markt. Die von den Braunen Gebrannten wußten genau zu unterscheiden, falschen Neuanfängen mit Sarkasmus zu wehren, oder, wie Freund Axel es formuliert hatte: Aufforderung an alle traurigen Vögel, das Nest zu beschmutzen!
Wachsamkeit war in der Tat geboten. Walther Kiaulehn befürchtete Angriffe auf die Darsteller. Nicht von vorn, vom Publikum, eher von hinten, vom technischen Personal. Bühnenarbeiter, Beleuchter, Requisiteur rekrutierten sich nämlich aus alten Obernazis, die zur Schaubude kommandiert worden waren, um hier ihr Arbeitslager abzudienen.
Man bedenke: Stramme Nazis verhelfen Pointen gegen die Nazis zu größtmöglicher Wirkung – eine wahrhaft kabarettistische Lösung. Und bei den sarkastischen Texten vielleicht eine gründlichere Umschulung, als sie gemeinhin geübt wurde.
Mit einer Parodie auf die *Bernauerin* von Carl Orff war dem

Autor Herbert Witt nach aller Meinung ein Wurf gelungen. Ursula Herking als Agnes Bernauer, der knochige Bruno Hübner – später an den Kammerspielen – als Bahnvorstand. Aber nicht nur sie, alle hatten prächtige Rollen in diesem deftig-bayerischen Derbleckspiel, konnten ihre Spiellaune austoben, getragen von jenem guten Gefühl, das man – toi, toi, toi – nicht beschreien darf.

Da geschah eines Abends etwas Seltsames. Mitten im todsicheren Finale plötzlich deutliches Murren, Pfiffe hallten durch den Zuschauerraum, Rufe wurden laut. »Aufhören! Schweinerei! Skandal!«

Als Gegenstände auf die Bühne flogen, mußte der Vorhang fallen. Es kam zu tumultartigen Szenen, daß man kein Wort mehr verstehen konnte. Die Schaubude hatte ihren ersten Theaterskandal.

Hinter dem Vorhang, den weitere Würfe beulten, standen die Darsteller wie vom Blitz getroffen. Mußte der schmalbrüstige Frieden neuer Gewalt weichen? War der Anfang schon zu Ende? Kaum vernarbte Erinnerungen rissen wieder auf. »Was ist los?« fragten sie verstört.

Jetzt gab es in Bayern eine Bayernpartei. Für Bayern. Das war bekannt. Dort hatte man, wie sich später herausstellte, von der verballhornten *Bernauerin* gehört, über dunkle Kanäle Karten in größeren Mengen beschafft und zum Haberfeldtreiben geblasen.

Die organisierte Entrüstung gipfelte in einem Sturm, in einem Volkssturm des Provinzialismus auf die lasterhafte Hauptstadt. Der Vergangenheit noch nicht entwöhnt, ging es darum, diesen vaterlandslosen Gesellen, die das gesunde Volksempfinden verhöhnen, ehrbares Weibs- und Brauchtum mit ihren artfremden Füßen treten, ein für allemal das Mundwerk zu legen.

Im Zuschauerraum tobte Publikumskrieg. Zwei Fronten hatten sich gebildet.
»Saupreußen raus!« brüllten die einen.
»Dableiben!« höhnten die andern.
Als sich die Gegensätze zu Sprechchören formierten, fingen Ursula Herkings Augen grimmig-sendungsbewußt an zu leuchten, gleichsam in der Rolle der heiligen Johanna. Mit raumgreifenden Laban-Schritten trat sie vor den Vorhang und rief leicht irre: »Auch ich bin eine Preußin!«
Da raste die Bestie Publikum. Aus vermischten Motiven. Die Bekennerin aber zog sich, unter erneuten Würfen, als eilige Johanna zurück.
Die Schlacht endete in allgemeiner Heiserkeit. Verluste fürs Publikum: eine halbe *Bernauerin*. Für die Schaubude war's ein Doppelsieg. An Bestätigung und Werbung. Um möglichen Steinwürfen vorzubeugen, verteidigte das Ensemble fortan die noch junge Freiheit der Meinung unter Polizeischutz.

Am 20. Juni 1948 war die Vorstellung nicht wie gewohnt ausverkauft. Auch an den folgenden Tagen konnten wir abzählen, wer wohl stärker vertreten sei – Publikum oder Ensemble. Schaufenster quollen plötzlich über, Theater blieben leer. Die Re-Materialisierung hatte begonnen. Mit neuer D-Mark.
Rudolf Schündler wurde vom Steuerberater beschworen, sein Musenkind unverzüglich umzubringen. An den paar Tagen, die er zögerte, sollte er noch Jahre knabbern.

Das Märchen vom Kronschatz

In vielen Märchen geht es um einen geheimnisvollen Schatz, Gold, Silber, Edelsteine von unermeßlichem Wert. Er ist gut versteckt. Nur wenige Auserwählte kennen den Ort. Doch sie schweigen, ja sie riskieren ihr Leben, damit er nicht in falsche Hände gerate.

Ähnlich dramatisch kann es auch in der Wirklichkeit zugehen. Was dem bayerischen Kronschatz um das Ende des Zweiten Weltkriegs widerfuhr, damit er nicht in falsche Hände gerate, ist so unglaublich, daß es sich liest wie ein Märchen.

Es war einmal ein Museumsdirektor, der hieß Hans Thoma. Er lebte in einer Republik und es oblag ihm, unter anderem das Erbe aus monarchistischer Vergangenheit zu bewahren, den Kronschatz vor allem. Da hatte sich seit dem Jahr 800 allerhand angesammelt: ein fränkisches Zeremonienschwert, ein Evangeliar, Kronen, Zepter und Geschmeide von unermeßlichem Wert.

Nun ist es mit den Schätzen ein Kreuz. Immer muß man sie bewachen oder verstecken. Auch und gerade vor den jeweiligen Machthabern. Zumal wenn sie Geld brauchen wie in Zeiten des Krieges. Und danach.

Der umsichtige Museumsdirektor tat sein bestes. Immer wieder verlagerte er den Schatz. Aus den Kellern der Residenz in München nach Schloß Herrenchiemsee und wieder zurück. Im Jahre 1943, als das Kriegsglück die Seiten wechselte, erschien ihm die Befreiungshalle bei Kelheim hoch

über der Donau ein besseres Versteck zu sein. Dort lagerten, wie erwähnt, bereits andere Kostbarkeiten.
Nur wenige wußten damals, wo sich der Kronschatz befand. Unter ihnen, man staune, ein Mann von anderem Stamme, ein Schweizer: der leitende Architekt in der Residenz zu München, Tino Walz. Doch da selbst der oberste Machthaber einem anderen Stamm angehörte – er war, wie man weiß, Österreicher –, fiel das trotz des allgemeinen nordischen Rasserummels nicht auf.
Nun besagte ein Befehl des Österreichers, daß bei Annäherung des Feindes Nationalheiligtümer zu sprengen seien. Das Tannenberg-Denkmal, ein Ruhmestempel aus dem Ersten Weltkrieg, lag bereits in Trümmern, die Front bröckelte weiter.
Architekt und Museumsdirektor hielten die Befreiungshalle für nicht mehr sicher genug. Ohne weiter oben zeitraubend um Genehmigung nachzufragen, beschlossen sie, den Schatz aus dem Ruhmestempel Ludwigs I. in einen der Prunktempel Ludwigs II. zu verlagern – nach Schloß Neuschwanstein.
Mit seinem Wagen und den nötigen Papieren holte Architekt Walz die sieben Kisten ab. Er verstaute sie in und auf dem Wagen. Das lange fränkische Zeremonienschwert wickelte er in seinen Mantel und legte es diagonal zwischen die Vordersitze.
Unbehelligt schaukelte der Millionentransport seinem Ziel entgegen. Auf Schloß Neuschwanstein kannten Architekt und Museumsdirektor einige durch das Leben im Bannkreis des Märchenkönigs noch immer monarchietreue Bedienstete. Sie waren verständigt, ohne zu wissen, was man ihnen bringen würde.
Doch es kam anders.

Es begab sich nämlich, daß Tino Walz in der Abenddämmerung wenige Kilometer vor dem Schloß auf einen Konvoi aus Militärlastwagen stieß. Uniformierte hielten das hochbeladene Privatauto an – eine brenzlige Situation. Glücklicherweise jedoch wollten sie nur eine Auskunft: den Weg nach Schloß Neuschwanstein.

Ausgerechnet! dachte der Schweizer. Er mußte Gewißheit haben, was hier vorging. Während er mit den Männern plauderte, tastete seine Rechte nach dem Zeremonienschwert, ob es noch mit dem Mantel bedeckt sei. Sie wirkten übermüdet, die Transportbegleiter, und kamen direkt aus Frankreich. »Vom Stab Rosenberg«, wie sie sagten.

Tino Walz gab sich alle Mühe, ruhig zu bleiben.

Stab Rosenberg – das hatte sich bis in die Münchner Residenz herumgesprochen – war jene Dienststelle, die gestohlenen Kunstbesitz, Gemälde, Gold, Silber, Edelsteine, vieles aus jüdischem Besitz aus dem besetzten Nachbarland, abtransportierte. Interessanterweise auch nach Schloß Neuschwanstein.

Ohne lange zu überlegen erbot sich der Eidgenosse, den erschöpften Männern den Weg zu zeigen. Er werde vorausfahren. Einträchtig rollten sie mit ihren Schätzen in die Dunkelheit.

Im Schloß wurde der Konvoi schon erwartet.

Er habe nur den Weg gezeigt, erklärte der Schweizer und verabschiedete sich, indem er baldige, wohlverdiente Ruhe wünschte.

Die Männer begannen abzuladen. Niemand kümmerte sich mehr um ihn und seine Fracht. Unbemerkt konnte er einen der Vertrauten beiseite nehmen. Es bedurfte nur weniger Worte. Der Königstreue ahnte die Gefahr, behielt aber die Nerven.

Während vor dem Schloß das von den Machthabern geraubte Gut abgeladen wurde, verschwand hinten der ihrem Zugriff entzogene Kronschatz in einem anderen Keller jenseits der künstlichen Grotte, jenem Lieblingstraumraum Ludwigs II.
Noch immer atmete das Schloß den Geist des Märchenkönigs. Unter den herrschenden Umständen und in der Dunkelheit wurde das besonders spürbar.
Unbemerkt fuhr der eidgenössische Hoflieferant in die Nacht davon. Er war beruhigt.
Doch es kam anders.
Einer der wenigen Mitwisser hielt es für richtig, die eilige Verlagerung beim Ministerium zu melden. Das mußte als Defaitismus ausgelegt werden. Bange Tage vergingen. Museumsdirektor Thoma, der Hauptverantwortliche, tat nachts kein Auge zu. Aus den Tagen wurden Wochen – niemand belangte ihn. Die Ministerialien in München hatten im verschärften Bombenkrieg andere Sorgen.

Der Rauch der Brände verdüsterte den Himmel über Deutschland immer mehr. Seit der Invasion gab es zwei Fronten.
Im Februar 1945 gründete Tino Walz, wie bereits erwähnt, die Vereinigung *Freunde der Residenz*. Bei kulturellen Veranstaltungen vergaßen sie für Stunden die Not.
Doch nun war er es, der schlecht schlief. Was sollte mit dem Kronschatz geschehen? Die Front rückte immer näher.
Wenn die Amerikaner kommen – überlegte er – und finden in Neuschwanstein die aus Frankreich weggeschleppten Kunstschätze und unsere Kisten samt dem Schwert, dann fallen die für sie auch unter *geraubtes Feindgut*. Und alles war umsonst.

Die bayerische Schatzkammer mußte weg! Es galt, unverzüglich zu handeln.
Die Frage war nur wie?
Museumsdirektor Thoma konnte sich kein zweites Mal mit einer Verlagerung exponieren.
Mitwisser mußten unter allen Umständen vermieden werden. Da ersann der Architekt eine List:
Wenn er, Tino Walz, den Schatz auf eigene Faust verlagerte und selbst Museumsdirektor Thoma nicht wußte wohin, konnte der sich notfalls auf ein Mißverständnis, eine bedauerliche Verwaltungspanne hinausreden – das neue Versteck aber blieb geheim. Eine äußerst gefährliche Lösung. Doch es gab keine andere.
Der unerschrockene Museumsdirektor willigte ein. Er gab dem Architekten, der als Schweizer schwer zu belangen war und notfalls alles abstreiten konnte, eine versiegelte Vollmacht, die ihn ermächtigte, über den Schatz zu verfügen.
Es galt, unverzüglich zu handeln.
Mit seinem Wagen, der versiegelten Vollmacht und einer zusammengefalteten Schweizer Fahne fuhr der Eidgenosse am 23. April 1945 los. Gewitter und Schneefall – zweifellos auf Veranlassung des Märchenkönigs im Jenseits – begünstigten die erneute Verlagerung.
Auch diesmal behielten die königstreuen Bediensteten die Nerven. Der Genius loci des Wittelsbacher Schlosses gab ihnen Kraft. Unbemerkt vom Wachpersonal des Stabes Rosenberg packten sie im nächtlichen Schneegestöber die sieben Kisten in und auf den Opel Kadett, das fränkische Zeremonienschwert kam eingewickelt wieder an seinen Platz zwischen den Vordersitzen; über die hochgetürmte Dachlast spannten sie die Schweizer Flagge.

»Aha, gegen Tiefflieger«, meinte einer der Bediensteten. Da war sie auch schon zugeschneit.
Der Schweizer nickte. In Wirklichkeit sollte sie ihm bei Kontrollen durch Feldgendarmerie oder Polizei zusammen mit seinem Schweizer Paß behilflich sein. Motto: Je auffälliger, desto harmloser.
Kontrollen gab es überall. Doch Tino Walz hatte alles genau durchdacht. Fragen nach dem Ziel seiner Fahrt, konnte er glaubhaft beantworten: Die Schweizer Gesandtschaft. Sie war nach Rottach-Egern am Tegernsee evakuiert.
Um vier Uhr früh startete er. Über Bad Tölz zum Tegernsee ging die Fahrt. Dort sollte der Schatz auf dem Ringberg, dem hochgelegenen Sitz des Wittelsbacher Herzogs, die Zeitenwende im Gewahrsam der Familie überdauern.
Doch wiederum kam es anders.
Vorsichtig lenkte Tino Walz seine geschichtsträchtige Fracht über winterliche Straßen. Der Tag brach an und Mars regierte die Stunde. Hinter einer Kurve stand eine schwere Limousine im Weg. Uniformierte winkten, damit er anhalte. SS-Offiziere, wie sich herausstellte, sehr hohe. Der eidgenössische Reservist kannte die Rangabzeichen.
»Steigen Sie aus! Laden Sie Ihren Mist ab. Wir brauchen Ihren Wagen«, forderten sie im Tonfall damaliger Herrenmenschen.
»Auf Ihre Verantwortung«, sagte Tino Walz ruhig und zog seinen Schweizer Paß aus der Tasche. »Ich transportiere Akten unserer Gesandtschaft, die sich in Egern befindet.«
Die Herrenmenschen verstummten. Nur ihre Blicke sprachen: Das könnte Ärger geben.
»Na ja«, meinte der Ranghöchste schließlich, »fahren Sie weiter.«
»Wie denn?«

Sie verstanden seine Frage sofort, faßten in die schmutzigen Radkästen und hoben den Kronschatz über den aufgeweichten Straßenrand um ihre defekte Limousine herum. Nicht ohne zu stöhnen: »Mann, Sie haben aber ganz schön geladen!«
»Heil Hitler!« rief einer.
Ohne den Gruß zu erwidern, fuhr Tino Walz davon. In solchen Situationen zeigt es sich, wie sinnvoll die menschliche Psyche geschaffen ist – der Schreck kam erst hinterher.
Die nächste Überraschung ließ indes nicht lange auf sich warten. Beim Herzog auf dem Ringberg – Durchlaucht nahmen gerade ein Fußbad gegen die Kälte – fand er in dem für sein Architektenauge nicht unbedingt geglückten Bau kein geeignetes Versteck. Der alte Herr war in Eile. Er mußte nach Gmund, hatte aber kein Auto, und so nahm er ihn mit.
Wohin mit dem Schatz, für den jetzt er allein die Verantwortung trug?
Die Schweizer Gesandtschaft entfiel. Da es sich um Staatseigentum handelte, hätte sie bei den Machthabern rückfragen müssen, und die Beziehungen waren frostig. Er lud den Herzog ab und besuchte Freunde in der Gegend. Ohne zu fragen, was er geladen habe – damals versteckte jeder irgend etwas – nannten sie ihm ein nachgerade ideales Versteck bei einem Bauern in der Ortschaft Ostin.
Normalerweise besitzt der bayerische Bauernhof nur einen einzigen Kellerraum. Dieser Hof jedoch, das wußten die Freunde zufällig, hatte unter dem Keller einen zweiten.
Minuten später hielt Tino Walz vor dem Gehöft. Unter Berufung auf die Freunde, mit Schweizer Paß und dem Hinweis, es handle sich um Akten, die in der Gesandtschaft kei-

nen Platz mehr hätten, gelang es ihm, dem Bauern ein Nicken abzutrotzen. Mit entscheidend war gewiß auch die Überlegung, es könne in diesen Zeiten vielleicht nützlich sein, einer ausländischen Mission einen Dienst erwiesen zu haben.
Gemeinsam schleppten sie die Kisten in das tatsächlich kaum zu findende Versteck. Das fränkische Zeremonienschwert, gut eingewickelt und zum faltbaren Kartenständer ernannt, krönte den Schatz wie ein überdimensionaler Briefbeschwerer.
Der Bauer schloß die Deckenklappe und schaufelte seine beträchtlichen Reserven an Kartoffeln darüber.
Jetzt konnte Tino Walz nur noch hoffen.

Mit allerletztem Kanonendonner kam die Befreiung. Wie ein neues Jahr. Während das geschundene Volk endlich alarmfrei durchschlafen konnte, fuhr sein neutraler Schatzbewahrer im Bett hoch und wußte: Ich muß schnellstens nach Ostin!
Da ergab es sich in diesen Tagen der unvorstellbaren Zufälligkeiten, daß ein amerikanischer Offizier – Major Baruch – nach Professor Klaus Bumke, dem Arzt des toten Diktators, suchte und Tino Walz den Aufenthaltsort kannte. Wie beim Konvoi des Stabes Rosenberg bot er sich an, den Major hinzufahren. Bedingung: Fahrerlaubnis und Benzin.
Anderntags brachte der Schweizer den Amerikaner zum deutschen Arzt des Österreichers. An der Unterredung nahm er nicht teil, sondern nutzte die Zeit, nach Ostin zu fahren.
Der Hof stand noch, die Bauern waren am Leben.
Und drinnen?
Zurückflutende deutsche Soldaten hatten den Kartoffelberg

so weit eingeebnet, daß keine nachdrängenden Amerikaner flüchtige Parteigenossen darunter suchten.
»Ois no do!« versicherte der Bauer. Alles noch da.
Andächtig stand Theo Walz vor den Kartoffeln, die die Kronen krönten. Ein Gedanke kam ihm in den Kopf und gerann sofort zur Gewißheit: Jetzt werden die Sieger nach dem Kronschatz suchen! Wie nach allem Feindbesitz von Wert.
Es blieb nur Hoffnung.
Er mußte zurück zu Major Baruch. Und auch um das ausgelagerte Cuvilliés-Theater würde er sich kümmern. Er hatte, wie sich zeigen sollte, nicht ungestraft wichtige Ämter inne.
Und wieder kam alles anders.
Das große Aufräumen begann. In München gab es für die Bauleitung der Residenz so viel Arbeit, daß er mitunter in seinem neuerrichteten Notbüro übernachtete. Nicht ungern übrigens. Der Genius loci tat ihm wohl. Er schlief königlich, in Wittelsbacher Ruhe.
Eines Morgens wurde Tino Walz um fünf Uhr früh aus dem Schlaf gerissen. Amerikanische Soldaten standen vor seinem Bett und verlangten die Bergungspapiere von Schloß Herrenchiemsee.
Das erste Versteck des Kronschatzes! Nun waren sie auf der Spur.
Noch schlaftrunken, mußte er doch ein Lächeln unterdrücken. Papiere seien nicht da. Sie könnten sich überzeugen.
Den Amerikanern genügte die Auskunft. Sie beschlossen, umgehend nach Herrenchiemsee zu fahren.
Verwundert über ihre Eile schlief er wieder ein. Vormittags gegen elf platzte ihm ein weiterer Trupp Amerikaner in die

Arbeit. Mit demselben Begehren. Auch sie begnügten sich mit derselben Auskunft und zogen ab.
Zum Mittagessen fuhr Tino Walz nach Hause. Kaum hatte er sich zu Tisch gesetzt und seiner Frau von den Besuchen erzählt, sah er durchs Fenster Soldaten in seinem Garten, das Gewehr im Anschlag. Die Haustür dröhnte unter Kolbenstößen. Das Haus sei umstellt, erklärte ein aufgeregter Offizier und verlangte unverzüglich die Bergungspapiere von Schloß Herrenchiemsee.
Tino Walz, von Bewaffneten eingekreist, lachte. Sie seien heute bereits die dritte Gruppe mit diesem Ansinnen.
Fassungslos starrte der Offizier ihn an. Dann blies er die Umstellung ab und ließ seine Mannen aufsitzen. Zur Fahrt nach Herrenchiemsee.
Wie sich herausstellte, suchte nicht nur die zuständige Dienststelle – die *Art Protection* – nach dem Schatz. Kriminelle Elemente, die über befreite Ostarbeiter, verängstigte Nazis oder sonstwie von den Auslagerungen wußten, versuchten, ihr, als reguläre Soldaten verkleidet, zuvorzukommen. Ein Wettlauf ums Goldene Kalb begann. Mit großem Aufgebot wurde auch Herrenchiemsee umstellt. Pioniere durchkämmten mit Minensuchgeräten jeden Winkel im Schloß, jeden Quadratmeter im Park. Nichts war da. Nur an einer Stelle piepste es im Kopfhörer. Sie gruben nach. Eine Kassette fand sich. Doch sie enthielt nicht den Schatz – nur die Münzsammlung des Verwalters. Der Mann wurde sofort verhaftet.
In dieser martialischen Geschäftigkeit fühlte sich Tino Walz selbst als Schweizer nicht mehr sicher. Man würde ihn und alle mit der Residenz befaßten Herren verhören, um den Weg der Auslagerungen zu rekonstruieren. Unangenehme, unwürdige Aussichten.

Und er verfaßte einen Brief an die Militärregierung – to whom it may concern:

> Sehr geehrte Herren,
> Ihre Suche nach dem bayerischen Kronschatz ist zwecklos. Sie werden ihn nicht finden. Auch hat es keinen Sinn, irgend jemand zu verdächtigen. Ich selbst, der bauleitende Architekt der Residenz, habe ihn weggebracht. Nur ich allein weiß, wo er sich befindet. Leider bin ich gerade nicht zu erreichen. Ich bin in mein Heimatland, in die Schweiz, gefahren, werde aber zurückkommen, sobald wieder Sicherheit besteht.
>
> Mit vorzüglicher Hochachtung
> Tino Walz

Mit dem Wagen fuhren Tino und Eva Walz bis in die Nähe der Grenze. Zu Fuß schlichen sie in die Heimat hinüber und verfolgten aus dem Engadin das weitere Vorgehen der Militärregierung.
Die Nachrichten klangen immer besser. Im sogenannten *Führerbau* an der Luisenstraße hatte sich die *Art Protection* etabliert und ihre Sammelstelle eingerichtet, den *Collecting Point*. Hier wurden alle gefundenen Kunstschätze eingelagert, gestohlenes Gut sichergestellt, um es den rechtmäßigen Eigentümern zurückzugeben. Kunstgegenstände aus dem Ausland, die nicht mehr auffindbar seien, sollten ihrem Wert entsprechend in Geld ersetzt werden.
Das klang nach Ordnung. Der Bildersturm hatte sich offenbar gelegt. Ein amerikanischer Offizier, den der Schatzhüter in Zürich aufsuchte, sah keine Hindernisse mehr. In solidem Schweizer Schuhwerk überschritt das Ehepaar Walz nächtens erneut die Grenze und fuhr nach München zurück.

Einerseits erschien die Lage noch immer nicht ganz geheuer; andererseits, was sollte passieren? Ein Neutraler gab unersetzliche Werte zurück. Fragte sich nur, an wen. Vorsichtige Informationen ergaben, daß sich in der Holbeinstraße, wo viele amerikanische Offiziere wohnten, eine neue Dienststelle eingerichtet hatte: *Monuments and Fine Arts*.
Dorthin begab sich Tino Walz, zeigte seinen Schweizer Paß, das Duplikat seines Briefes an die Militärregierung und sagte, er sei, wie versprochen, wieder da.
Und abermals kam alles anders.
Sein Gegenüber, ein Oberstleutnant, kannte den Brief offensichtlich. Daß einer, der einen Millionenschatz versteckt hält, zurückkommt und sich auch noch meldet – das wollte nicht in seinen Dienstmützenkopf.
Eine Tat wie im Märchen, wunderte er sich und füllte zwei Gläser mit Whisky, um mit dem seltsamen Kauz anzustoßen. Ganz traute er dessen Worten noch nicht.
»Sie sind also zurückgekommen?«
»Ja.«
»Und wissen, wo sich der bayerische Kronschatz befindet?«
»Ja.«
»Sonst weiß das niemand?«
»Nein.«
Nach dieser unglaublichen Auskunft brauchte er einen zweiten Whisky und füllte die Gläser. Jetzt tranken sie in kleinen Schlucken. Versonnen starrte der Oberstleutnant vor sich hin. Sein Besucher wollte endlich Gewißheit haben und brach das Schweigen.
»Was wird jetzt mit dem Kronschatz?«
»Take it!« rief der Offizier. »Take it!« Und es klang, als meine er's ernst, sei nicht zuständig, habe keine Verwendung dafür.

So aberwitzig es erscheint: Tino Walz hätte gehen können, selbst entscheiden, was er mit den Kronen, Zeptern, Kelchen, Insignien, Ketten, Prunkschalen und Juwelen machen sollte. Doch der Schweizer in ihm bestand auf sofortiger Rückgabe. Er wollte diese Millionenklette endlich und für immer loswerden. Vom Whisky unterstützt, saß er die Geschichte aus. Bis der Sieger nachgab.
Sie verabredeten einen Termin, der Oberstleutnant stellte einen Militärwagen zur Verfügung, und zum dritten Mal in Sachen Schatzkammer wies der Architekt den Weg.
Noch immer deckten Kartoffeln die Klappe im Keller. Unberührt lagerte der Schatz. Er hatte schon viele Stürme überstanden. Dem Bauern war nicht ganz wohl dabei. Was wollte der Amerikaner, da es sich doch um Schweizer Gesandtschaftsakten handelte?
Als Tino Walz ihm in der Stube schließlich reinen Whisky einschenkte, rannte der mit dem Ruf »Mei G'wand! Mei G'wand!« hinaus. Minuten später erschien er grinsend an der Tür – im Sonntagsstaat. Wunschgemäß fotografierten sie ihn. Mit den Kisten und dem fränkischen Zeremonienschwert.
Das Bild besitzt Tino Walz noch. Auch andere vom hochbeladenen Opel Kadett mit Schweizer Flagge über allem.
Nunmehr kehrte der bayerische Kronschatz unter bayerische Hoheit in die Schatzkammer der Residenz zurück. Man schrieb das Jahr 1946 – ein unsicheres Jahr. Immer wieder kam es zu Plünderungen durch *displaced persons*, Unterdrückte der ehemaligen Machthaber, die von den Amerikanern gewiß nicht zu diesem Zweck befreit worden waren. Da sie Deutschen gegenüber Sonderrechte genossen, schien der Schatz selbst in der Schatzkammer nicht sicher vor ihnen.

Zu Recht fühlte sich Tino Walz vom Kronschatz verfolgt. Er bestand auf einer zweiten Verlagerung. Begleitet von drei Panzerspähwagen rollte Bayerns höchster Hort aus der Residenz zum *Collecting Point* an der Luisenstraße. Dort lagerte er in vertrauter Nachbarschaft mit gestohlenen Kunstschätzen – wie auf Schloß Neuschwanstein.
1958, zur 800-Jahrfeier der Stadt München, strahlte der Wittelsbacher Hausschatz erstmals wieder für die Öffentlichkeit. Und da er nicht gestohlen wurde, gibt es ihn heute noch.

Die Belohnung für heldenhafte Taten, die zu jedem Märchen gehört, ließ indes auf sich warten. Doch das hatte einen besonderen Grund. Jahre später wurde Tino Walz der Bayerische Verdienstorden von Ministerpräsident Alfons Goppel persönlich verliehen. Ein Schweizer Staatsbürger darf ausländische Orden und Ehrenzeichen erst annehmen, wenn er das Militärdienstalter überschritten hat.

Schock an der Aisch

Wer 1948 schon eine Existenz hatte, trachtete danach, sie zu festigen. Diese verständliche Absicht löste eine zunehmende Leidenschaft für die noch junge D-Mark aus. Kein Berufszweig blieb davon uninfiziert.

So zogen in den Sommermonaten die Stars der erfolgreichsten Sendereihen des Rundfunks über Land. Einerseits um ihre Beliebtheit höchstpersönlich zu vertiefen, andererseits um von ihr zu profitieren. Der Kontakt mit dem Publikum gilt ja als unersetzlich.

Veranstalter schirrten die gewichtigen Namen vor ihre Thespiskarren – zum Teil noch holzgasbetrieben –, garnierten sie mit einigen unvermeidlichen Randfiguren und boten das eilige Arrangement als jene leichte Kost feil, die dem Zuschauer zwei unbeschwerte Stunden verspricht und sich, der zusammengewürfelten Programmteile wegen, *Bunter Abend* nennt.

Da die Konkurrenz nicht ruhte, ging es oft kreuz und quer durchs Land. Von Franken nach Schwaben, von der Oberpfalz in den Rupertiwinkel und was sonst noch zu Groß-Bayern gehört.

Eine jener unvermeidlichen Randfiguren war ich. Eine Randfigur voller Glück. Für gut hundert Tage ausgesorgt zu haben, wog die Nächte in zu kurzen Wirtshausbetten, das stundenlange Schaukeln auf schlechten Nebenstraßen, die Trennung vom Freundeskreis auf. Meine Tätigkeit bestand vor allem darin, die Zeit zwischen den Programmnummern zu überbrücken, dabei weder sonderlich aufzufallen, noch sonderlich zu langweilen. Mittelmäßigkeit wurde verlangt und entsprechend bezahlt. Eine anspornende Ausgangsposition.

Immerhin reichte die Gage, um satt zu werden, die Abende wacker durchzustehen. Just im Geiz des Veranstalters witterte ich meine Chance. Da er auch an Personal sparte, gelang es mir, gelegentlich den Stars bei ihren Auftritten als Stichwortgeber zu assistieren und dabei zu lernen.

Unvergessen ist mir Michl Lang mit seiner exakten Präsenz. Jeden Abend die gleiche Strahlkraft, der gleiche Tonfall, die gleichen Tempi und Pausen, zentimetergenau in Gesten und Tätigkeiten, unangestrengt alles, ohne Übertreibung – ein großer Volksschauspieler.

Von ihm lernte ich, mir noch mehr Zeit zu lassen, nicht mit den Sätzen herauszuplatzen, bevor nicht die Figur dasteht, lernte Pointen unauffällig vorzubereiten und sie dann herauszukitzeln, Ökonomie der Mittel, durch Beobachten und Probieren, immer und immer wieder.

Das Ofte macht es! – sagt man beim Theater. Praxis holt man sich bekanntlich in der Provinz, und Schwimmen lernt man am schnellsten, wenn man ins Wasser geworfen wird.

An diesen Satz sollte ich noch denken!

Wer den Saal füllt, bekommt das meiste Geld. An seinen Zugpferden konnte der Veranstalter nicht sparen. Ihre mit Waschkörben voller Rundfunkhörerpost gefestigten Forderungen zwangen ihn, mit fast ausverkauften Vorstellungen zu kalkulieren. Die Konkurrenz hätte mit noch halsbrecherischeren Angeboten gelockt.

Woher aber das Geld nehmen, wenn nicht alle Vorstellungen ausverkauft sein würden? Auch das kam vor. Wenn bei-

spielsweise die Leute von der heranrollenden Beglückung nichts ahnten, weil jemand vergessen hatte, die lokale Presse zu unterrichten, oder weil der Plakatdrucker seine Erzeugnisse nicht wegschickte, solange die Rechnung vom letzten Mal unbeglichen auf seinem Tisch lag.
Zum Schutz vor solchen Unwägbarkeiten machte der Veranstalter eine simple Rechnung auf: zwei halbleere Häuser ergeben auch ein volles. Probeweise, wie er betonte, teilte er das Programm in Blöcke, die voneinander unabhängig waren, und wir spielten fortan jeden Abend in zwei Orten. Im ersten begann die Vorstellung um halb acht, im zweiten um acht.
War ein Programmblock fertig, wurde er zum nächsten Einsatz gekarrt. Bei Entfernungen bis zu dreißig Kilometern mußte das klappen, vorausgesetzt, die nicht gerade neuwertigen Fahrzeuge spielten mit. Da die Zugpferde zuverlässige Privatwagen benutzten, konnten ihre Auftritte nach menschlichem Ermessen als gesichert gelten. Es klappte reibungslos. Auch kleinere Orte kamen jetzt in den Genuß unserer Kleinkunst – ein Versuch, den die Konkurrenz noch nicht gewagt hatte. Als der Veranstalter allzu behaglich aufatmete, stellten sich die Zugpferde quer. Sie erklärten ihm, das Versuchsstadium sei nun beendet, und er müsse für zwei Vorstellungen auf jeden Fall anderthalbfache Gage bezahlen. Auch den unvermeidlichen Randfiguren. Er verstand sofort, und das Ensemble dankte mit erhöhter Spiellaune. Die wiederum verbreitete sich auf dem flachen Land und schlug zu Buche.
Vom Erfolg gepolstert, machte der Veranstalter alsbald eine weitere Rechnung auf: In drei Orten spielen, für doppelte Gage. Beginn in A um sieben, in B um halb acht, in C um acht. Da die Zugpferde nicht nur einmal auftraten und nicht

zu lange auf sich warten lassen durften, mußte das Programm weiter unterteilt werden. Das Konzept war einfach, es kostete lediglich mehr Benzin. Das Ensemble zeigte sich freudig bereit.

So begann der Abend in A mit einem Publikumsliebling gleich zünftig. Fünf Minuten später fuhr der Star nach B, kehrte zur Schlußnummer noch einmal nach A zurück und fuhr dann direkt nach C.

Mir bescherte die neuerliche Umstellung den Aufstieg zum Hilfsconférencier, mit einem zusätzlichen Auftritt von satten anderthalb Minuten. Aus technischen Gründen. Eine Gagenerhöhung entfiel. Der Veranstalter machte mir seine Notlage als meine Chance klar und überließ es mir mit Gönnergeste, den Text selber zu gestalten. Einzige Bedingung: er müsse mit Ansage der nächsten Nummer enden.

Gestartet wurde der dreifache Tourneesalto an der Aisch. In Windsheim, Illertissen und Neustadt. In W. lag der Saal unseres Auftritts im Obergeschoß eines Wirtshauses. Auf der fest eingebauten Bühne fanden sich zwei Dekorationen: Ritterburg und deutscher Wald. Wir entschieden uns für den ozonreicheren Prospekt. Auch ein Klavier stand da, von vertretbarer Tonqualität. Kopfzerbrechen bereitete uns dagegen der Zugang zur Bühne. Er führte über eine Treppe an der Seite, neben dem Vorhang und durch den Saal. Bei dem Kommen und Gehen der Programmblöcke zumindest störend.

Hinter der Bühne war es eng wie im Gang eines D-Zugwagens, doch mit Fenstern nach drei Seiten. Vielleicht ließe sich eine Leiter finden? Dieser Idee widersetzten sich die Damen, man solle besser nach einer spanischen Wand suchen, um ungesehen vom Treppenhaus hinter die Bühne zu gelangen und vor allem zurück. Es drückt die Stimmung, wenn Darsteller während der Vorstellung das Theater vor aller Augen verlassen. Zumal bei Zugpferden, und mit denen sollte es ja beginnen.

Das tat es auch. Fee von Reichlin und der ungemein beliebte Plauderer Fred Rauch sangen den Ohrwurm der Zeit, das »Mariandl-andl-andl«. Der Beifall übertraf alle Erwartungen. Eine Zugabe wurde trotz knapper Zeit für die Fahrt nach I. unvermeidlich.

»›Benedikten …‹«, flüsterte Fred Rauch dem Pianisten zu, ein Lied aus eigener Produktion, denn der Plauderer war auch ein vielgehörter Texter. Also sang das Paar das Lied mit dem alle Bergfreunde mahnenden Refrain »An der Benediktenwand hat man einen harten Stand …«

Der Beifall war noch nicht verebbt, das Publikum wollte eine weitere Zugabe ertrotzen, da erschienen die beiden, mangels Leiter, auf dem Treppchen an der Seite. Ohne spanische Wand, dafür mit Koffer.

»Wir kommen gleich wieder!« versprach der Plauderer. Obwohl das vorgesehen war, trauten die Nächstsitzenden seinen Worten nicht und murrten. »Des habt's beim letzten Mal auch g'sagt!«

In diese getrübte Stimmung fiel mein erster Auftritt. Unbekannt wie ich war, gelang es mir nicht, auch nur einen Anflug von Heiterkeit auszulösen. Ohne weitere Pointen zu verstreuen, machte ich meine Ansage für die nächste Nummer und unterließ auch den in solchen Fällen beliebten Conférenciersatz: »Empfangen Sie unser Tanztrio bitte mit dem Applaus, mit dem Sie mich hoffentlich in die Garderobe entlassen.«

Das Piano perlte voraus, Tänzer und Tänzerinnen wurden gemäßigt beklatscht. Hinter den Kulissen auf und abgehend, memorierte ich meinen neuen Text, jene satten anderthalb Minuten, die in der Ansage des Pianisten als Parodisten gipfeln sollten. »Hänschen Klein« würde er spielen, beginnend à la Beethoven, weiter über Mozart, Schubert, Strauß bis zu Duke Ellington. Dann würden auch wir nach I. verfrachtet.

Draußen hüpften sie, daß die Bretter ächzten, da wurde beim zweiten Wiederkäuen meiner satten anderthalb Minuten an einem der Fenster eine Leiter angelegt. Es war noch hell.

Na endlich.

Der Fahrer unseres Lastwagens hatte sie aufgetrieben, gerade rechtzeitig für den Schichtwechsel. Die Künstler des nächsten Blocks warteten, der Enge wegen, drunten in der Gaststube.

Ich öffnete beide Fensterflügel und stutzte. Wer da heraufstieg, war der Fahrer. Wollte er etwa auftreten? Bei seinem Dialektmundwerk wäre dem ehemaligen Knecht tosender Beifall sicher gewesen. Kurz vor dem Einstieg blieb er jedoch stehen, winkte mir, ich solle mich hinausbeugen und begann im Flüsterton: »An schönen Gruß vom Chef. Uns is a Wagen verreckt. 's kommt niemand mehr. Sie müssen allein weitermachen. Irgendwas, Hauptsach, daß a guate Stund dauert. Sonst wollen d' Leit ihr Geld z'ruck. Hat er g'sagt.«

Auf der Bühne Schlußakkord. Mir blieb nicht einmal Zeit, daß mich der Schlag trifft. Ohne zu wissen, was ich sagen werde, stürze ich auf die Bühne, bringe den neuen Text und bekomme wohlwollendes Echo. Es hilft mir nicht, freut mich nicht. Nur weg hier! Abrupt leite ich in die Ansage über und gehe ab.

Hinter der Bühne schnappe ich nach Luft, es hämmert in

den Schläfen. Die Tänzer sind schon weg über die Leiter. Noch vier Minuten – man kennt die Nummern ja –, noch vier Minuten, dann eine Stunde mit ungefähr drei Minuten gelerntem Text aus einem anderen Programm. Dieser Scheißkarren!
Da steht die Leiter … Und was dann? Schwimmen lernt man am schnellsten, wenn man ins Wasser geworfen wird. Wieder Atembeschwerden.
»Hänschen Klein« ist schon bei Strauß! Erst mal die drei Minuten … *noch* langsamer, wie der Michl sagt. Vielleicht werden's vier …? Wenn ich überhaupt einen Ton rausbringe … Ich hab doch auch eine Jazzparodie … aber meine Finger, so eiskalt wie die sind … Höchstens noch eine halbe Minute … und wenn ich ihm entgegentrete, damit er nicht abgeht … eine Zugabe erzwinge …? Unmöglich bei dem matten Beifall … Die wollen keine Jazzparodie … Jetzt! Im Krieg hab ich doch mal conferiert … auf der Krim … jetzt! Wo bleibt die Stimme?
»Meine Damen und Herren. Oder Ladies and Gentlemen, wie man heute sagt …«
Weg ist sie. Der Verstand hat sie abgeschaltet. Laß den Quatsch! Spring ins Wasser! Ans Klavier! Mach Jazzparodie, daß der Saal wackelt. Danach hast du immer noch drei Minuten … vielleicht vier …
Keine zwei Jazzparodien hintereinander! widerspricht der Instinkt. Herrgottnochmal, ich muß aufhören, neben mir zu stehen und das gleich doppelt.
Schon läuft der Text, der gelernte, aber vier Minuten werden das nie! Die Leute bestimmten das Tempo … oder die Nervosität.
Ich rede, schmücke aus, rutsche unvermittelt in sächsischen Dialekt – die Zuschauer brummen gutartig.

Aha! Da sind Minuten versteckt!
Der Mund formuliert Schwyzerdütsch, bringt einen Witz als Reiseerlebnis – gut eine Minute.
Wohlwollendes Raunen. Also noch einen. Auf pfälzisch, dann rheinisch, schwäbisch – hier war die Soldatenzeit einmal nützlich.
Aber was sind sieben Minuten? Mehr können es nicht gewesen sein, trotz freundlicher Aufnahme.
Die Jazzparodie!
Sprung ans Klavier, die Tasten geben Halt. Der Kopf ist weg, das Temperament berserkert. Beifall kommt auf. Offenbar für die physische Leistung.
Noch eine Minute ... zwei. Was dann? Das Klatschen trügt. Nur nicht weg vom Klavier! Es ist mein Bollwerk. Mit lautem Gebrüll Hechtsprung auf den Kasten.
Wieso?
Schwimmbewegungen lösen Heiterkeit aus.
Wenn die wüßten, wie ich schwimme! Nur nicht denken jetzt! Machen! Machen! Machen! Aber was?
Schwimmunterricht! Wie man sich über Wasser hält – in der Politik – in der Liebe.
Die beiden überstrapazierten Conférenciersthemen erwiesen sich als hilfreich. Mangels Pointen fange ich Sätze an und lasse sie vergurgeln, als ginge ich unter. Das Publikum sucht nach dem Sinn und lacht unsicher. Ob's schon zehn Minuten sind? Jetzt weg vom Klavier! Was mach' ich denn da? Eine Pantomime des Abtrocknens. Kommt an. Weiter! Allmählich müßte ich trocken sein, oder? Ich könnte noch Wasser im Ohr haben. In beiden.
Plötzlich ist das Gehör weg. Der Kopf hat seine Kontrollfunktion aufgegeben.
Rede ich? Was rede ich?

Alles ist wie in Zeitlupe. Vielleicht spiele ich Zeitlupe, spiele mit der Zeit? Ein Lichtbildvortrag aus sämtlichen komischen Erinnerungen. Wieso fallen sie mir ein? Das Publikum wird undeutlich, bleibt aber da. Ich bin wie an einen Stromkreis angeschlossen, leuchte, spreche, zucke, esse, hüpfe, singe, steppe, turne, jodle, schnarche. Oder bilde ich's mir nur ein? Alles geschieht gleichsam ohne mich.
Ein Stromstoß.
Da bin ich wieder! Aber wo? Die Bühne ist leer. Ich sitze weich … hinter mir brodelt es. Wohlmeinend. Wieso ziehe ich mir die Schuhe an?
Ganz nah ein schrilles Frauenlachen.
Ach so, ich sitze auf ihrem Schoß.
»Des is d' Frau Bürgermeister!« ruft jemand.
Ich fühle mich klatschnaß. Man hat mich ins Wasser geworfen. Leute kommen nach vorn und drücken mir die Hand, reden durcheinander.
Ein Blick auf die Uhr. Die Stunde ist um. Man hat mich geborgen.
»Na sehen Sie!« Diese Stimme kenne ich. Der Veranstalter. Er holt mich ab.
Unfälle vergißt man nicht. Am wenigsten die mit gutem Ausgang. Einmal durchgestanden, und von Stund an glaubte ich, jederzeit wieder einen Abend aus dem Stegreif bestreiten zu können. So einfältig reagiert man auf Glück.

Der Onkel aus Amerika

Damals wurde eine Weiche gestellt.

Vor der Währungsreform steuerte Hunger unsere Hoffnungen in ein trügerisches Paradies. Ausschlaggebend für die Täuschung waren das Nebeneinander von Not auf der einen und Überfluß auf der andern Seite. Die Amerikaner – und durch sie ihre Verbündeten – besaßen alles, was das Leben angenehm macht. Gut beschuht kamen sie mit gefüllten Tüten aus ihrem Supermarkt, dem PX, stiegen in komfortabelste Autos und fuhren in warme Wohnungen ohne Enge. Sie taten es arglos, gemäß ihrem Lebensstil drüben in den Vereinigten Staaten.

Die Selbstverständlichkeit ihres Auftretens, der saloppe Umgang mit zivilisatorischem Fortschritt irritierte, faszinierte und provozierte. Zigarettenpäckchen zu Stangen gepackt – wie verschwenderisch, dabei praktisch; Milch-, Ei-, Kaffeepulver in Dosen – wie haltbar und mühelos zuzubereiten; Nylon, das neue Gewebe, das nicht reißt, Gebrauchsgegenstände, vieles schon aus Plastik, mit dem uns noch unbekannten industriellen Designerchic.

Ohne es zu wollen, gaben sie Anschauungsunterricht in Wunschdenken: Das sollte man haben! So sollte man leben! Fortschritt macht glücklich! Die Welt besteht aus Siegern und Verlierern, nicht nur im Krieg.

Dem neuen Ideal vom selbstverständlichen Komfort am nächsten kamen erfolgreiche Schwarzhändler. Unvorsichtig deutlich demonstrierten sie den neuen Lebensstil; statt lässig wie die Amerikaner, waren sie aufdringlich, protzig. Allen, die mit ihnen zu tun hatten – und wer wollte nicht mit ihnen zu tun haben, auch wenn sie Typen waren, mit denen man ohne Not gewiß nichts zu tun haben will –, allen zeigten sie's. Daß es ihnen in kürzester Zeit gelungen war, mit den Siegern gleichzuziehen.

Auch in den Nachbarländern, mittlerweile von uns befreit, verfiel man dem zwischen den beiden Kriegen legendären *Onkel aus Amerika*, der seine kontinentale Verwandtschaft das Staunen lehrte. Weil er mehr hatte, weil bei ihm alles größer, besser und schöner war.

Leute, die es mit undeutlichen Geschäften zu Wohlstand bringen, hat es immer gegeben. Sie sind nur leiser aufgetreten. Ohne das Vorbild fremder Sieger im Lande, denen nachzueifern Wert und Tüchtigkeit bestätigt, hat mancher seit den Gründerjahren eine Marktlücke ausgenutzt, samt den dazu erforderlichen Mitmenschen. Er tat es unauffällig, blieb strebsamer Bürger unter strebsamen Mitbürgern.

Erst die Erben zeigten Besitz wie etwas Selbstverständliches. Ein imposantes Verwaltungsgebäude, eine palastartige Villa als Ausdruck von Fleiß, Stolz auf Leistung, Sicherheit für die Beschäftigten. Gleichgültig, wie das Vermögen zustande gekommen war – nach ein paar Jährchen pochte man auf Tradition, gab sich solide wie solvent und auf das Allgemeinwohl bedacht.

Insofern wäre der Schieber mit seiner Sucht, schnell reich zu werden, ehrlicher und gleichzeitig lebender Beweis dafür, daß Ehrlichkeit im Geschäftsleben nicht notwendig zu Erfolg führen muß.

Dann brachte die Währungsreform alles durcheinander. Statt zu viel Geld für zu wenig auszugeben, hatten wir plötzlich zu wenig Geld für zu viel, das es über Nacht zu kaufen

gab. Da Lebensmittel rationiert blieben, mußten wir nicht völlig umlernen, der illegale Handel blühte weiter. Wir überstanden den staatlichen Eingriff, die Umstände normalisierten sich, dunkle Senkrechtstarter verschwanden mit dem Schwarzen Markt, der sie hervorgebracht hatte.
Manche von ihnen entwickelten Ideen parallel zum gemachten Geld, wurden geehrte Unternehmer, republikanische Kaufleute mit Wohltätigkeit und Stiftungen für die Allgemeinheit.
Zusammen mit allen andern, die schon kaufkräftiger geworden waren, es aber noch nicht geschafft hatten, wie man sagt, verfielen sie einem weiteren Onkel aus Amerika – der Werbung überseeischen Zuschnitts. Klotzig kam sie daher, verhieß schnelleren Erfolg als je zuvor und erhob gewissermaßen die Mentalität der Schieber zum Geschäftsprinzip.
Produkte wurden auf Blickfang verpackt, für den kontinentalen Geschmack angeberhaft gestylt und mit Sex als Köder an den Mann gebracht.
Habsucht bestimmte und brutalisierte fortan unser Leben.
Hast du was, bist du was.
Um es möglichst schnell zu haben, um sich den andern in Siegerpose als *winner* zu zeigen, kaufte man bis an die Grenze der Belastbarkeit auf Raten, was frühere Generationen als unseriös abgelehnt hätten. Nachbarn fingen an, mit der Größe ihrer Schwimmbecken zu konkurrieren, mit Häusern, Autos, Büros, Antiquitäten und Schmuck.
Gotische Madonnen vor allem verrieten den Neureichen, der die Damen zu altem Familienbesitz erklärte, den er glücklicherweise habe retten können. Der Sicherheit halber seien sie bis jetzt ausgelagert gewesen. Christliches Requisit für den Götzendienst – verständlich nach dem Krieg.

Jetzt, da es möglich wurde, wollte man alles, was man verloren, beziehungsweise nie besessen hatte, ersetzen oder haben, größer, besser, schöner. Die Altreichen blieben vergleichsweise bescheiden. Mit den Neuen aber mauserten wir uns zu einem Volk von Angebern. Immer neuer Prestigekram diente dem Protzproporz. Massencocktails im Grünen, Motoryacht, Juwelen, Weltreisen, erlesenstes Sportgerät.
Erst Profiausrüstung, dann Dilettantenleistung.
Politiker jeder Couleur asphaltierten den Holzweg mit der Ideologie vom endlosen Wachstum. Bis wir ihn wollten, den totalen Krieg, um des Absatzes der Überproduktion willen. Aufschriften, immer größer, immer dicker wurden bemüht, um dem Käufer die Massenware anzudrehen. Mit einem Hauch von Elite. *Super, Exclusiv, Royal, Bermuda, Kingsize, Windsor* und der zum Symbol für Kraft und Überlegenheit stilisierte Buchstabe X sollen den andern zeigen, mit wem sie's zu tun haben, mit einem Winner. Was etwas Besonderes sein soll, trägt einen fremdsprachigen Namen. Hatten die Nazis alle Begriffe eingedeutscht, frönt man jetzt dem gegenteiligen Extrem.
Nicht unbedingt aus Freude an der Sache, mehr aus Mitläufergesinnung, weil man eben zu haben hat, was die andern haben, mitmacht, was sie tun, laufen Millionen mit Buchstaben, Nummern und Emblemen auf Kleidung und Gerätschaft als unbezahlte Werbemannequins herum. Wer die richtigen Marken vertritt, lebt offenbar besser, gesünder, ist klüger, glücklicher, kann teurer essen, länger am Strand liegen, sich mehr kaufen, öfter lieben, weiter weg fliegen und braucht das alles für sein Image, oder, ausnahmsweise auf deutsch ausgedrückt: zu seiner Selbstverwirklichung.

Damals wurde die Weiche gestellt, damals, als wir Habenichtse nach greifbaren Segnungen des Fortschritts strebten und zwielichtige Existenzen sie schon besaßen. Zu verständlich waren die Anfänge, um ihnen zu wehren. Bis die Täuschung erkannt wurde, hatte sie Arbeitsplätze geschaffen, die nicht mehr rückgängig gemacht werden konnten. Zynische Werbemethoden haben unser Denken vergiftet, haben die freie Welt in eine Diktatur der Gier verwandelt. Vor unserem Erfindungsgeist droht uns das Lachen zu vergehen. Nicht umsonst denken Ältere an ihr Überleben, ihre Bescheidenheit, ihr einfallsreiches Durchwursteln als die glücklichste Zeit zurück.

Zimmerprobleme

Was ich in Stuttgart verweigert hatte, war ich in München geworden – Regieassistent, und zwar gleich beim Generalintendanten Erich Engel, der nun für die seit Mai 1946 unter dem Begriff Städtische Bühnen vereinigten Kammerspiele und das Volkstheater verantwortlich war. Meine ungelernte Arbeit wurde in müder Reichsmark honoriert, die Summe reichte für ungefähr fünfundzwanzig Zigaretten im Monat. Von den damit verbundenen Schwierigkeiten abgesehen, galt der Regieassistent und gilt, sofern dafür begabt, noch immer als ungemein nützliches Wesen.

Erich Engel baute ein neues Ensemble auf und engagierte die Crème deutschsprachiger Schauspielkunst. Für den renommierten Zuwachs mußte entsprechender Wohnraum gefunden werden. Die Stadt befürwortete das Unternehmen auf dem Papier, die Beschaffung der Zimmer und Wohnungen – insgesamt 52 Räume – wurde mir übertragen.

»Sie schaffen das, Hassencamp! Für das Künstlerische sind Sie doch weniger geeignet«, tröstete mich Harry Buckwitz, der neue Verwaltungsdirektor.

Ich sah das Wohnungsamt an der Goethestraße vor mir, die Schlangen vor sämtlichen Türen und zweifelte an seiner Menschenkenntnis, doch fehlte es mir an geeigneten Sätzen, ihn zu widerlegen. Hätte ich schon eine Existenz gehabt, sie wäre bedroht gewesen. So sah ich nur einen Berg

vor mir, aber weit und breit kein Schäufelchen, um mich hindurchzugraben.
Woher bei der angespannten Lage Zimmer nehmen? Was in Frage gekommen wäre, hatten die Amerikaner beschlagnahmt und sie beschlagnahmten weiter. Wohin also mit Paul Dahlke, Maria Koppenhöfer, Bruno Hübner und wie sie alle hießen? Wohin mit mir, wenn ich das nicht schaffte? Mein Vorsatz, vergnügt zu leben, wackelte bedenklich. Statt des schönen Morgenspaziergangs um halb zehn durch den Hofgarten zur Probe, würde ich künftig mit den Hühnern aufstehen müssen, um überhaupt bis zu denen vorzudringen, die mir vielleicht helfen konnten. Sie mit Zigaretten zu bestechen, lehnte mein beleidigter künstlerischer Stolz ab.
Gewohnheitsmäßig verschlief ich das Hühnerwecken, frühstückte im Garten und begab mich gegen elf Uhr zum Rathaus. Weil es hieß, der erste Bürgermeister Dr. Scharnagl sei nicht da, ließ ich mich beim zweiten melden, bei Thomas Wimmer, einem lokalen Original. Er hatte meinen Besuch zwar nicht erwartet, fand aber die Art, wie ich meine Inszenierung anging, richtig und gab mir einen Assessor als Regieassistenten an die Seite, der ungefähr wußte, wo sich die Not der Bürger zugunsten von Schauspielern am ehesten verschärfen ließ.
Im zugigen Treppenhaus saß in einer ehemaligen Telefonzelle der Pförtner und wärmte sich an einem Katalytofen. Über der Zivilkleidung trug er einen hellgrauen Arbeitsmantel, der ihn als Amtsperson auswies. Ich fragte ihn um Rat – er erblühte, ich gab ihm ein Päckchen Zigaretten – er nahm sich wie ein Sanitäter meiner an.
»Dann sind Sie auch hier beschäftigt«, meinte er. Der Satz elektrisierte mich: Wenn ich in die Rolle eines Beamtenan-

wärters schlüpfte, was ich als Vertreter der Städtischen Bühnen durchaus verantworten konnte, stand mir dann nicht auch ein Arbeitsmantel zu, als Kostüm, um mich von der Kundschaft abzuheben? Mein Kollege sah das auch so und versprach, ohne Nachhilfe, seinen zweiten Zivilkleiderschoner mitzubringen.

Ein Päckchen Zigaretten ersetzte damals ein mittleres Ehrenwort. Gebügelt und gefaltet, wie aus dem Fachgeschäft für Berufskleidung, empfing ich gegen Mittag des nächsten Tages die neue Uniform. Sie paßte, ohne geschmäcklerisch zu sein, nur bedingt, reichte nicht bis in die Kniekehle, hatte eher Zwischenlänge, etwa wie ein leichter Gehpelz für die Übergangszeit. Dabei sollte es aus meiner Sicht ja auch bleiben.

Ein Requisit hatte ich von zu Hause mitgebracht, das meine Rolle noch glaubhafter machen sollte – einen Leitzordner, gefüllt mit meinen drei oder vier Papieren, dahinter, sozusagen als Futter und mit einer Schnur gegen Herausrutschen gesichert, mein ungenaues Regiebuch aus Engels *Sturm*-Inszenierung. So ausgerüstet und vom Kollegen mit Schulterklopfen abgesegnet, betrat ich die zwangsbewirtschaftete Bühne. Der Text ergab sich aus der Rolle: »Gestatten Sie! – Einen Moment! – Würden Sie mich bitte durchlassen?«

Unbehelligt bewegte ich mich an allen Schlangen und Trauben vorbei, von Sachbearbeiter zu Sachbearbeiter. Bis diese, Schlag zwölf, mitgebrachte Brote auf ihren Arbeitsplätzen auswickelten, hatte ich mein Pensum erledigt. Ohne Kostüm wären gut und gern zwei Tage bei Buchstabe D wie Dahlke, zwei weitere bei Buchstaben H wie Hübner erforderlich gewesen. Mit Krückstock, der in meinem Keller stand, vielleicht die Hälfte. Doch abgeklun-

genes Leid soll ein abergläubischer Mensch nicht betonen.
Zu Aberglauben fühlte ich mich als Mitglied der Städtischen Bühnen – in welcher Funktion auch immer – verpflichtet. Schließlich gab es Abende, an denen ich auf der Bühne stand, mit ähnlich langen Sätzen wie am Vormittag beim Wohnungsamt. Überhaupt glichen sich die Auftritte verblüffend. In Ödön von Horváths Eisenbahnerdrama *Der jüngste Tag* hatte ich beherzt an einer Schlange von Menschen vorbeizugehen, um einem Beamten, der hinter einem Tisch saß, etwas Wichtiges mitzuteilen.
Dann erst kam Maria Koppenhöfer. Sie rauchte leider nicht, konnte aber bei Butter nicht nein sagen, wenn ich während der Pause die Rolle wechselte und als fliegender Händler von Garderobe zu Garderobe meinem Nebenverdienst nacheilte. Die Gage allein hätte den monatlichen Mietzins nicht abgedeckt.

Kein Mensch wohnte sicher, und am unsichersten wohnten alleinstehende Untermieter. Sie hielten sich strikt an die Hausordnung, jedenfalls dem Anschein nach, gaben sich Mühe, nicht aufzufallen, nicht im Bad, nicht in der Küche, nicht mit lauter Musik, Bratenduft oder Elektroöfen. Junggesellen vermieden jeden Verdacht auf unsittlichen Lebenswandel. Sein Zimmer auf Dauer mit einer nicht gemeldeten Person zu teilen, als Untermieter einen Privatuntermieter zu beherbergen, konnte unangenehme Folgen haben.
Eine Zeitlang bewohnte Peter Barthel mitten in den erotischen Jagdgründen Schwabings bei einem Professorenehepaar ein geräumiges Parterrezimmer. Seine damalige Favoritin lebte nicht in München, sondern bei ihren Eltern am

Tegernsee. Doch der Drang, mit ihm zusammen zu sein, führte sie häufig in die Stadt, genauer in sein geräumiges Parterrezimmer. Um Gesicht und Bewegungsfreiheit zu wahren, stellte er sie der Frau Professor vor. Den Text hatten beide wohlüberlegt und dem moralischen Weltbild der älteren Generation angepaßt. Er mußte flüssig aufgesagt werden. Stottern hätte nach schlechtem Gewissen geklungen.

In der Küche fing er die alte Dame ab, stellte ihr die junge vor und holte weit aus: »Frau Professor, die Baronesse hat öfter in der Stadt zu tun. Sie sucht eine Arbeit, weil sie sonst keine Zuzugsgenehmigung bekommt. Da ihre Eltern und meine Eltern befreundet sind, möchte ich Sie um die Erlaubnis bitten, ihr gelegentlich mein Zimmer zur Verfügung stellen zu dürfen, damit sie nicht immer hin und her fahren muß. Ich selbst schlafe dann bei meinen Eltern.«

Die wohnten, wie die Frau Professor wußte, nur ein paar Häuser weiter und sehr beengt. Angesichts so vieler Eltern konnte die alte Dame nicht nein sagen. Das wohlerzogene Auftreten des Mädchens, ihr klarer, dabei scheuer Blick halfen mit, mögliche unsolide Gedanken zu zerstreuen.

Untermieter und Favoritin konnten sich fortan bei Tage in der Wohnung frei bewegen. Er kochte Tee oder eine Suppe, spülte zwei Tassen, zwei Teller, während sich die Frau Professor in der Küche befand; die Baronesse brachte ihr Blumen, mit Gruß und Dank ihrer Eltern; auftretende Hintergedanken versüßten die Freude an der Form.

Da Herrenbesuche, zumal im eigenen Zimmer, bis zehn Uhr abends gestattet waren und sich das Professorenehepaar meist früh schlafen legte, wurde der Zeitpunkt, wann der junge Mann das Haus verließ, überspielt. Oft gingen beide aus, besuchten ein Fest und kehrten erst spät zurück.

Dann trug er sie ins Zimmer, damit das Parkett nur unter zwei Füßen knarzte, nicht unter vier. Das Bad lag für nächtliche Bedürfnisse günstig, Probleme bereitete lediglich der Morgen.

Freund Peter löste sie nach Kavaliersart. Umschlungen lauschten beide im Bett, bis Geräusche und Stimmen aus der Küche das Frühstück des Professorenehepaars ankündigten. Darauf begab sich das Mädchen, einen Guten Morgen wünschend, ins Bad. Freund Peter rasierte sich im Zimmer, schlüpfte in seine Kleider, in Erwartung der frisch gewaschenen Gespielin, um sie in die Arme zu schließen, bevor er mit Mantel, Hut und Aktentasche aus dem Fenster stieg.

Geduckt huschte er zur Straßenseite, trat aus dem winzigen Vorgarten hinaus, ging ein paar Schritte vom Haus weg, bei Regen immer etwas weiter – manchmal kaufte er Brot –, kam geschäftig zurück, trat ein und läutete zweimal an der Wohnungstür.

»Hallo Peter! Da bist du ja«, empfing sie ihn möglichst laut. »Hast du schon gefrühstückt?«

Vergnügt über allerlei redend, gingen sie ins Zimmer. Die gespielte Harmlosigkeit machte Spaß. Sie variierten sie kunstvoll.

Nur einmal muß Leidenschaft ihre Aufmerksamkeit getrübt haben. Als Peter sich am Rande des Vorgärtchens gerade aufrichtete, um auf die Straße hinauszutreten, sah er unmittelbar vor sich zuerst eine Einkaufstasche, die ihm bekannt vorkam, dann den erstaunten Blick der Frau Professor: »Guten Morgen! Wo kommen Sie denn her?«

Ihre Stimme traf ihn wie ein Stromschlag. Nach einer Antwort suchend, flüchtete er sich in Geschäftigkeit, öffnete die Haustür und läutete zweimal an der Wohnung.

Sofort wurde geöffnet, das Mädchen strahlte und rief: »Hallo Peter! Da bist du ja schon.«
Hier stockte der Dialog. Die alte Dame lächelte der jungen Dame zu. Ohne ein weiteres Wort begab sie sich in die Küche und spielte das Spiel fortan mit. Alte Menschen leben bekanntlich in der Erinnerung.

Amtlich ernährungsberechtigt

Entlassungen – im Zivildasein gemeinhin als Unglück betrachtet – stellen bei Strafgefangenen und Militärpersonen das Ziel aller Wünsche dar. Entsprechend wertvoll ist das Papier, das die wiedergewonnene Freiheit bescheinigt. Von ihm hängt die weitere Existenz ab. Der Entlassungsschein von der großdeutschen Wehrmacht war ausschlaggebend für den Bezug von Lebensmittelkarten. Ohne ihn hing man in der Luft, wie ein gewisser Joachim, genannt Jo.

Im Frühsommer 1945 stand er, dünn und blond, mit einem Kameraden auf dem Münchner Marienplatz. Die Alliierten hatten ihn mit seinem Jagdflugzeug abgeschossen. Obwohl beim Absturz heil geblieben, galt er ohne Entlassungsschein als nicht auf dem Boden angekommen. Die Tatsache, daß man lebte, war nicht ausreichend, um leben zu dürfen; das schlagende Herz genügte nicht zur vorschriftsmäßigen Existenz.

Mit dieser Logik vertraut, entschlossen sich die beiden, ihren Hunger durch Einbruch zu stillen. Nicht in der nächsten Metzgerei, sondern im Rathaus. Wie sie gehört hatten, sollte es dort eine amerikanische Dienststelle geben, die über alle wichtigen Formulare verfügte. Kurz vor Mittag betraten sie das Amtsgebäude. Ein Zerberus stellte ihnen Passierscheine für angebliche Meldung eines Schadens in der Stromversorgung aus. Einmal drinnen, fragten sie sich zu den Amerikanern durch und schlossen sich in die nächstgelegene Toilette ein.

Laut und fröhlich begaben sich die Sieger alsbald zum Mittagstisch, und die beiden verließen nach kurzer Sicherheitspause ihr Versteck. Ungesehen kamen sie zu der Schatzkammer. Eigentlich nur, um aus dem Geräusch Rückschlüsse auf die Stärke des Schlosses ziehen zu können, drückten sie die Klinke und wären fast ins Zimmer gefallen. Im Umgang mit Besiegten, ihren Wünschen und Bedürfnissen noch ungeübt, hatten die Amerikaner nicht einmal abgeschlossen. Trotzdem schien Eile angebracht.

Ohne sich mit Lesen aufzuhalten, nahmen die Eindringlinge aus sämtlichen Regalen und Schubladen Formulare, jeweils mehrere Blätter, stopften sie unter ihre auf ähnliche Weise beschafften Ziviljacken, drückten alle erreichbaren Stempel auf ein leeres Blatt, um den richtigen später mit einem hartgekochten Ei zu übertragen, und gelangten ungesehen wieder auf den Korridor. Der Zerberus riß vom Passierschein die größere Hälfte ab, unbehelligt konnten sie das Rathaus verlassen.

Die Landung auf der Erde schien geglückt. Noch ohne Hungergefühle sichteten sie in einer stillen Ruine die Beute. So gut er konnte, übersetzte Jo Kleinlichkeiten aus dem Englischen. Sein Gesicht wurde länger. Sie hatten vor allem Formulare zur Anforderung von Ersatzteilen für Militärfahrzeuge und Schadensmeldungen an Hinterachsen und Motoren erwischt. Ihre Mägen quittierten die Enttäuschung mit lautem Protest. Doch ein alter Freund, bei dem sie untergekommen waren, wußte Rat.

»Macht eure Entlassungsscheine doch selber. Ich koche inzwischen ein Ei, bevor der Strom wieder abgeschaltet wird.«

Er wies auf seine alte Schreibmaschine, empfahl, nicht ganz sauberes, vielgefälteltes Papier zu nehmen und diagonal

über den Text, sozusagen als Bestätigung dafür, daß die Amerikaner den Schein anerkannt hatten, mit der Hand in möglichst amerikanischer Schrift den Zusatz zu kritzeln: »This boy is okay!« Vermerke dieser Art seien nicht erfunden und hätten manchem weitergeholfen.
Das leuchtete den beiden ein. Sofort machten sie sich an die Fälschung. Jo wurde euphorisch. Warum nicht auch die Abschnitte der Passierscheine aus dem Rathaus verwenden? Sie sahen so schön amtlich aus. Er spannte sie in die Maschine und tippte den Vermerk: Gut für sechs Kilo Brot. Sein Kamerad übertrug einen amerikanischen Stempel und krönte ihn mit einer Unterschrift.
Nun galt es, die Produkte ihrer Fälscherkunst zu testen. Während der alte Freund sich mit ihren amerikanischen Ersatzteilformularen auf den Schwarzen Markt begab, um zu sehen, ob dort etwas damit zu machen sei, legten die beiden ihre Passierscheine, gewissermaßen als Versuchsballon, in der nächsten Bäckerei auf den Tisch.
»Das sind keine Marken«, entschied der Teigexperte.
»Das sind Übergangsmarken«, widersprach Jo und zog die große Fälschung aus der Tasche. »Hier unsere Entlassungspapiere. Darauf bekommen wir nächste Woche unsere Lebensmittelkarten.«
Als der Bäcker immer noch zögerte, wurde Jo energisch. »Dann muß ich den Captain holen, bei dem wir beschäftigt sind. Hier steht ausdrücklich: ›This boy is okay!‹«
Die Drohung mit dem Sieger half. Vielleicht war der brave Mann ein kleiner Parteigenosse gewesen. Er murmelte noch etwas, rückte aber gegen die Passierscheinabschnitte und Bezahlung in R-Mark je sechs Kilo Brot heraus.
Vom Erfolg bestätigt, blieben die beiden auf ihrem dreisten Kurs. Auf der Ausgabestelle der Lebensmittelkarten fand

man die forschen »boys« zwar »okay«, die vorgelegten Papiere indes ungenügend.
»Lassen Sie sich das im Entlassungslager Bad Aibling noch mal bestätigen. Dann kommen Sie wieder.«
Hier mit dem Captain zu drohen, wäre unklug gewesen. Schon weil es ihn nicht gab; der Weg ins Lager mißfiel äußerst. Bad Aibling hatte einen schlechten Ruf. Man werde dort mitunter wochenlang festgehalten, hieß es. So blieben die beiden Flieger ohne Landeerlaubnis weiter im Untergrund. Bis ihnen ein Gerücht zu Ohren kam: Die Amerikaner hätten in einer ehemaligen Kaserne an der Lazarettstraße eine Entlassungsstelle eingerichtet.
Das hörte sich besser an als Lager. Der Versuch mußte gewagt werden, einzeln und ohne die selbstgebastelten Papiere. Die Not ließ keine andere Wahl. Jo machte sich als erster auf. Wieder kurz vor Mittag, um sich bei Schwierigkeiten einen Notausgang zu sichern. Tatsächlich gab es die Dienststelle, und er konnte sofort eintreten. Die erwartete Schlange vor der Tür fehlte. Ein sicheres Zeichen? Behörden, die zuviel Zeit für ihre Kunden haben, waren verdächtig. Was half das jetzt noch? Er stand schon drinnen; die Einheit, bei der er gedient hatte, gab es nachweislich oder hatte es gegeben. Das mußte genügen.
»Warten Sie einen Moment!« sagte die deutsche Sekretärin. Sie legte einem amerikanischen Offizier gerade mehrere Unterschriftsmappen vor, setzte sich hinter ihre Maschine und tippte weiter.
Mit Kopfnicken zeigte sich Freund Jo einverstanden. Nur nicht auffallen! Hinter halb geöffneten Lidern wanderten seine Blicke. Auf einem Tisch vor ihm lagen Entlassungsformulare. In deutscher Sprache, gestempelt und links unten mit einer Handschrift versehen. Der Offizier unter-

schrieb rechts unten, die Sekretärin, eine zweckentfremdete Dame mit Bandringen – ein Zeichen für beste Familie – tippte nach einer Liste weitere Entlassungen.
Der Augenblick schien günstig. Beide würdigten den Kunden keines Blickes. Er könnte seinen Hut auf den Tisch legen, neben den Stapel mit links unterschriebenen aber noch nicht ausgefüllten Formularen. Nach kurzem Zögern könnte er ihn wieder wegnehmen, mit einem Formular darunter und sagen, er werde später noch einmal vorbeikommen.
Als sich die Hand mit dem Hut neben den Stapel senkte, sah die Sekretärin auf: »Waren Sie bei der SS?«
»Um Gottes willen nein!« stotterte Jo. »Ich war Jagdflieger.«
»Verwundet?«
Daß er nicht sofort antwortete, konnte einen falschen Eindruck bewirken. Er wollte ja sagen, doch sie kam ihm zuvor: »Ich brauche eine Verwundung. Sonst können wir Sie nicht entlassen.«
Der amerikanische Offizier hörte nicht zu, wie ein Seitenblick bestätigte. Oder er verstand kein Deutsch. Auch bei der Antwort: »Ich bin abgeschossen worden«, reagierte er nicht.
»Und?« fragte die Sekretärin. »Dann hatten Sie mindestens eine schwere Gehirnerschütterung?«
Hatte er die gehabt? Was sollte er von der eilfertigen Unterstellung halten? Richtig. Sie brauchten einen Schaden, um entlassen zu können. Sein Nicken mit dem angesprochenen Körperteil veranlaßte sie, ein neues Formular in die Maschine einzuspannen, ihn die Personalien abzufragen und alle Daten, bevor sie sie tippte, unnötig laut und deutlich zu wiederholen.
Auch das ließ den Amerikaner ungerührt. Ohne aufzu-

schauen unterschrieb er weiter. Aber die Prüfung war noch nicht ausgestanden. Gleich würden die Fragen kommen, die der Kunde nicht beantworten konnte, Fragen nach Beweisen für die Richtigkeit seiner Angaben, Fragen nach Soldbuch, Flugschein, einem alten Reisepaß, der polizeilichen Anmeldung oder einem provisorischen Entlassungsschein. Wenn sie den fanden, war ihm der Transport nach Bad Aibling sicher.

Alle Befürchtungen erübrigten sich; die Fragen blieben aus. Die damenhafte Sekretärin nahm die Formulare aus der Maschine, reichte es dem Offizier hinüber, der unterschrieb, weiterhin stumm.

»Okay.« In der Hand am ausgestreckten Arm schwebte die Landeerlaubnis im befreiten Deutschland. Gleichsam als drücke er den Steuerknüppel nach vorn, griff Jo zu.

»Sonst noch was?« Ihre Frage ließ ihn vollends auf dem Boden der Wirklichkeit aufsetzen: Er war entlassen. Und entlassen! Mit deutlichem »Nein« und ohne Dank, damit es nicht nach Unsicherheit aussehe, verließ er die schicksalsträchtige Kasernenstube.

Ähnlich glatt ging es anderntags bei seinem Kameraden. Die Unterschrift links stammte von einem Arzt. Ohne Untersuchung. Merkwürdig! Aber schwarz auf weiß. Nun waren sie amtlich ernährungsberechtigt, wurden registriert und bekamen Lebensmittelkarten. Die nächste Zwickmühle; nämlich erst Zuzugsgenehmigung, dann Wohnraum, beziehungsweise erst Wohnraum, dann Zuzug, erforderten neue Überlegungen: Ei oder Zigaretten? Für staatlich anerkannte Lebewesen ein vergleichsweise bescheidenes Problem.

Monate später besuchte Jo seinen ehemaligen Kommandeur im Rheinland. Dabei kam die wundersame Entlassung zur Sprache. Der Major a. D. lächelte merkwürdig. Er kannte die hilfreiche Dienststelle nicht nur, er wußte auch, daß es ähnliche Büros in anderen Städten gegeben hatte. Sie seien notwendig gewesen, um deutschen Soldaten nachträgliche Kriegsgefangenschaft, zumindest unfreiwillige Wochen oder Monate in Lagern zu ersparen. Er selbst sei, wie er durchblicken ließ, Mitinitiator, besser gesagt, der eigentliche Erfinder dieser Einrichtung gewesen.

Jo wollte wissen, wie man als deutscher Offizier amerikanische Dienststellen erfinden könne. Seine Frage löste wieder dieses merkwürdige Lächeln aus.

»So amerikanisch waren die gar nicht«, erfuhr er. »Der Captain in München war in Wirklichkeit deutscher Offizier, im Zivilberuf Exportkaufmann, der jahrelang in den USA gearbeitet hatte. Alle haben sie drüben gelebt und sprechen akzentfrei englisch. Die Uniformen waren geklaut. Nicht nur die. Auf dem Briefpapier eines US-Generals haben wir die Befehle verfaßt, daß diese Entlassungsstellen einzurichten und den Beauftragten seitens der Kommandanturen jede Hilfe zu gewähren sei. Alle bekamen Büros, Unterkünfte, Jeeps mit Fahrer und amerikanische Verpflegung. Selbst die Formulare wurden nach unseren Angaben gedruckt. Wenn man die Sprache beherrscht, Organisation und Mentalität kennt, ist so etwas im ersten Durcheinander der Dienststellen, Kompetenzen und Befehle relativ einfach. Als Sonderbeauftragter mußten sich unsere Herren nie ausweisen. Wir haben vielen geholfen und sind rechtzeitig wieder verschwunden.«

Freund Jo schlug die Hände zusammen. Wenn das rauskommt! Was werden die Amerikaner sagen?

Und er glaubte die Antwort zu ahnen: »This boy is okay.«

Erst wohnen, dann hoffen

Die Familie Defregger, bei der ich wohnte – es gab eigentlich keine Familie, bei der nicht wenigstens noch eine andere Familie wohnte –, hatte ihr unzerbombtes Haus rechtzeitig mit Freunden vollgestopft. Ebenso die Wohnung des Sohnes, meines Schulfreundes, in unmittelbarer Nähe. Damit entfielen jene atmosphärischen Störungen und Reibereien, die bei eingewiesenen Familien oder Einzelpersonen von unterschiedlicher Erziehung unvermeidlich sind und in Küche und Sanitärbereich besonders unangenehm sein können.
Das hob die Laune. Wir bildeten so etwas wie eine Kommune. Alle kannten und schätzten einander, lebten nach den gleichen Spielregeln, und wenn es Ärger gab, dann wegen Bagatellen. Es ging vergleichsweise österreichisch zu in diesem Paying-guest-house, k. & k.-österreichisch, noble Boheme mit alten Möbeln, großzügig alles, nichts weggesperrrt. Die österreichische Mentalität ist für Zusammenbrüche ja ungleich geeigneter. Des Hausherrn Vater war der Tiroler Maler Franz von Defregger, mein Schulfreund sein Enkel. Überall im Haus hingen Originale.
In diesem ungetrübten Milieu fand kein Brutzeln hinter verschlossenen Türen unter eifersüchtigem Schnuppern der andern Untermieter statt. Bei uns gab jeder seine Lebensmittelkarten in der Küche ab, was der Frau des Hauses einen gewissen Jonglierspielraum ermöglichte, der allen zugute kam. Wie in einer großen Familie wurden die Mahl-

zeiten gemeinsam eingenommen. Meist in vergnügter Runde, auch wenn man gelegentlich beim Sprechen den Atem sah. Die Brotlaibe aus der jeweiligen Zuteilungsperiode lagen um ein großes Messer gruppiert auf einem kleinen Tisch neben dem Eßtisch und waren durch archaisch anmutende Kerbzeichen gegen Verwechslung gesichert. Trotzdem schrumpften sie schneller, als wir aßen. Mit der Zeit fiel das auf. Unausgesprochener Verdacht schwelte über dem Tisch. Wer zum Essen kam, griff als erstes sein Brot und betastete die Schnittstelle. Fühlte sie sich frisch an, sprach er höflich-befremdet beiseite: »Hier muß sich jemand im Brot geirrt haben.«
»Bei mir auch«, bestätigte ein anderer. »Das kommt neuerdings öfter vor.«
»Zwei Kerben nebeneinander sind mein Zeichen«, ließ sich ein dritter Gast vernehmen, nicht mahnend, nur zur Gedächtnisstütze.
Während der Mahlzeit gab man durch Blicke seine Unschuld zu erkennen. Da nicht alle mitblickten, konzentrierte sich der Verdacht auf eine alte Dame. Alsbald lauerten außerhalb der Essenszeiten Brotspione hinter Gardinen. Und richtig. Die Verdächtige konnte auf frischer Untat ertappt werden.
Kühl, mit beleidigtem Unterton sagte sie: »Das tut mir leid. Ich bin nun mal schrecklich kurzsichtig.«
Mit diesem Einfall wog sie ihren Frevel, der sich, grob geschätzt, auf ein Kilo Brot belaufen mochte, auf. Niemand verlor mehr ein Wort darüber. Bei der nächsten Mahlzeit redeten wir, worüber wir meist beim Essen redeten – übers Essen.
»Ré hat sich Fleischmarken besorgt«, berichtete jemand über den allseits geschätzten Maler. »Für zehn Kilo.«

Ähnlich bewunderndes Schweigen wäre heute mit dem Kauf einer Insel nicht mehr hervorzurufen.
»Gibt's gar nicht auf einer Lebensmittelkarte«, unkte schließlich jemand und wurde belehrt.
»Ist ja auch ein Schwarzdruck! Ein Bogen voll mit 100-Gramm-Abschnitten, ohne Behördenetikett, nur Fleisch.«
Überlegungen wurden laut.
»Soviel kriegt er gar nicht in einer Metzgerei.«
»Was mag er dafür bezahlt haben?«
»Wenn er's sich hundertgrammweise zusammenkauft, fällt's nicht auf.«
Der Berichter lachte. »Da kennst du Ré schlecht! Schnurstracks ist er in seine Metzgerei, an der Schlange vorbei und hat den ganzen Bogen der Chefin hinübergereicht und gesagt: ›Richten Sie's mir bitte her. Halb Kalb, halb Schwein. Ich hol's mir heut abend ab.‹
Vor Schreck ist da der Metzgerin der existenzgefährdende Satz rausgerutscht: ›Aber Herr Großmann, die sind ja alle falsch!‹
Worauf er strahlend verkündet hat: ›Ja, meinen Sie, ich geb' Ihnen die echten? Dazu kennen wir uns doch zu gut!‹
Der ganze Laden hat schallend gelacht; man hielt das selbstverständlich für einen Scherz. Ré ist abends hin und hat sein Fleisch bekommen. Acht Kilo!«
Womit bewiesen wäre: Die freie Marktwirtschaft begann schwarz.

In diesem großzügigen Haus übernachteten gelegentlich Freunde der Familie oder wurden zum Essen eingeladen, wenn sie aus der näheren Umgebung für einen Tag in die Stadt kamen. Bei Logis erhob sich die Frage, wen man zu wem legen konnte und auf was. Abgewiesen wurde niemand, alle Welt wohnte privat. Von den 300 Hotels mit 8000 Betten aus der Vorkriegszeit hatten die Alliierten ungefähr 50 mit 500 Betten übriggelassen, die verständlicherweise immer belegt waren. Gewiß hätten amerikanische Zigaretten Reservierungen ermöglicht, doch wer Freunde in der Stadt hatte, der suchte sie auf und blieb lieber dort, schon um zu reden, um sich zu informieren. Die Menschen brauchten Menschen, denen sie trauen konnten.

Margit Defregger, die Dame des Hauses, brachte nicht nur das Kunststück fertig, ihr gerettetes Porzellan zu zeigen, sondern auch jedem einen gefüllten Teller zu präsentieren. Nicht nach Art der Zeit gefüllt, sondern reichlich. Sie hatte Spezialgerichte erfunden, die sich offenbar beliebig dehnen ließen, eines vor allem, das wegen seiner ungewöhnlichen Länge auf der größten Fischplatte serviert wurde. Es machte nicht nur optisch etwas her – man aß ja überproportional mit den Augen –, es stopfte auch mit erstaunlicher Langzeitwirkung die Mägen. Trotz dieser hervorragenden Eigenschaften hat ihm niemand einen Namen gegeben. Es sei wenigstens beschrieben: Der Begriff Roulade kommt wohl am nächsten. Eine Riesenwurst aus Teig, ein Monsterpfannkuchen, nicht unbedingt mit Ei, doch mit Mehl und erschwinglichen Bindestoffen. Diese ausgewalzte Angelegenheit vom Durchmesser eines Bistrotischs wurde mit Füllung bestrichen – nicht unbedingt Hackfleisch, mehr zu Blutwurst tendierend, vermischt mit den damals verbreiteten Molkevariationen, die man kalt auch aufs Brot strich. Wir nannten sie »Schmieres«; weil sie sich so leicht draufschmieren ließ. Nachdem die Füllung aufgetragen war, wurde der Füllungsträger wie ein Teppich gerollt und, damit er nicht reiße, vierhändig auf die Platte gehievt.

Großabnehmer des gerollten Genusses war ein wöchentlicher Gast von unzeitgemäßer Leibesfülle, Professor Piloty, Chef der Technischen Hochschule München. Hansa, wie er genannt wurde, hörte schlecht. Um dieser, in Zeiten mündlicher Orientierung besonders störenden Schwäche abzuhelfen, hatte sich der stets vergnügte Mann aus Hochschulmitteln ein Hörgerät gebaut, einen schwarzen Kasten mit aufgeschraubten Aluminiumecken und von den Abmessungen eines Koffergrammophons. Das Ungetüm besaß neben Tragegriff und Klappverschlüssen zwei Buchsen. Über die eine schloß er den Kopfhörer an, mit dem er bei Tisch saß, den schwarzen Doppelbügel um die Glatze gespannt, stramm wie einen Sattelgurt; die andere krönte er mit einem auch nicht gerade kleinen Rundfunkmikrophon und wuchtete die Empfangsstation neben die Fischplatte. Wir konnten sagen, was damals wenige behaupten konnten, daß der Eßtisch sich bog. Wurde die Roulade bereitet, wußte man, heute kommt der Professor.

Es gab auch zierlichere Arrangements. Ein anderer Freund des Hauses kam aus der näheren Umgebung. Er gehörte einer alten Münchner Familie an, die von eigenwilligen Persönlichkeiten nur so strotzte: Ernst Hanfstaengl, genannt Putzi, erster Pressechef bei Hitler, später zum Tod verurteilt, geflohen, schließlich Berater des amerikanischen Präsidenten Roosevelt. Aufgrund persönlichen Einblicks in die Mechanik der Macht mißtraute Putzi allen, die an der Welt mit herumregierten. Sogenannte Weltgeschichte hielt er für eine Kausalkette von Unpäßlichkeiten der Machthaber. Da Mensch und Werk untrennbar zusammengehören, seien historische Entscheidungen letzten Endes auf Kopf- oder Leibschmerzen, Verstopfungen und deren Gegenteil, schlechte Laune, Genußmittelmißbrauch, Ärger über Frauen, erhöhte Temperatur und Wetterfühligkeit zurückzu-

führen. Nach dem gegenwärtigen politischen Bankrott ein überzeugender Gedanke. Den Beweis wollte er aus der Privatkorrespondenz von angeblich Großen destillieren. Damals stöberte er in Napoleons Briefen und erzählte mir morgens bei gemeinsamer Kaltrasur von seinen jüngsten Entdeckungen. Leider hat er den historischen Schlüssellochkrimi nie geschrieben; die Idee liegt aber musikalisch vor. Als überdurchschnittlicher Pianist hat Putzi den Einfluß der Fallwinde im Voralpenland auf die Weltpolitik in Töne gegossen. Das Werk, ein süffiger Walzer, heißt *Deutscher Föhn* und ist dem Österreicher gewidmet.
Putzi aß wenig, weil er viel sprach. Das Feuerwerk von Einfällen, das er bei Tisch abbrannte, hob die Temperatur im Raum. Er reflektierte, wir waren die Reflektoren. In Krisenzeiten reicht bürgerlicher Trott eben nicht aus. Man braucht Extreme.

Der Übersetzer

Bis Kriegsende war ein Krückstock eine Art Auszeichnung gewesen. Das gab es jetzt nicht mehr. Verwundung war nur noch Handicap. Man hatte sich damit abzufinden, an seiner physischen Brauchbarkeit gemessen zu werden. Wer auf die fahrende Straßenbahn nicht aufspringen konnte, der mußte eben gehen. Auch wenn gerade das ihm schwerfiel.

Bei den Versorgungsstellen, wo der Umgangston der Wehrmacht in unangenehmer Weise konserviert blieb, war man nur noch eine Nummer, die nach Vorschrift abgefertigt wurde, ob diese Vorschrift auf das Leiden zutraf oder nicht. Der nächste!

Ich habe keinen gesehen, der aufbegehrt hätte. Zu tief saß der Gehorsam in den Knochen. Jedenfalls in diesem Milieu. Aber auch Hoffnung, ein naiver Glaube, daß es weitergehen werde. Vielleicht gerade weil man nicht ganz heil davongekommen war.

Was das Theater betraf, war ich guten Mutes. Schon in der Schule hatte ich zwar miserable Noten, aber zu allen Anlässen gute Einfälle für Songs oder Sketches, die ich schrieb und mit denen ich auftrat. Sollte sich meine Entdeckung verzögern, wußte ich einen anderen Weg. Ein Spezi von mir, Franz Geiger, war ihn erfolgreich vorausgeschritten. Er führte zum amerikanischen Theateroffizier Captain Gerard Willem van Loon, einer musischen Militärperson von rarem Einfühlungsvermögen in die Mentalität der Besiegten. Aus

diesem Gespür hatte der Captain – als ehemaliger Tänzer im Theatermilieu zu Hause – dem jungen Mann mit einer Empfehlung die Tür zum Generalintendanten der Bayerischen Staatstheater geöffnet.
Gedankenschwer saß Artur Baukner hinter seinem Schreibtisch in der Maximilianstraße. Er gehörte zu jener Garde der ersten Stunde, die von den Nazis aus dem Amt gejagt und von den Amerikanern deswegen als unbedenklich wieder eingesetzt worden war. Der Empfohlene stellte sich vor, wie er glaubte, daß es beim Theater richtig sei: schillernd, dabei bescheiden. Studium der Theaterwissenschaft bei Artur Kutscher, andere Bildungsstationen tippte er nur an. Dramaturgisch wohlbedacht, wollte er den aufrechten Mann selber draufkommen lassen, welchen Riesengriff er mit sofortigem Engagement tun würde. Dem Mienenspiel nach sah der die Chance jedoch nicht. Dutzende von Vorzügen trafen bei geneigtem Kopf am Ohr vorbei, bis er, wie auf einer anderen Ebene schließlich fragte: »Ja, haben Sie denn ein Fahrrad?«
Franzens Elan ging in Klartext unter. »Wieso ein Fahrrad?«
»Es waren schon zwei Herren da, die hatten kein Fahrrad, und ich konnte sie nicht engagieren.«
Eins nach dem andern, dachte der Bewerber. Er besaß kein Fahrrad, sagte aber, er habe eins und wurde umgehend Regieassistent an der Bayerischen Staatsoper. Das ausschlaggebende Objekt lieh er sich von einer Freundin. Es war in der Tat für das Münchner Kulturleben dringend erforderlich. Die Intendanz der Oper bereitete Aufführungen vor. Ihr Haus, das Prinzregententheater, war vom *special service*, der amerikanischen Vergnügungstruppe, beschlagnahmt. Die plante aus dem Stegreif. Deswegen mußte der Regieassistent täglich um drei Uhr nachmittags zum Prinzregenten-

theater radeln, um festzustellen, ob die Besatzungsmacht eine eigene Veranstaltung angesetzt hatte oder ob sie das Haus für den Abend den Deutschen überließ.

Traf dies zu, rief der Regieassistent umgehend beim Rundfunk an, damit man das Ereignis sofort verbreite. Dann hieß es: »Radio München, ein Sender der Militärregierung, gibt bekannt: Heute abend findet im Prinzregententheater … und so weiter … statt.«

Während der Sender das kulturelle Unterfangen ankündigte, radelte der Regieassistent quer durch die Stadt nach Nymphenburg, wo sich in der Hubertusstraße die Dienststelle des amerikanischen Theateroffiziers befand. Dort mußte er Captain Edwards die Liste sämtlicher Mitwirkenden vorlegen und sie gutheißen lassen.

Der Captain hatte eine zweite Liste und verglich. Hielt sein abhakender Bleistift bei einem Namen inne, kam es mitunter zu seltsamen Dialogen.

»Stop. Das geht nicht. Der war Nazi.«

»Ach lassen S' ihn halt singen. Er war ja nur ein ganz kleiner.«

»Dann wollen alle andern Kleinen auch wieder auftreten.«

»Wir brauchen nur den einen. Unser einziger Nicht-Nazi, der die Partie beherrscht, ist stockheiser.«

Edwards zog seine Captainkollegen van Loon und Hahn zu Rate. Es ging sehr leger zu in der Hubertusstraße. Hatte der gelernte Tänzer van Loon, Sohn des holländischen Rubensexperten, besonders gute Laune, konnte es geschehen, daß er mitten im Gespräch aufstand, ein Bein an der Fessel faßte, es bis in die Vertikale über den Kopf hochzog, eine Arabesque und eine Attitude hinzufügte und während er wieder Platz nahm, um in der Sache fortzufahren, befriedigt feststellte: »Geht noch.«

Den drei Captains und dem Kunstradler hatte das Münchner Publikum manchen glanzvollen Abend zu verdanken.

Mir gab Franzls Bericht großen Auftrieb. Ich mußte mich auf die Städtischen Bühnen konzentrieren. Dort würde man an meinem Talent nicht vorbeikommen. Ich besaß ein Fahrrad. Die Tätigkeit als Kunstradler beziehungsweise Regieassistent, wie es offiziell hieß, erschien mir erstrebenswert, um mich mit dem noch fremden Metier vertraut zu machen. Was man zu tun hatte, wenn man nicht gerade strampelte, wußte ich von Franzl.

»Du kommst da auch mit Berühmtheiten zusammen!«

Er sagte es warnend und dachte vor allem an Hans Knappertsbusch. Der Maestro war eines Tages mit Rucksack aus weiser Verschollenheit zurückgekehrt, um die Münchner Philharmoniker zu übernehmen.

»Dann ist da noch so einer ...«, munkelten Angestellte im Theater, »Wehrhöfer oder wie der heißt. Der will unbedingt Intendant werden.«

Es handelte sich um Paul Verhoeven. Er wurde Schauspieldirektor.

Mit Hans Knappertsbusch bekam es der Kunstradfahrer erstmals anläßlich einer konzertanten Darbietung von Opernarien zu tun. Wie ich dabei lernte, oblag es einem Regieassistenten unter anderem auch, den Programmzettel zu verfassen. Das tat der Franzl. Säuberlich führte er die Arien hintereinander auf.

Anderntags wurde auf dem Korridor vor den Büros Gebrüll hörbar. Es kam näher und differenzierte sich zu Worten.

»Wo ist dieser unbegabte Mensch? Wo ist dieser unbegabte Mensch?«

Die Tür wurde aufgerissen, Maestro Knappertsbusch stürmte herein und fuhr den Regieassistenten an: »Wo kommen Sie her? Wer sind Sie überhaupt, daß Sie an der Staatsoper München tätig sind?«

Und er donnerte den gedruckten Programmzettel auf den Tisch. Die Geste forderte zum Lesen auf. Mit jeder Zeile wurde der Zorn des Maestro verständlicher. Die Sammlung von Druckfehlern war reif für das Buch der Rekorde. Komponistennamen wie der auch bei schmaler Allgemeinbildung als bekannt vorauszusetzende von Giacomo Puccini las sich hier in einer merkwürdigen Mischung aus englischer und deutscher Schreibweise Jackomo Putschiner und ähnliches mehr.

»Ich wußt' doch nicht, daß man da Korrektur lesen muß!« erklärte mir der Franzl.

Der Maestro schätzte ihn sparsam. Dennoch behielt Franzl seinen Posten. Das Fahrrad machte ihn unkündbar.

Ein paar Monate später, im April 1946, brachte die Staatsoper *Tosca* neu heraus. Für den Regieassistenten bedeutete das, eine Inhaltsangabe zu basteln, damit Bürger, die das Stück immer noch nicht kannten oder wissen wollten, um was es sich drehte, wenn sie den Gesang gerade nicht verstanden, im Programmheft nachlesen konnten.

Franz gab sich Mühe. Ihm ging es darum, den trockenen Bildungston aus anderen Programmheften zu vermeiden. Er servierte die Geschichte in Form einer flotten Reportage: Besuch der Oper *Tosca* mit einer hysterischen Dame – so oder ähnlich lautete die Überschrift.

Das saloppe Werk wurde tatsächlich gedruckt und stand zur Premiere im Programmheft. Ohne Druckfehler! Als der Maestro davon erfuhr, bot selbst das Fahrrad keine Sicherheit mehr.

Nun wollte der Gefeuerte sowieso zum Sprechtheater.

Während des Krieges hatte er, dank französischer Sprachkenntnisse, einer Dolmetscherkompanie angehört und war mit den Geschwistern Scholl befreundet gewesen. Dafür wurde er nach deren Hinrichtung verhaftet und für achtzehn Monate in der Festung Torgau eingesperrt. Dort kam ihm durch Zufall das Schauspiel *Antigone* von Jean Anouilh in die Hände. Da die Häftlinge lesen und auch schreiben durften, hatte er das Stück gewissermaßen zur Übung übersetzt und dabei seine Schwäche für das Theater entdeckt. Am 25. Juni 1946 brachte das Bayerische Staatsschauspiel *Antigone* in Franzls Übersetzung heraus. Damit erübrigte sich das Fahrrad.
Franz Geiger hat noch manches der zahlreichen Anouilh-Stücke übersetzt.

Endlose Nächte

Eines der wichtigsten Wörter im Umlernprogramm hieß *curfew*. Es betraf die Stunden der Nacht von anfangs neunzehn Uhr, nach und nach zweiundzwanzig Uhr dreißig, bis sechs Uhr früh. Während dieser Zeit durften deutsche Personen nicht einmal über die Straße gehen; es sei denn, jemand wollte sich in Hoffnung auf eine wärmere Unterkunft verhaften lassen. Unter den zahlreichen einschneidenden Verboten war der *curfew* zweifellos eines der einschneidendsten.

Da traf man sich zu einem kleinen, oft sehr kleinen Abendessen in einem Zimmer. Jeder trug etwas dazu bei. Vielleicht sogar Alkohol. Nicht daß der für das Gelingen wichtig gewesen wäre. Das überlebensgroße Mitteilungsbedürfnis sprudelte auch so, sprudelte Ratschläge, Warnungen, Hinweise auf geheime Bezugsquellen hervor, und ein unerschöpflicher Vorrat an Gelächter erhob die Stimmung alsbald weit über die Realität. Schließlich war alles gesagt und belacht. Normalerweise hätte man sich verabschiedet, um hochgestimmt den Heimweg anzutreten. Doch da war es bereits zu spät. *Curfew*.

Statt des Mokkas serviert der Gastgeber Jazz vom amerikanischen Soldatensender AFN. In der Ecke tanzt ein Paar. Man plappert weiter, singt die geläufigen Texte mit, raucht, albert, träumt. Bei fallendem Kalorienspiegel gelingt es, erste Gähnkrämpfe noch als Lachsalven zu tarnen. Doch das Echo wird matter, und der Drang, sich in die Horizontale zu

begeben, wird nach Ende der Nachtsendung *Midnight in Munich* unwiderstehlich. Dabei quoll das Zimmer schon über, als noch alles saß. Rücken krümmen sich, Extremitäten winden sich um Möbel, so gut es geht, man hört Atemzüge. Gleich porösen Fahrradschläuchen sacken abgespeckte Hinterteile sozusagen zum Plattfuß durch. Kälte kriecht von den Zehen ristaufwärts die Waden hoch; Köpfe sinken zur Wärmeanleihe nachbarwärts. Manche versuchen sich mit Küssen und ähnlichen Zuwendungen Temperaturvorteile zu verschaffen, doch die Glühbirne, die sie dafür dezenterweise löschen, hätte mehr Wärme abgestrahlt als ihr gebremstes Schnaufen. Ein Umsichtiger hat sich in einen kleinen Teppich eingerollt, den Mantel als Kopfkissen untergeschoben.
Nur zwei sitzen bei einer Zigarette noch relativ aufrecht am Tisch. Hohlwangig flüstern sie vor lauter Müdigkeit letzte Dinge. Bis ihnen die ganze Welt sauer aufstößt und sie das Thema abrupt wechseln, zu Schweinebraten, Gänseleber, Spargelcremesuppe, Scampi, Emmentaler überbacken, Mousse au chocolat übergehen. Langsam sinken die Köpfe in die Armbeuge auf der Tischplatte.

Damals wurde die Geschichte von zwei *curfew*-Geschädigten belacht. Umschlungen wie sie dahinwankten, mußte man sie, von vorne betrachtet, für Liebende halten oder für Frierende, die Grenze war da fließend, zumal es in dicken Flocken schneite. Von hinten dagegen sahen sie eher nach Ballnachtgespann mit gemeinsamem Heimweg aus. Ihm fehlte die bei der herrschenden Witterung an sich selbstverständliche Kopfbedeckung, nicht aber das Stimmungsvehikel, ein Akkordeon, das er ohne Schutzhülle wie einen Rucksack auf dem Rücken trug. Im Münchner Künstlerviertel Schwabing waren sie gesichtet worden, glasig, aber zielstrebig Kurs auf den Englischen Garten haltend, genauer auf den westlichen Rand desselben, wo erhöht die Silvester-Kirche steht, der um diese Stunde ausgeschlafene Katholiken zustreben. Mit diesen stieg auch das Paar die Treppe zum Portal hinauf.

Will der etwa im Gottesdienst Ziehharmonika spielen? fragten die Blicke der Kirchgänger. Doch nein. An der Duftgrenze zwischen unheiler Welt draußen und Weihrauch drinnen blieb der Alleinunterhalter stehen. Seine Begleiterin tauchte aus der Umarmung, gab ihm einen Kuß, bekreuzigte sich sogleich und verschwand mittelschiffs.

Lautstark kam der Organist zur Sache; Nachzügler eilten, des Zurückgelassenen nicht achtend, in die Geborgenheit gemeinsamen Singens. Ein dumpfes Rollen – die Gemeinde erhob sich. Draußen blieb der Schnee liegen, deckte Trümmer mit frischen Federkissen zu, die Not wurde leiser. Ein Wintermärchen. Gravitätisch standen Straßenlaternen, gleich Eisbechern, von ausladenden Sahneturbanen gekrönt. Auch der Putto neben dem Portal hatte einen merkwürdigen Schneebuckel. Vielleicht war es ein Amor, den Köcher geschultert? Täuschte das Flockenflimmern oder hatte er sich eben bewegt? Nur wenig, wie ein lebendes Bild, das seufzt.

Die Andacht zog sich. Oder die Beichte. Immer mehr geriet der Putto ins Pendeln, langsam aber rhythmisch – ein kopflastiges Metronom. Dazu knarzten seine Schuhe, was bei den fettlosen Zeiten nicht überraschte. Oder kam das Geräusch von weiter oben? Der Mund stand offen, die Augen waren geschlossen. Jetzt knarzte das Portal. Die fromme Fee trat hinaus ins Märchen, bekreuzigte sich noch einmal und bekam einen recht halbweltlichen Lachkrampf.

»Steht da und schnarcht! Du Armer! Komm mit zu mir. Ich mach' uns einen Tee, bevor der Strom wieder abgeschaltet wird.«

Einfälle am Fuss

Was die Fortbewegung anbetraf, hatte sich für Zivilisten seit Kriegstagen nichts geändert. Der begrenzt freie Deutsche ging weiterhin zu Fuß. Nur bei Verhaftung wurde er gefahren. Leder war Mangelware, das Schuhwerk sah entsprechend aus. Man trug, was der Dauerbeanspruchung am besten standhielt. Skistiefel gehörten auch im Sommer zum gewohnten Straßenbild.

In dieser pedalen Notlage taten sich zwei findige Akademiker zusammen. Der Arzt Dr. Klaus Maertens und der Ingenieur Dr. Herbert Funck zogen die erste Nachkriegsschuhproduktion auf. Womit?

Doktor Klaus trug sich in seinem kleinen Haus am Starnberger See schon lange mit der Idee einer Luftpolstersohle. Sein Partner, damals bei ihm untergekommen, wußte einen Flugplatz, wo ausgediente Militärmaschinen standen. Die kilometerlangen elektrischen Leitungen in so einem Zerstörungsgerät steckten in beigefarbenen Schutzschläuchen aus einem Kunststoff namens Mipolan. Außerdem befanden sich an allen möglichen Stellen Gummiplatten, vorzüglich geeignet, Sohlen daraus zu schneiden und sie mit Mipolan zu umranden. Bevor andere mit anderen Ideen die Rohstoffquelle entdeckten, schlachteten die beiden die Flugzeuge gründich aus. Nun hatten sie Sohlen. Die Frage, woher sie das Oberleder nehmen sollten, ließen sie von Freunden und Bekannten beantworten.

Die ersten Schuhe entstanden auf Bestellung.

Wer ihnen Leder brachte, eine alte Damenhandtasche, einen Reithoseneinsatz, eine Lederjacke, bekam ein Paar Maßschuhe zu entsprechend verbilligtem Preis. Ich erinnere mich, 165 Reichsmark bezahlt zu haben, um fortan auf leisen Sohlen davonschleichen zu können, wenn's irgendwo brenzlig wurde.
Rasch sprach sich das auffallende Schuhwerk herum. Unsere Clique trug Funck-Maertens-Schuhe. Bald verarbeiteten sie Militärmäntel aus Leder, vor allem SS-schwarz, das keiner getragen haben wollte, ferner Arbeitsschürzen, Bundhosen, Reisetaschen, Etuis, Sessel- und Autobezüge, Aktentaschen, Lampenschirme, Schreibtischmappen, Ballonmützen.
Als die Zeitschrift »Heute« die beiden Erfinder auf dem Titelblatt brachte und in ihrer Serie *Leute mit Ideen* seitenlang würdigte, wuchs sich die Nachfrage zur Epidemie aus. Der umrundende Mipolan-Wulst wurde zum ersten Schrei wiedererwachter Eleganz. Wer auf sich hielt, schlich Funck-Maertens-verwöhnt. Das Erfinderduo nahm gewissermaßen die hydropneumatische Federung beim Auto vorweg, es verwirklichte die Luftpolstersohle und arbeitet noch heute zusammen.

Obwohl der Rohstoff Leder schwierig zu beschaffen war, blieben sie nicht die einzigen, die das Niveau der Nation unterhalb des Knöchels anhoben. Konkurrenz, wenngleich bescheideneren Ausmaßes, aber auf adäquatem Einfall beruhend, drängte auf den Markt. Der Krieg hatte zwei Estinnen, zweiundzwanzig und fünfundzwanzig Jahre jung, von ihren Eltern getrennt und nach Bayern verschlagen. Die jüngere der beiden Schwestern landete in den Armen eines Malers, dessen Phantasie sich vornehmlich in Faschingsdekorationen austobte, später in Bühnenbildern fürs Fernsehen: Jörg Wisbeck nahm die Mädchen bei sich auf. Bombenkrieg und nahende Front beendeten die Romanze. Der Beherberger mußte sich um seine Mutter kümmern und dampfte, von den beiden Estinnen mit Proviant aus eigenen, schmalen Lebensmittelrationen versehen, ins Allgäu ab. Sie konnten einander weder schreiben, noch telefonieren, und so fand er, Monate später, bei seiner Rückkehr in die Stadt, im genauen Wortsinn veränderte Verhältnisse vor. Die Mädchen nahmen ihn mit Freuden in seiner Wohnung auf. Ihre Lebensumstände hatten sich beträchtlich verbessert. Sie tischten ihm ein Essen auf, dem er schon bei den ersten Bissen entnahm, daß sein Bett von der Besatzungsmacht beschlagnahmt sein mußte. Gegen Abend kam der Usurpator in amerikanischer Uniform, ein humoriger Mann, ohne Gockelgroll. Männlich-solidarisch freute er sich, seinen Vorgänger kennenzulernen. Schließlich hatten sie ja den gleichen Geschmack.

Das Privatleben der älteren Schwester blieb undeutlich. Freund Jörg wunderte sich nur über das seltsame Geschenk, das der Amerikaner ihr mitbrachte: zwölf Paar Boxhandschuhe. Ihre Freude darüber machte alles nur noch unverständlicher. Sie fiel dem Captain um den Hals und juchzte, als habe er ihr einen Brillantring an den Finger gesteckt.

Es wurde ein langer Abend. Aus dem Radio tönte der Soldatensender AFN, bei Whisky und amerikanischen Zigaretten erzählten sie einander, wie es ihnen ergangen war. Die Ältere sprach wenig. Sie saß dabei und schnitt die neuen Boxhandschuhe auf, sezierte sie förmlich. Ihre Fertigkeit verblüffte: sie machte das sichtlich nicht zum ersten Mal. Behutsam legte sie die Häute in einen Korb, die Füllungen türmten sich in einer Schachtel, die langen Schnürsenkel

zusammengerollt auf dem Tisch. Alles geschah ohne Hast, wie in früheren, bürgerlichen Zeiten bei Muttern.
So empfanden wohl auch die jüngere Schwester und der Captain. Sie schauten ihr zu, verloren aber kein Wort darüber. Jörg hätte gern gefragt, was es damit auf sich habe, doch er unterließ es. Handarbeit schafft Geborgenheit. Man hat das Gefühl, alles geschieht zum Besten der Familie, zu der auch er gehörte, wie sein Nachfolger. Die nostalgische Stimmung wollte er nicht stören.
Lange nach Mitternacht war die Handarbeit beendet, die Mutterrolle aber blieb der Älteren. Sie richtete das Bett für den Gast, der nicht mehr so recht wußte, ob ihm die Wohnung noch gehörte, richtete es auf der Couch, seinem zukünftigen Lager, wie einem heimgekehrten Sohn. Und er dachte zurück an die gar nicht ferne Zeit, da er die beiden Flüchtlinge aufgenommen hatte. Von Fürsorge und Whisky gewärmt, schlief er ein.
Anderntags nach dem Frühstück mußte die Mütterliche weg. Geschäftlich, wie sie sagte. Anschließend gehe sie einkaufen. Der Hinweis genügte Freund Jörg, Neugier und Hilfsbereitschaft zu synchronisieren. Er begleitete sie, trug ihr den Korb mit dem Leder. Ein paar Straßenecken weiter hatte sich ein alter Handwerksmeister in einer Baracke eingerichtet. Zu ihm gingen sie. Auf den ersten Blick mochte man meinen, man befinde sich in einer Behelfsgerberei. Nur der mit diesem Gewerbe verbundene Geruch fehlte. Überall an den Wänden hingen, wie Kleintierhäute zwischen Nägeln gespannt, aufgetrennte Boxhandschuhe. Der Meister unterbrach seine Arbeit, er nahm die angelieferten Häute, tauchte sie in Wasser, bis sie sich vollgesogen hatten und spannte sie zum Glätten an die Wände, wo sich ein freier Fleck finden ließ.

Schuhmachermeister war er, wie sein Arbeitsplatz verriet, und fertigte aus dem feinen Leder elegante Damenschuhe mit hohen Absätzen aus Holz, das er überzog.Wer ihm die dünnen Sohlen lieferte, blieb unerwähnt. Vielleicht wurden sie gegen Sofakissen eingetauscht – eine Nebenproduktion des Mädchens, um die Füllungen der Handschuhe zu verwerten.

Die merkwürdige Kollaboration mit dem Captain als Hauptrohstofflieferant klappte zuverlässig. In der US Army fürchtete man, die Soldaten könnten nach dem Sieg in der Etappe verweichlichen, und verordnete ihnen viel Sport. Das erforderliche Gerät wurde den Einheiten auf Anforderung geliefert. Jeden Monat bestellte der Captain Boxhandschuhe, mindestens ein Dutzend, und hatte davon bald mehr als Untergebene, zu deren Ertüchtigung er sie hätte einsetzen können. Verdacht kam trotz bürokratischer Abwicklung mit besonderen Formularen nicht auf. Verwaltung verwaltet. Für das Erkennen von Unvernunft ist sie nicht zuständig.

Solange der Schuhmacher nicht krank und der Captain nicht versetzt wurde, blühte das Geschäft. Es blühte, bis die Zeiten sich besserten. Der Captain kehrte in die USA zurück. Er nahm die jüngere Schwester mit und heiratete sie. Auch die Ältere heiratete, aber ihre Spur verlor sich.

Die Jüngere kam ein Jahrzehnt später nach Deutschland und besuchte ihren alten Freund Jörg. Fotografien zeigten sie in geordneten Verhältnissen, mit drei netten Kindern und einem schönen Haus. Doch sie kam allein. Ihr Mann, der Captain, hatte es im Koreakrieg zum Major gebracht und war dort gefallen.

Kulinarische Gerüchte

In der Ismaningerstraße soll's Kartoffeln geben!«
Kaum ein Tag verging, an dem nicht Gerüchte wie Lauffeuer durch die Stadt flackerten. Irgend jemand hatte irgendwo etwas läuten hören und gab es weiter. Offiziell war das nicht. Andererseits, was war schon offiziell, wenn es sich um einen Vorteil handelte? Die Zeitungen gaben bei einem Umfang von zwei Seiten keine Hinweise dieser Art, der Rundfunksender auch nicht.
»In Pasing soll's Briketts geben!«
Wo bitte? Pasing war groß und der Weg dorthin weit. Wer konnte ein Interesse daran haben, andere zu verständigen, statt alles für sich und die Seinen auf die Seite zu schaffen? War die Menge zu groß? Was gab es schon in großen Mengen? Man glaubte es nicht, dennoch ging man hin, um sich keine Vorwürfe machen oder anhören zu müssen, falls etwas dran war an dem Gerücht. Man mußte es versuchen und nahm das Wichtigste mit: Rucksack, Leiterwagen oder Fahrrad.
»In Riem soll's Salat geben!«
Jeder, der mit dem Flugzeug in München ankommt, weiß, wie weit vor der Stadt diese Ortschaft liegt. Auch die beiden Mädchen Susanne und Eva, die dem Gerücht umgehend folgten, wußten es. Man mußte schnell dasein; lange reichten die Vorräte nie.
Die beiden radelten los. Besatzer in Jeeps und größere Militärwagen überholten sie; ihre Zurufe verstanden die Mäd-

chen glücklicherweiche nicht. Hinter der Sorge, nicht abgedrängt und angehalten zu werden, immer noch die Möglichkeit zu haben, in ein Haus, eine Seitenstraße, einen schmalen Weg zu entwischen, traten alle sonstigen Wahrnehmungen zurück. Dank ihrer Geschicklichkeit erreichten sie Riem, wo Massen von Menschen eilig in eine bestimmte Richtung strebten. Ein gutes Zeichen, geographisch wie materiell.

Bis zum Ende der Schlange fuhren sie ihnen nach. Beim Alten Wirt sperrten sie die Räder mit Ketten an einen Zaun und reihten sich ein. Tatsächlich, weit vorne sahen sie Leute mit Salatköpfen weggehen. Eine hatte nachgerechnet. »Wir sind ungefähr die Siebzigsten.«

Sie konnten nur hoffen und hatten ausgiebig Gelegenheit dazu. In der Schlange überwog das Thema, das sie aus anderen Schlangen kannten: was man jetzt essen würde, wenn man frei wählen könnte. Insbesondere Frauen in fortgeschrittenen Jahren walzten es zu theoretischen Kochkursen aus, bis in die kleinsten Prisen feinster Kräuter sowie flüssiger Zutaten.

Es war die große Zeit der Küchenakribie, des endlosen Schwatzens über haushälterische Fähigkeiten, ein verzweifeltes Elitedenken in halben Teelöffeln, Messerspitzen und abgezählten Tropfen, bei kleiner Flamme. Später im Wohlstand folgte ein anderer Daseinsschwerpunkt: die Krankheiten, die ebenso minuziös geschildert werden, um sich mit dem Erlittenen aufzuwerten – wie es am Stammtisch gewisse Veteranen tun.

Andere Frauen trumpften mit Glücksfällen auf, hatten angeblich Olivenöl ergattert und einen ganzen Sack Mehl. Nicht auf dem Schwarzmarkt, allein durch eigene Tüchtigkeit.

Darüber verging die Zeit. Die beiden Mädchen rückten näher und erhielten nach einer guten Stunde das, wofür sie sich aufgemacht hatten: je einen Kopf Salat. Auf dem Rückweg zu den Rädern ertappten sie sich bei Geschwätz über die Zubereitung des damit anzureichernden Menüs.
Leider hatte sich der Aufwand nicht gelohnt. Zwar hing die durchgezwickte Kette noch am Zaun, doch ein Rad fehlte, ausgerechnet das mit neuwertiger Bereifung. Für die Betroffene brach eine Welt zusammen, ihr ganzes Leben würde sich verändern. Ohne Rad glich der Mensch einem Bezugsberechtigten für eine halbe Lebensmittelration.
Auf dem verbliebenen Rad strampelten die beiden mit ihren Salatköpfen bei abwechselnder Tretarbeit zurück. Besatzer fuhren vorbei, machten unflätige Bemerkungen, hielten aber nicht.
Bei einer der zahlreichen Verschnaufpausen fuhr wieder ein Jeep mit Soldaten vorbei. Plötzlich wurde Eva am Kopf getroffen. Ein Stein? Ein Schuß? Im ersten Augenblick dachte sie, es sei das Ende, bis Susanne ein Päckchen entdeckte, das neben ihr im Gras lag, ein Päckchen amerikanischer Drops.
Der Schock, verursacht durch den ungeschickten Samariter, erwies sich als heilsam. Er beendete die Trostlosigkeit. Mit klebrigen Fingern, Süßes im Mund, konnten beide wieder lachen.

»Tageszeiten der Liebe«

Mein Drang zur Bühne wurde von einem Zufall begünstigt. In dem Haus, in dessen Fundament ich hauste, wohnte der Schauspieler Heinrich Sauer, ein großer, dunkler Mann mit verträumten Mandelaugen, gemeißelten Händen, ein mutmaßlicher Italo-Inder von verhaltenem Feuer und *der* Magnet fürs weibliche Publikum der Münchner Kammerspiele. »Hei«, wie er genannt wurde, trug einen kunstvoll geschlungenen Schal, als sei er Sänger und müsse seine Kehle warmhalten. Er war der letzte Regieassistent des legendären Otto Falckenberg gewesen, dem das Theater seinen guten Ruf verdankte. Hei trat behutsam auf und leise. Oft wirkte er abwesend, als hätten Ideen Macht über ihn, die erst noch zu Ende gedacht werden müssen. In Wirklichkeit, beziehungsweise in der Wirklichkeit dachte er sehr praktisch und taktisch. Lautlos gelang es ihm, mich in den Theaterbetrieb einzuschleusen, wo man keineswegs auf mich gewartet hatte.

Tageszeiten der Liebe hieß das Stück von Dario Niccodemi, das er ab März 1946 mit Inge Birkmann spielte, dunkel auch sie, feingliedrig – ein »undeutsches« Paar auf der Nachkriegsbühne. Abstecher waren geplant, nach Landsberg unter anderem, in das uralte Theater. Wie die meisten Zwei-Personen-Stücke kam auch dieses nicht mit zwei Personen aus. Da gibt es dann Telefonanrufe, oder jemand klingelt und wird hör-, aber nicht sichtbar abgefertigt, eine Stimme ruft einen Darsteller von der Bühne, Musik klingt auf, ein

Geräusch schreckt die Akteure – lauter unsichtbare Aufgaben, die Hei mir zur Bewältigung übertrug. Bis auf eine weibliche Stimme hinter der Bühne. Die hatten wir original dabei. Neben den Geisterauftritten oblagen mir die Reiseleitung, der Korb mit den Requisiten sowie die sogenannte Inspektion, die Verantwortung für reibungslosen Ablauf der Vorstellung – ein Engagement auf Bewährung.

Bewußt wurde mir's nicht, und das war gut so. Man kann gar nicht wenig genug davon merken, wenn man gefordert wird, um krampflos zu bestehen. Nachträglich wurde klar, daß es vielen von uns ähnlich erging. Die blassen Aussichten, überhaupt etwas zu werden, das jahrelange Training mit Befehlen, Willkür, Katastrophen zu leben, hatte uns Unbekanntem gegenüber leichtherziger gemacht. Mangels anderer Möglichkeiten nahmen wir, was kam, sportlich. Irgendwie ging's dann auch.

Die gängigen Schwierigkeiten, in diesem Fall, wie wir hinkamen, wo wir wohnten, was wir aßen, wie oft wir froren, werden von der Erinnerung nicht mehr freigegeben. Allenfalls noch Schlemmereien oder komische Begebenheiten im Zusammenhang mit dem damaligen Hauptthema, dem Essen.

Gegessen wurde auch auf der Bühne. Ungeachtet der Zeiten hatte Hermann Schultze-Griesheim, Regisseur und Ehemann der »Birke«, wie sie in Schauspielerkreisen genannt wird, ausgerechnet ein Glas Marmelade an einer besonders dramatischen Stelle eingebaut. Daraus naschten die beiden Darsteller abwechselnd und vom selben Löffel, zur optischen Ankündigung beginnender Intimität. Ich hielt das Glas stets unter Verschluß und mich selbst zurück. Als ich es in Landsberg während der Pause in die Dekoration auf seinen Platz stellen wollte, war es leer. Eine Katastrophe. Wie sollten die

beiden die sorgfältig geprobte Tändelei überbrücken? Woher nachts Marmelade nehmen? Die gab's ja schon bei Tag nicht.
Es blieben ungefähr fünfzehn Minuten, in denen weder Ziehharmonikaspiel, noch Stimmen oder Geräusche aus dem Haus anfielen. Mit dem klebrigen Glas stürzte ich mich als männliches Mädchen für alles ins stockdunkle Landsberg. Wenn ich Glück haben sollte, dann mußte es in nächster Nähe zu finden sein. Vielleicht bei dem matten Licht schräg gegenüber. Der Fall mit der Tür ins Haus endete glimpflich. Leider nicht für das Marmeladenglas.
Derart dicht beim Einlaß darf seit Erfindung der Baupolizei keine Treppe mehr beginnen! Seltsam, mit welch unnötigen Gedanken das Unterbewußtsein Eile erträglicher zu gestalten trachtet.
Oben im dunklen Flur eine Lichtritze. Die Hand findet die Klinke, drinnen sitzt eine umfangreiche Familie beim Essen und vernimmt, ohne zu erschrecken, den Notruf: »Kinder, entschuldigt, wir brauchen dringend Marmelade für den zweiten Akt. Ihr kriegt morgen alle Freikarten.«
Es war Samstagabend, das Versprechen keine Notlüge. Sonntagnachmittagsvorstellungen pflegen nicht unbedingt vor Fülle zu strotzen, und Überraschungen der milden Sorte haben gerade in schlechten Zeiten durchaus ihren Reiz. Die Familie zeigte sich mit dem Kulturangebot einverstanden, eine Tochter brachte das Gewünschte, Selbsteingemachtes mit Stoffhäubchen von einem Bändchen gehalten. Die Kostbarkeit wie ein Porzellanexperte fest in beiden Händen haltend, voll Dank, Kartenlieferung zusagend und warnend: »Vorsicht, drunten liegen Scherben!« verschwand ich offenbar gutartiger Irrer.
Auf der Bühne waren die *Tageszeiten der Liebe* bis zum

mittleren Nachmittag vorgedrungen. Eine Stimme aus dem Haus wurde fällig, eine kurze musikalische Untermalung, dann würde sich das Spiel zum Gartentisch verlagern, wo das Glas mit Marmelade stehen sollte, aber noch nicht stand. Ich suchte nach einer Latte hinter der Bühne, um es diskret hinauszubefördern, scheiterte damit aber ebenso, wie an der Möglichkeit, es mittels psychokinetischer Konzentrationskraft selbständig auftreten zu lassen.
Verzweifelt sah ich mich um. An einem Balken neben dem Vorhangzug hing in dem uralten Bau ein schwarzes Schäfercape, darüber ein wallender Bart mit Gummiband sowie ein Schlapphut. Ein schulterhoher Hirtenstock lehnte daneben.
Da sich das ganze Stück im Garten abspielte, könnte ein Weg vorbeiführen, überlegte ich, ein öffentlicher Weg und, dramaturgisch vertretbar, auch begangen werden. Beginnendes Liebesspiel durch Passanten zu unterbrechen, gilt ja als spannungssteigernd. Obendrein bildete der klapprige Schäfer zu den Liebenden, im Vollsaft ihrer physischen Möglichkeiten, eine hübsche Allegorie der Vergänglichkeit. Daß er bemitleidenswert hinkte, lag weniger an meinem unterentwickelten Darstellungstalent, sondern hing mit dem ungewohnt schrägen Bühnenboden zusammen. Solche Böden waren im 18. Jahrhundert der Perspektive wegen üblich.
Mancher Zuschauer mochte den Alten für einen Bettler halten, der sogleich um eine milde Gabe bitten würde. Doch er wollte nicht nur nichts, er brachte vielmehr etwas, das er, fürs Publikum unsichtbar, unter seinem Mantel hervorzog, auf den Tisch stellte und sich dann trollte.
An diesem Abend dehnte sich die Tändelei zur Überlänge. Die neue Marmelade schmeckte wesentlich besser als die

alte. Gewiß, der Zwischenfall war nicht weit entfernt von sogenanntem Schmierentheater. Doch das versuchte ursprünglich auch nichts anderes, als Nöte in Tugenden umzumünzen, damit das Stück weitergehe. In diesem Fall hat die Marmelade zu einem festen Engagement geführt.

Tantal-Girlanden

Es ging aufwärts, langsam, aber stetig. Man merkte es nicht unbedingt im Kochtopf, doch an allerlei nicht Eßbarem. Eine Straßenbahnlinie wurde wieder in Betrieb genommen, ein Kino eröffnete, es gab plötzlich Zeitungen, wenn auch von der Stärke eines Extrablatts, und sogar Statistiken gab es schon wieder – für ein Beamtenland deutliches Zeichen von Gesundung. Eine dieser Statistiken stellte das Durchschnittsgewicht der Bevölkerung fest:

Männer zwischen 20 und 39 Jahren	64,41 Kilogramm
Frauen zwischen 20 und 39 Jahren	54,84 Kilogramm
Männer zwischen 40 und 59 Jahren	59,08 Kilogramm
Frauen zwischen 40 und 59 Jahren	50,08 Kilogramm
Männer über 60 Jahre	59,37 Kilogramm
Frauen über 60 Jahre	50,37 Kilogramm

Amtlich lapidar wurde nur bei älteren Personen eine geringfügige Unterernährung festgestellt. Daß es in dieser Zeit keine Magengeschwüre gab, hätte in eine andere Statistik gehört und blieb daher unerwähnt.

Immerhin, keiner hungerte, ohne zu frieren. Wenn trotzdem eigentlich niemand erfroren ist, dann dank der Behörden. Die Amtsstuben glichen Wärmestuben, in denen man sich nicht nur aufhalten konnte, sondern mußte, tagelang, wochenlang, mantelfrei. Parteienverkehr heizt ja auch.

Mein Wintermantel bedeckte zwei Schultern, die ich nicht kannte. Die dazugehörigen langen Finger hatten ihn gegriffen, in einer Amtsstube, während ich im Papierkrieg, der

noch lange nicht zu Ende war, meinen Mann stand. Glücklicherweise besaß ich einen zweiten Mantel. Der war zwar etwas kurz und hatte keine Ärmel. Kleinlich betrachtet bestand er aus zwei zusammengenähten Schals, doch ich verlängerte ihn, indem ich die Schultern hochzog, die Hände mit durchgedrückten Ellbogen in die Hosentaschen gestemmt – bei Kälte eine durchaus natürliche Reaktion.
Der einzige Mantelfreie war ich ohnehin nicht. Vor allem die Amerikaner trugen keine Mäntel oder nur selten. Sie bevorzugten kurze Wege. Vom überheizten Club ins überheizte Auto, in die überheizte Dienststelle. Das Siegerpolster zwischen Uniform und Rippen wärmte sie ausreichend. Schließlich ging es auch mit der Jahreszeit aufwärts. Die Sonne übernahm die Heizung der Räume. Bei meinem Zimmer allerdings nicht vor Mariä Himmelfahrt. Eigentlich paßte die Bezeichnung Unterkunft besser, oder nur Kunft, zu drei Vierteln unter der Erde. Ich schätzte meine Kunft nach dem altgriechischen Motto: Wer gut verborgen war, hat gut gelebt. Abends hätte es ohne die Geselligkeit im Haus etwas ungemütlich sein können.

War der Abzug des Ofens verstopft, hatte sich das letzte Stück Holz, Torf oder Brikett in Asche aufgelöst, heizte man in unserer Clique mit Boris. Man suchte den immer Heiteren, immer Hilfsbereiten auf und erfuhr Tröstliches. Überlebensprobleme, die sich technisch lösen ließen, waren für ihn keine. Boris löste so ziemlich alles technisch, und sei es auf dem Tauschweg.
An manchen Nachmittagen glich sein extrem längliches Zimmer einer Wärmestube für Freunde. Das korridorhafte Raummaß war nicht Zufall, sondern Absicht. Es hing mit seiner Erfindung zusammen. Diese beruhte auf der seltsa-

men physikalischen Formel: Wärme = Länge. Und zwar doppelt. Wärme, von amerikanischen Graden, durchzog sein Zimmer fühl- und sichtbar. Im Durchhang den Tragseilen der Golden-Gate-Brücke vergleichbar, schwangen sich zwei dunkelrot glühende Drähte über den Köpfen von einem zum andern.
Wie simpel! dachte der Besucher, schon entschlossen, sein schwaches Elektroöfchen zu zerlegen und die Heizspirale als Wäscheleine aufzuhängen.
»So einfach ist das nicht!« schränkte Boris ein, der mit kurzem Blick den Gedanken erriet. Ein normaler Kupferdraht beispielsweise müßte fünfzig bis huntert Meter lang sein, um die vorhandene Spannung überhaupt aufzunehmen, ohne durchzuglühen, erfuhr der Besucher. Was er hier in elegantem Schwung hängen sah, war nicht irgend etwas, vielmehr ein Produkt mit besonderen Eigenschaften, nämlich TANTAL-Widerstandsdraht.
Aus begründetem Mißtrauen gegen Hitlers Feldherrenkünste hatte sich der umsichtige Schwabe rechtzeitig eine Rolle besorgt. Tantal lieferte auf soundsoviel Zentimeter soundsoviel Ohm. Man konnte daher berechnen, wie lange die Leitung im Verhältnis zum Kubikinhalt des Raumes sein mußte, um ein angenehmes Klima zu schaffen. Ein weiterer Vorteil des Tantal-Drahtes bestand in dem niedrigen Stromniveau, auf dem er dank ausgedehnter Oberfläche wärmte. Die Sicherungen sprachen noch nicht einmal an.
Nach solchem Schnellkurs in Krisenmanagement blieb dem Besucher die kleinlaute Frage, ob er in seiner Eisdiele mit Boris als Drahtzieher rechnen könne. Boris versprach's nicht nur, er kam auch, ohne die freundschaftliche Geste mit Bedingungen zu verknüpfen. Die Zahl der Tantal-Verwöhnten reichte bis zum Ende der Rolle.

In der *heure bleue* gemütlich unter dunkelroten Tantal-Girlanden beim Tee zu sitzen, bedeutete Luxus und ästhetischen Reiz zugleich. In dieser Geborgenheit fiel es leichter, sich die Schritte zu überlegen, die nötig waren, um den nächsten Tag zu bestehen.

Midnight in Munich

Alles Unglück, das der Mensch mit seinem Kopf beständig anrichtet, muß er mit rhythmischen Schwingungen des Zwerchfells abfangen, um es ertragen zu können. Jedes Lebensgefühl äußert sich musikalisch. Priester und Schamanen versammeln ihre Gläubigen zu gemeinsamem Gesang, damit sich wieder einpendle, was Wille und Ehrgeiz einzelner aus dem Gleichgewicht gebracht haben. In Musik gehüllt sind wir nicht allein, in Rhythmus geborgen mit der Stimme als Ventil, halten wir alles aus. Singend gingen die Christen im Forum Romanum in den Tod. Regimenter und Armeen folgten ihnen, denn leider haben sich auch Politiker und Militärs dieses archaischen Rezepts bedient. Nationalhymnen sind für mich in Töne gegossene Kriegerdenkmäler.

Nach der Todesdroge zynisch-flotter Märsche führte die Musik der Unterdrückten die Menschen wieder zusammen. Wir haben es erlebt, im Jazz. Aus Sklavenliedern, auf den Baumwollfeldern in den Südstaaten entstanden, hat er den Aufbruch der Minderheiten in aller Welt artikuliert, die Grenze zwischen Rassen, das Verbot der Fraternisation weggetrommelt.

Musikalisch betrachtet, ist es nur ein kleiner Schritt von der Unterdrückung zur Freiheit. Mit dem Zwei-Viertelrhythmus des Marsches schüchtert Staatsgewalt zum Gehorsam ein, beim Vier-Viertelrhythmus, in den man aus dem Zwei-Viertelrhythmus nahezu unbemerkt hinübergleiten kann,

verpufft jeder Kampfgeist, entkrampft sich der Mensch und schwingt brüderlich mit allen andern im Kollektiv.
Wir haben's erlebt. Wir haben herumgehorcht und uns dazugemogelt, wenn sich die Jazzmusiker trafen, nachts, nach Beendigung ihrer Engagements, Amerikaner und Deutsche, um miteinander zu spielen. Nicht zum Tanz, nicht für Publikum, nur zum eigenen Spaß, musikantisch in freier Improvisation, ohne Noten, ohne Gage, ohne zeitliche Begrenzung.
Jam Sessions nannten sich diese Entdeckungsreisen ins Reich der Töne. Hier wurde der Jazz als lebendige Sprache vorangetrieben, neue Gruppierungen, neue Ausdrucksformen, neue Harmonien entwickelten sich von selbst.
Aus Variationen über ein bekanntes Stück entstand mitunter ein neues. Da legte einer ein Thema vor, ein anderer übernahm es oder antwortete, ein dritter widersprach. Es kam zu hinreißenden Instrumentaldialogen, bis sich die Beteiligten schließlich einigten und harmonisch kühn im Satz, ohne Unterschiede der Hautfarbe oder Nationalität, ihre Übereinstimmung auskosteten, wieder und wieder, weil es so schön war.
Wer nichts mehr dazu sagen wollte, trat in den Hintergrund, wippte oder klatschte den Rhythmus mit, andere sprangen ein, bliesen sich energisch nach vorn und lösten mit neuen Themen neue Diskussionen aus. Einer sang, ohne Text, in rhythmischer Phantasiesprache, Pianisten, Gitarristen, Bassisten wechselten sich ab. Minutenlang spielte einer allein, bis andere sich dazugesellten, plötzlich waren es zehn, zwanzig, dreißig, dann wieder nur drei. Alle erdenklichen Kombinationen ergaben sich, aber nie eine Pause. Wechselnde Rhythmen hielten die Sonnengeflechte in Schwingung. Wie bei einem afrikanischen Stammesritual war al-

lein die ordnende Kraft des Unterbewußtseins am Werk. Dann am Morgen entstieg die Seele heiter dem musikalischen Bad, tauchte das Bewußtsein erfrischt aus der Trance. Mit sich selbst im Lot, ohne den leisesten Anflug von Müdigkeit, vielmehr wie eine frisch geladene Batterie, kehrte jeder zu seinen Problemen zurück, die ihm kleiner erschienen nach solch heidnischer Nacht. Die Trommelschläge aufs Zwerchfell, voodoohaft über Stunden, machten uns das Jazzverbot der Nazis verständlicher. Ihre Angst war begründet. Auf kopflastige Europäer wirkt so eine *Jam Session* wie ein Purgativum gegen verquere Ideologien.
Bevorzugte Stätte nächtlicher Reinigung war der »Weinbauer« im Villenvorort Grünwald, eine bayrische Gastwirtschaft im Rustikalschick, die es heute nicht mehr gibt.
Irgend jemand sagte, und das meist sehr spät: »Heut nacht geht's wieder rund im Weinbauer!«
Die Nachricht kam einem Alarm gleich. Man verständigte andere, organisierte gemeinsam ein Transportmittel und machte Umwege. Wer ein Instrument beherrschte, sollte dabeisein, ob er schon schlief, möglicherweise nicht allein, spielte keine Rolle. *Jam Session* hatte Vorrang. »Max, steh auf und nimm dein Rohr!« Diese Aufforderung, durch den Spalt eines angelehnten Parterrefensters in Giesing geflüstert, galt Max Greger.
»I kimm schon!« antwortete er ohne Rückfrage, reichte den Kasten mit dem Saxophon heraus, zog sich an und kletterte hinterher.
»Der Rex Stewart is da!« eröffnete ihm der, auf den er sich setzte. Auf uns anderen saßen schon andere, samt Gerät. Zwei Instrumentenkoffer flankierten den Kopf des Fahrers wie Scheuklappen, unter einem schlanken Posaunenetui betätigte er den Schaltknüppel, der Gasfuß erreichte das Pe-

dal über eine Trommel hinweg, die vor dem Sitz stand. Rechts und links saß je einer auf dem Rahmen der Türfenster, die Finger in die Dachrinne eingekrallt – auf zehn Kilometer gerade noch verkraftbar. Um mit Rex Stewart, dem berühmten Trompeter aus der Duke-Ellington-Band, zu spielen, hätte man sich auch auf die Kühlerhaube gelegt und an den Scheibenwischern festgehalten.

Im Weinbauer lief die *Jam Session* bereits auf heißen Touren. Die Nachzügler packten ihre Instrumente aus.

»Küche-Stube mit Starnberger Mittelteil!« weihte sie einer in das Geschehen ein. Die Information erübrigte sich, alle wußten Bescheid und machten sofort *ein Faß auf*.

Solche Sprachbilder aus dem noch jungen Idiomfundus deutscher Jazzler erinnerten an den Jargon der ehemaligen Obergefreiten, den sie als legitime Erben weiterpflegten. Da gab es üppige Blüten, die für Laien entschlüsselt werden müssen, wie etwa diese: »Als der Bierfiedler merkte, daß sein Zahn auf dem Gartenzaun stand, hat er sich stocksauer in die Fichte verkrallt. Das war vielleicht eine Zentralschaffe.«

Frei übersetzt ist damit ein Geiger gemeint, dem nicht entging, daß seine Freundin dem Harfenisten schöne Augen machte. Seine Eifersucht übertrug sich zur Belustigung aller auf sein Geigenspiel. Um im Bilde zu bleiben, *sägte er einen besonders herben Darm.*

Der vermeintlich innenarchitektonische Hinweis betraf die Musik. *Küche-Stube* besagte, daß es sich um die sogenannten Boogie-Harmonien, um den Wechsel von Tonika, Unter- und Oberdominante handelte. *Starnberger Mittelteil* bedeutete freies Mitschwimmen im Harmoniepulk, wenn einem von dem Stück nur der Refrain geläufig war, bis man sich nach drei, vier Wiederholungen neben der Galionsfigur Rex Stewart auch in diesem Abschnitt zurechtfand.

Es ging sehr demokratisch zu. Jeder durfte als Solist brillieren, nickte, wenn ihm nichts mehr einfiel, einem Kollegen zu, worauf der einstieg und den nächsten Chorus oder deren mehrere übernahm. Je nach Anzahl der gerade Mitspielenden dehnte sich manche Nummer bis zu dreißig Minuten aus, und aus dem Schlußakkord zog einer mit der nächsten davon.

Als in jener Nacht der heute wohlbestallte Bandleader Hugo Strasser – kein Turniertänzer, der ihn nicht kennt – mit seiner Klarinette »Bei mir biste scheen« intonierte, brannte die Begeisterung mit mir durch. Nach dem fünften Chorus stürmte ich zu den Profis, um mich als Sänger zu produzieren. Ich kannte neben dem englischen Originaltext die jiddische Version »Bei mir biste mies«.

Mit diesem Stück verband sich eine Geschichte, die meine Einmischung erklärt. Sechs Jahre zuvor hätte es mir beinah die Versetzung zu einer Strafkompanie eingebracht. Ich war damals Oberfunker in der Münchner Nachrichtenkaserne und besuchte an den Wochenenden regelmäßig mit Freunden, die noch nicht eingezogen worden waren, »Papa Steinicke«, ein Schwabinger Lokal nahe beim Siegestor. Es gab dort eine Bühne, und wer Lust verspürte, trat auf. Der Protagonist des Etablissements hieß Walter Hillbring, Kabarettist und Schwabinger Original mit Picassoschädel, stets in elegantem Doppelreiher. Er rezitierte vorzugsweise Ringelnatz, sein baltischer Akzent war unüberhörbar. Unter anderen machte auch ich mit Lust und Akkordeon erste öffentliche Gehversuche als Artist. Meine Jazzparodien fanden ermutigenden Beifall und konnten, falls sich je ein Nazi in das Lokal verirren sollte, gerade noch toleriert werden. Parodie besagt ja, daß man sich angeblich lustig macht. Tatächlich jazzelte ich, und das in Uniform. Die trug ich auch in jener langen Nacht, als mich, Stunden nach meinem Auftritt, Freunde baten, zum Ausklang noch einmal die geliebte verbotene Musik im Schafspelz der Parodie darzubieten. Am Tisch sitzend, entsprach ich ihrem Wunsch, versank mehr und mehr im Spiel. Ab und zu wurde mein englischer Gesang unterbrochen, wenn einer mich mit Alkohol neu auftankte. Ein Mädchen steckte mir eine rote Rose ins »undeutsche« schwarze Kraushaar, ich dankte in Jiddisch: »Bei mir biste mies, do host zwei linke Fieß, bei mir biste mies wie de Welt …«

Freude macht unvorsichtig. Die Geschichte, daß da einer im grauen Rock der großdeutschen Wehrmacht jiddisch gesungen hatte, mit einer Rose im Haar, ging herum.

Am darauffolgenden Wochenende zeigten sich die Folgen bereits huntert Meter vor dem Lokal. Die Kellnerin holte mich an der Trambahnhaltestelle ab.

»Kehren S' schnell um! Die Gestapo ist da. Sie haben schon g'fragt, ob der Ziehharmonikaspieler wieder kommt.«

»Gestapo?« wunderte ich mich. »Woher wissen Sie das denn?«

»Das sieht man. Am Haarschnitt und an allem. Zu dritt san s'.«

Wir wußten nicht viel von der Geheimen Staatspolizei, weil man sie ja nie sah. Es hieß nur, sie hätten ihre Spitzel überall. Wahrscheinlich wurden wir bereits beobachtet. Mein Akkordeonkasten war nicht zu übersehen. Umkehr hätte uns beide in Gefahr bringen können. Ich mußte mir etwas einfallen lassen, hielt das für möglich und legte den Arm um ihre Schulter. Private Beziehung sollte verständlich machen, wieso sie mich abgeholt hatte. Im Lokal verstummten Gespräche, als wir eintraten; Blicke von Freunden schrien mich förmlich an, blitzten warnend zu den drei Fremden, deren Funktionärsausstrahlung sie noch mehr verriet als ihr Mützenhaarschnitt. Mit Blicken funkte der Oberfunker zurück: Keine Sorge, Freunde, ich weiß Bescheid!

Ich trat die Flucht nach vorn an. Zögern konnte meine Lage nur verschlechtern. Mit dem Akkordeon als Brustwehr klettere ich laut verkündend auf die Bühne: »Und jetzt, Freunde, wie immer unsere Schnaderhüpferl-Serie!«

Die Freunde verstanden. Ein Beifallsorkan brach los, als seien meine Schnaderhüpferl der unübertroffene Höhepunkt dieser Abende. Meinen Einfall verdankte ich einer Beobachtung. Wenn einer etwas, das er gar nicht kann, so darbietet, als beherrsche er es perfekt, ist ihm Gelächter sicher. Bei mir war's, wie gelegentlich erprobt, das Jodeln, bei dem ich meine Unfähigkeit am überzeugendsten ausspielen konnte. Ich jodelte, und die Freunde retteten mich mit unmotivierten Lachsalven, wie sie bei Fernsehshows nicht aufdringlicher zugespielt werden können, ja sie griffen sich die Nazis, um mit ihnen zu schunkeln – eine Frohsinnsvariante, die es hier nie gegeben hatte.

Die drei hielten das offenbar für jene Spontaneität des heiteren Künstlervölkchens, von der sie schon gehört hatten und vergaßen darüber ihren Befehl zum Argwohn. Am Schluß schwappte Getrampel wie schwere Brecher über die Bühne.

Ich schmeckte der täuschenden Wonne nach und hängte eine kleine, unverfängliche Jazzparodie dran, denn davon mußte ihnen ja etwas zu Ohren gekommen sein. Freunde schauten anfangs besorgt, spendeten dann aber um so zügelloser Beifall. Ich tropfte unter der Uniform wie nach ei-

ner Äquatortaufe. Ein Gestapomann klopfte mir auf die Schultern: »Sie gehören zur Truppenbetreuung!«
Die Kellnerin kam und küßte mich aufs Haar, dort, wo die Rose gesteckt hatte.
Doch Pech im Glück: Die Nazis, weit über das Niveau von Kameradschaftsabenden amüsiert, wollten und wollten nicht gehen. Bis lange nach Mitternacht mußten wir unsere Rollen als völkisch zuverlässige Künstlerschaft weiterspielen, mit einem Wortschatz, den wir nur aus der Zeitung kannten.
Auch im Weinbauer sang ich die jiddische Version. Um gerade bei diesem Lied die Freiheit zu fühlen. Die war hier, wie der Beifall bewies, etwas völlig Selbstverständliches. Rex Stewart persönlich löste mich ab. Er machte Fässer auf, daß uns die Luft wegblieb vor diesem gewaltigen Atem.

Love Story

Erst kommt das Fressen, dann kommt die Moral – hier hat Bert Brecht nicht recht. Es gab viele Mädchen, die ohne Zögern ablehnten, wenn der volle Teller vom Spender mit einem bestimmten Nachtisch verbunden war. Und es gab Spender, Deutsche, die immer friedensmäßig zu essen hatten, während des Krieges wie danach, ohne daß sie mit vollem Teller winkten, um zu dem bestimmten Nachtisch zu kommen. Jedenfalls versuchten sie es nicht bei allen. Sie unterschieden zwischen jungen Damen und Mädchen, im Krieg eine verbreitete Einteilung, die auch nachher gültig blieb, wie immer in Krisenzeiten, wenn das Fressen zuerst zu kommen droht.

Fritz war ein Mann, der unterschied. Er hatte beim Luftgaukommando die Marketenderwaren unter sich gehabt, jenen Vorratsraum, der geöffnet wurde, wenn hochdekorierte Flieger auf Heimaturlaub nach München kamen. Bei ihm holten sich die Herren Helden Champagner, französischen Cognac, Kaviar, Gänseleberpastete, Schokolade, Seife, Parfüm, alles, was sie benötigten, um zu dem bestimmten Nachtisch zu kommen. Oft konnte Fritz in seiner Rolle als Schutzonkel die dienstverpflichteten jungen Damen im Haus warnen oder sie mit irgendwelcher Order verschwinden lassen, wenn die Herren Helden sie ins Visier genommen hatten.

Aber auch ohne Besucher von der Front und später, nach der Befreiung, ließ er ihnen gelegentlich kulinarische Raritäten zukommen. Dabei unterlief ihm einmal in seinem

Wohlmeinen ein Fehler. Ohne es zu wollen, spielte er Schicksal und wurde sozusagen zum Stifter einer Liebesgeschichte. Dazu wäre es nie gekommen, hätte Fritz nicht vorher, noch im Krieg, schon einmal Schicksal gespielt.

München litt unter dem Terror von oben. Bei einem Luftangriff waren in zweiundzwanzig Minuten 6000 Sprengbomben, 250 000 Stabbrandbomben, 300 sogenannte Brandstiftungsmittel, zum Beispiel Kanister, über der Stadt abgeworfen worden. Es hatte 259 Tote zu beklagen gegeben, 225 Personen waren verletzt, 25 000 obdachlos geworden, 269 Gebäude waren total zerstört, 241 schwer beschädigt.

Vor diesem Hintergrund versteht man die Emotionen, die sich entluden, als im Englischen Garten ein alliierter Pilot, ein Tiefflieger, der mit Bordkanonen auf fliehende Menschen schoß, nach einem Flaktreffer bruchlandete, selbst jedoch unverletzt blieb. Die Münchner wollten ihn lynchen.

Fritz eilte aus dem nahen Luftgaukommando hinzu. Als Stabsfeldwebel in Uniform gelang es ihm, den Mann der Menge zu entreißen, indem er ihn festnahm und abführte. Doch statt ins Luftgaukommando brachte er ihn in ein renommiertes Restaurant, ins Seehaus am Kleinhesseloher See. Er hatte es in Friedenszeiten geleitet, jetzt wurde es von seiner Frau bewirtschaftet. Ganz Gastronom und Gentleman, tischte er dem Abgeschossenen auf, damit er sich von seinem Schock erhole. Erst Stunden später übergab er ihn korrekt zu Verhör und Abtransport in die Kriegsgefangenschaft an zuständiger Stelle. – Nach dem Krieg suchte der Gerettete seinen Retter. Dank energischer Fürsprache fiel Fritz wieder in die Fleischtöpfe. Es durfte das Seehaus – jetzt amerikanischer Offiziersclub – übernehmen, dazu übertrug man ihm die gastronomische Betreuung des CIC, der militärischen Abwehrorganisation der USA.

Zu Fuß begegnete er eines Tages zwei Mädchen, Irene und Sophie, die beim Luftgaukommando dienstverpflichtet gewesen waren. Ganz der alte Onkel, ließ er sich erzählen, berichtete seinerseits von der glücklichen Fügung, die seine neue Aufgabe verursacht hatte und von dem hohen, damit verbundenen Sättigungsgrad. Zum Schluß bot er, gewissermaßen als Damenspende, eine Attraktion: einen Abend in Glanz und Seide bei einer amerikanischen Show mit original ungarischer Zigeunerkapelle im Seehaus als seine privaten Gäste. Daß er sich das erlauben konnte, unterstrich seine Bedeutung.
In ihren besten Kleidern saßen die beiden jungen Damen am Abend auf Hockern einer Bar ohne Gäste. Fritz stand mit Schiffchen und weißem Jäckchen hinter dem Tresen. Die original ungarische Zigeunerkapelle sammelte sich in der Bar und sprach schwäbisch. Bis zum Einzug in den angrenzenden Saal. Dort waren sie wieder Ungarn.
Von ihren Hockern verfolgten die jungen Damen die Show, der es an internationalem Flair gebrach. Doch die Offiziere an den Tischen, auch Amerikanerinnen in Uniform und Zivil, klatschten dankbar, während Fritz hinten in der Bar seinen Schützlingen diskret auftischte. Sie futterten, dankbar für die Abwechslung, den Blick in satten Frieden, den Luxus, serviert zu bekommen.
Die schwäbischen Ungarn gingen ab, andere, vom Special Service verpflichtete Künstler, traten auf, jonglierten, zauberten oder gebärdeten sich akrobatisch. Übrig blieb schließlich die Kapelle des Clubs, deutsche Musiker mit den runden Gesichtern langfristig Engagierter. Sie spielte wie jeden Abend zum Tanz. Besatzer besetzten die Tanzfläche, ungemein lässig im Clinch. Süßlicher Zigarettenduft hing sirupdick unter der Decke. Zwei Offiziere kamen an die Bar. Auf

der anderen Seite des geschwungenen Tresens bewirtete sie Fritz in fließendem Englisch und, da es sich um Amerikaner handelte, ohne Rückfrage *on the rocks*.
Scheu saßen Irene und Sophie auf ihren Barhockern. Der hohe Alkoholpegel überseeischer Freizeitgestaltung fiel ihnen auf. Gelegentliche Blicke der beiden Offiziere entgingen ihnen nicht. Sie spürten, daß über sie gesprochen wurde, und in dem akustischen Vakuum nach einem Tanz hörten sie ihren Zerberus warnen: »They aren't Fräuleins, they are ladies!«
Wie ein Sekundant kam er herüber. Die Offiziere ließen fragen, ob sie einmal mit den jungen Ladies tanzen dürften. Fritz kannte beide vom CIC, dem sie angehörten, und versicherte, es handle sich um Gentlemen. Schon rückten sie näher, die Gentlemen, proper und dezent. Einer warb in gebrochenem Deutsch um Vertrauen: er habe eine deutsche Mutter, aus Heilbronn. Sparsam nickten die Ladies, Fritz blinzelte seinen Segen.
Die Gentlemen Bill und Bob hielten Konversationsdistanz. Man sprach englisch und deutsch oder behalf sich mit Pantomime und fand einander sympathisch. Bei dem Angebot, sich nach Hause fahren zu lassen, zögerten die jungen Ladies. Fritz soufflierte sein Einverständnis durch Kopfnicken, er war in Sorge, denn die Bar füllte sich zusehends mit durstigen Männern.
Unter freiem Himmel kamen dann doch Bedenken auf. Wohin würde die Fahrt gehen? War der harmlos-fröhliche Ton nur Täuschung. Die jungen Ladies wohnten im selben Haus und hatten den gleichen Gedanken: Wenn wir mitten in der Nacht mit dem Jeep vorfahren, heißt es, wir sind Amiflittchen!
Ausgerechnet diesen Satz verstand Bill – der mit der deut-

schen Mutter. Doch er gefiel ihm offenbar. Wie Komplizen fuhren sie an dem Haus vorbei und hielten erst um zwei Ecken. Bobs Abschied fiel leichter, bei Bill mußte die deutsche Mutter noch einmal herhalten. Er wollte unbedingt erfahren, wie deutsche Familien leben in dieser schwierigen Zeit. Irene, die an seinem Wissensdurst schuld war, löste das Problem: »Kommen Sie morgen zum Kaffee.«
»Okay.«
Der Jeep fuhr weg, Sophie schüttelte den Kopf. »Dafür sind wir nicht um zwei Ecken gefahren, daß du ihn ins Haus holst!«
»Warum nicht?« fragte Irene. »Er will deutsches Familienleben kennenlernen, will sehen, wie es in deutschen Häusern zugeht. Außerdem ist er bei der Abwehr. Da wär' es sehr dumm von uns, ihm den Wunsch abzuschlagen.«
Bill kam nach dem Mittagessen. Für die Mutter brachte er die Blumen der Saison – eine Dose Kaffee – mit und dem Vater eine Stange Zigaretten. Ohne sich zu wundern, begrüßte er die zahlreichen Nachbarn, die Irene eingeladen hatte, um ihnen das Maul zu stopfen. Nachbarinnen lauerten auf Blicke zwischen ihr und dem Amerikaner. Doch die beiden taten ihnen den Gefallen nicht. Alle rauchten. Auch die Nichtraucher.
Bill machte seine Sache ausgezeichnet. Er unterhielt sich mit allen, ließ Manieren, Bildung, Humor erkennen, gab sich zurückhaltend, dabei herzlich und gewann mit dem langsam an der Zunge vorbeigerollten Satz »Hier ist es gemutlick!« aller Sympathie. Auch von seiner deutschen Abstammung erzählte er und sang plötzlich das in der amerikanischen Armee aus unerklärlichen Gründen wohlbekannte Lied: »Ich hab' mein Herz in Heidelberg verloren«.
Vielleicht traf das auf Bob zu. Er war nicht mitgekommen,

hatte sich mit Sophie, die ebenfalls fehlte, auch nicht anderweitig verabredet. Eine Nachbarin nützte den Besuch. Sie klagte über Mangel an Seife, guter Seife. Bill reagierte: Die könne er ihr mitbringen. Das heißt, wenn er wiederkommen dürfe.

Die Eltern des Mädchens nickten. Er sei immer willkommen. Aber bitte nicht mehr mit so kostbaren Geschenken.

Von nun an kam Bill regelmäßig nach dem Mittagessen und fuhr gegen vier wieder weg. Er brachte die versprochene Seife mit und manches andere Nützliche. Immer saßen Eltern und Nachbarn mit am Tisch, man redete über alles mögliche, und es war »gemutlick«. Den Deutschen fiel auf, daß er als Offizier des CIC nie ein Wort über KZ oder Kollektivschuld verlor. Sie schrieben das nicht seinem persönlichen Engagement zu, sondern meinten, er habe bestimmt Erkundigungen eingezogen und festgestellt, daß sie weder Schuldige noch Mitläufer des Nazi-Regimes waren.

Bill zeigte seine Neigung immer offener. Von Amerika erzählte er, von seiner Familie, seiner Mutter, mit der sich Irene bestimmt gut verstehen würde, von seinem Beruf bei der New Yorker Stadtverwaltung und seinem Talent für Glücksspiel, das ihm zu beträchtlichen Rücklagen verholfen habe. Hierzu schwiegen die Eltern und die Tochter. Sein Angebot, ihr New York einmal zu zeigen, ließen sie offen. Dadurch entstand möglicherweise der Eindruck, sie habe hier eine feste Bindung, doch er fragte sie nie.

Schließlich schaffte es Bill, Irene aus dem Haus zu locken, um endlich mit ihr allein zu sein. Sie verstanden sich gut, trotz sprachlicher Schwierigkeiten und Fremdheit der Mentalität. Kleinigkeiten, wie gefahren zu werden, statt laufen zu müssen, machten das Leben angenehmer. Aus New York

kam ein Brief der deutschstämmigen Mutter. Bill habe von dem reizenden Mädchen berichtet, das ihm begegnet sei, und sie wolle sie kennenlernen; Bills Schwester schickte ein Care-Paket und etwas Hübsches zum Anziehen, die ganze Familie lockte mit der Bereitschaft, sie aufzunehmen.
Irene war klar, daß sie sich in Bill verliebt hatte. Eltern und Nachbarn hofften auf baldige Heirat. Die Hochzeitsnacht hatte bereits im Englischen Garten stattgefunden.
In diese rosarote Welt platzte ein Unerwarteter hinein, mitten in die Kaffeestunde. Aus russischer Kriegsgefangenschaft entlassen, hatte er sich aufgemacht, das Mädchen wiederzufinden, das er verehrte. Die Bekanntschaft lag Jahre zurück. Er entflammte, sie gefror, ein Wangenkuß beim Abschied, wie man ihn Freunden gestattete, wenn sie zurückmußten an die Front, mehr war nicht gewesen. Obwohl ihn nichts zu Hoffnungen berechtigte, hatte er einige Feldpostbriefe geschrieben, bis der Kontakt abbrach. Das *geliebte Mädchen*, das zu Hause auf einen wartet, gehörte zum moralischen Rüstzeug, um die Gefangenschaft besser zu ertragen, auch wenn es sich um reine Wunschvorstellung handelte.
Nun saß er da, mit Hundeblick: Er habe ja sonst niemanden auf der Welt. Zu seinen Eltern in die Ostzone wollte er nach dem russischen Abenteuer verständlicherweise nicht. Ausgezehrt saß er da, vis-à-vis die Realität in amerikanischer Uniform und forderte stumm ein Recht, das nur in seiner Phantasie bestand.
Das Mädchen wehrte sich gegen die Belästigung. Was sollte sie tun, ohne ihn hängen zu lassen? Dableiben konnte er bei den räumlichen Gegebenheiten nicht, obwohl er genau das wollte. Er besaß noch Adressen von ehemaligen Kriegskameraden hier in der Stadt. Einer hatte sogar Telefon und

da er sich freute, auch Platz. Bill fuhr den Nebenbuhler hin. Doch er kam täglich zu Besuch mit verschärftem Hundeblick. Zwar lehnte er Bill, den er für oberflächlich erklärte, ab, das hinderte ihn jedoch nicht, Zigaretten und andere Daseinserleichterungen anzunehmen.

Für Irene wurde der Zustand unerträglich. Hier der Heimkehrer ohne Beruf, ohne Tatkraft – da der Geliebte, der alles bieten konnte, was sich erträumen ließ – dazwischen sie, voller Schuldgefühl, für das sie nichts konnnte. Dieser Hundeblick, den sie haßte, setzte sich in ihr fest und verführte sie zu einem seltsamen Vergleich: In New York erwarteten sie offene Arme und ein Rahmen, wie geschaffen, um die hiesige Misere zu vergessen. Oder hatte Bill übertrieben? Würde er drüben vielleicht anders sein als hier? Liebte sie ihn wegen des angenehmen Lebens, das er ihr zu bieten versprach? Wie würde das aussehen? Sie kannte die Welt nicht, in die er sie mitnehmen wollte. Konnte sie alles zurücklassen, Eltern, Freunde und das, was man so Heimat nennt?

Und immer wieder der Hundeblick.

Sie floh vor der Entscheidung, floh nach Norddeutschland zu ihrer Schwester. Aus der erhofften Klarheit durch Abstand wurde nichts. Sie fuhr zurück nach München. Vom Bahnhof rief sie Bill in seiner Dienststelle an. Doch er war nicht da. Er habe sich versetzen lassen, zurück in die Staaten – hieß es.

Wochen später fiel die Entscheidung.

Der Spätheimkehrer hat nie erfahren, daß sein Sohn amerikanischer Abstammung ist. Mit einer Großmutter aus Heilbronn.

Die schwarze Maria

Nach den *Tageszeiten der Liebe* standen bei den Kammerspielen die Zeichen auf *Sturm*. Von Shakespeare. Als Regieassistent war ich so etwas wie eine künstlerische Chefsekretärin, die statt des Terminkalenders das Regiebuch führt, Positionen, Gänge, Verrichtungen der Schauspieler notiert, Proben ansetzt, Szenen abstoppt, den Regisseur mit Einfühlungsvermögen bei Laune und mit Kaffee bei Kräften hält, vor Zugluft schützt, an Wichtiges erinnert, von Nebensächlichem ablenkt, auf Fragen alles weiß und ihn während des Inszenierens gegen Störungen sowie Ärger abschirmt.

Einem ungeschriebenen Gesetz der Zeit zufolge oblag es dem Regieassistenten darüber hinaus, Regisseur und Darsteller mit amerikanischen Zigaretten und anderen Daseinsfreuden zu versorgen – Konterbande für die Konzentration. Erich Engel, der Generalintendant, rauchte zuviel, Friedrich Domin, der den Prospero spielte, wollte ausschließlich Chesterfield, Maria Nicklisch, in dem Stück gar nicht besetzt, bevorzugte Camel und Kaffee. So wurde ich aus künstlerischen Gründen zum Schwarzhandel gezwungen, ein Gebiet, auf dem ich bisher trotz besten Willens versagt hatte.

Die meisten Regieassistenten lebten von dieser Nebenaufgabe; der Aufschlag, mit dem der Beschaffer die Ware weiter veräußerte, war eine Frage des Fingerspitzengefühls. Die Konkurrenz, in allen Bereichen des Hauses, schlief nicht. Wer zuviel verlangte, mußte auf die Dauer mit weniger auskommen. Diese Gefahr bestand für mich nicht. Der Blick ins Auge im Augenblick des Aufschlagens, bereitete mir derartige Pein, daß ich immer billiger wurde und damit immer gefragter. In meiner Eigenschaft als Regieassistent allerdings immer weniger.

»Wenn's auf der Bühne feierlich wird, ist immer was faul!« bemerkte Erich Engel einmal. Ich schrieb den Satz sofort auf, statt eine wichtige Reaktion des Caliban im Regiebuch zu vermerken. Caliban ist bei Shakespeare ein Monster, halb Fisch, halb Frankenstein, das sich unter Alkoholeinfluß besonders schlecht benimmt – eine Rolle, die dazu verführt, *dem Affen Zucker zu geben*, wie die Schauspieler sagen. Carl Wery, der Darsteller des Caliban, hatte die Chance erkannt und ließ, zur Freude aller, nichts aus. Auch machte er Vorschläge, um die Rolle weiter auszubauen. Als auf der Probe wegen irgendeines Fehlers wieder einmal unterbrochen wurde, trat er an die Rampe und fragte ins Dunkel des Zuschauerraums: »Herr Engel, halten Sie es für wirkungsvoll, wenn ich an dieser Stelle rülpse?«

Engel nahm die Zigarettenspitze aus dem Mund und rief höflich-akzentuiert hinauf: »Herr Wery, und wenn Sie auf die Bühne schissen, es würde nicht mehr auffallen.«

Die Probe ging weiter. Engel neben mir wurde unruhig. »Der Stefano muß doch auf dem Baum sitzen. Oder?«

Ich schrieb noch an seiner Bemerkung, hatte im Regiebuch diesbezüglich nichts eingetragen und sagte es. Auch das kommentierte er sofort. »Hassencamp, Sie sind mein schlechtester Regieassistent, aber mein bester Biograph.«

Wenigstens konnte ich ihn mit Zigaretten und Kaffee zufriedenstellen. Irgendwie war ich durch irgend jemand an eine lukrative Adresse gekommen. In Schwabing, in der

Simmernstraße – damals ein klingender Name wegen der Simmernschule, die von schwarzhandelnden Ausländern belegt und deshalb vor deutscher Polizei relativ sicher war. Doch nicht in dieses Paradies schickte man mich, sondern in einen Wohnblock, zu Maria. Auch ein klingender Name. Bei Maria gebe es alles, war mir versichert worden. Die Einweisung des neuen Kunden erfolgte formlos: »Parterre rechts. Die Wohnungstür ist immer offen. Sie gehen einfach rein, letzte Tür rechts.«

»Und was sage ich?«

»Was Sie wollen. Daß Sie da sind, genügt. Maria ist sehr unkonventionell.«

Die Wohnungstür stand tatsächlich offen; in der dunklen Diele roch es undefinierbar, allerdings überwiegend unangenehm. Von gleicher Art war auch der Musikbrei aus verschiedenen Quellen, Gestalten standen herum, denen man lieber ohne Bargeld begegnet. Auf mein Klopfen an der letzten Tür rechts antwortete niemand. Ich klopfte beherzter und drückte schließlich die klebrige Klinke herunter: Einzimmerappartement würde man das heute nennen. Bettcouch, Wandschrank, Tisch, Sessel, fließendes Wasser.

»Hallo.«

Im Bett lag eine Frau mit fleischigen Armen, das Gesicht ins Zeitlose zerlaufen und mit Sicherheit nicht nüchtern. Neben ihr schnarchte ein Schwarzer. Seine Uniform hing über dem Sessel. Mit einem »Hallo« meinerseits paßte ich mich an.

»Im Schrank steht alles«, erklärte Maria und schob den Arm des dunklen Siegers, der sich anschickte, sie zu umfassen, wieder weg. Ich atmete sparsam, öffnete vorsichtig. Ordentlich über Bügeln hing Marias schrille Garderobe, in den

Fächern daneben lagen Blusen, Pullover, Wäsche, wie von einem Feldwebel gestapelt. Das oberste durchgehende Fach barg die transozeanischen Schätze der Zeit.
Ich wählte. Maria nannte zwischen Küssen Preise. Ihr Liebhaber kam mehr und mehr zu sich und damit zu ihr. Als ich das Geld nicht passend hatte, sagte sie mit verständlicher Ungeduld: »Die Candies zahlst du das nächstemal. Hau jetzt ab!«
Ich mochte der Aufforderung nicht widerstehen, blieb aber fortan Kunde. Die Lage war günstig, die Preise ließen Spielraum, und wenn man das Glück hatte, im richtigen falschen Moment zu kommen, bekam man sogar etwas geschenkt.
Da ich diesen Teil meiner Aufgaben so preiswert bewältigte, gestattete mir Erich Engel, als ein Schauspieler erkrankt war, mich auf der Bühne zu erproben, und das während einer Abendvorstellung. Um den Ablauf des Stückes durch meine Anwesenheit nicht zu stören, steckte man mich in ein Kostüm, zeigte mir einen Satz, den ich aus dem Regiebuch eigentlich kennen mußte und bat mich, ihn im richtigen Moment aufzusagen. Es können sogar drei gewesen sein. Ich mied Wohlklang und große Gesten. Das Publikum klatschte nicht bei meinem Auftritt, doch es pfiff auch nicht bei meinem Abgang. Ich blieb unentdeckt, aber um eine Versuchung reicher.

Maria wurde auch die »schwarze Maria« genannt – eine irreführende Bezeichnung –, die sich zur Madonna der Schieber glorifizierte. Eine Schutzheilige war die ebenso gutmütige wie geschäftstüchtige Kärntner Bäuerin gewiß nicht. Dazu fehlten ihr die zum Schutz anderer unerläßlichen Beziehungen. Ihre Karriere als Schwarzhändlerin hatte praktisch mit Eintreffen der ersten amerikanischen Waren begonnen.

Wir schätzten Maria als eine Art illegaler Tante-Emma-Laden, wo's dringend Benötigtes auch sonntags an der Hintertür zu kaufen gibt. Sie kannte ihre Stammkunden nicht nur dem Namen nach, sie wußte, was sie taten und wo sie wohnten.

Zu ihnen zählte auch mein Freund Peter Barthel, studierter Mediziner mit ererbter Druckerei, den sie besonders zu schätzen lernen sollte. Peter war als Angehöriger der Dolmetscherkompanie im Wehrkreis VII bei der *Freiheitsaktion Bayern*, dem letzten aktiven Widersand gegen das NS-Regime, mit dabeigewesen. Der schneidige Einsatz dieser Männer unter Hauptmann Rupprecht Gerngroß hat die Stadt München in der Endphase des Krieges vor mancher sinnlosen Zerstörung bewahrt und bewiesen, daß es das *andere Deutschland* auch nach dem 20. Juli 1944 noch gab.

Als Mann des Widerstands selbst bei merkwürdigsten Überraschungen nicht schreckhaft, bewahrte Peter angesichts des ihm nicht bekannten Boten, der eines frühen Morgens an seiner Tür klopfte, ruhig Blut. Die Botschaft klang nach doppeltem Boden: Maria lasse ihn bitten, schnellstens zu kommen, um ihr etwas ins Englische zu übersetzen.

Wenn's eilt oder Gefahr im Verzug ist, springt der Bayer in seine Lederhose. Mit diesem strapazierfähigen Kleidungsstück schwang sich der Peter aufs Fahrrad.

Trotz der frühen Stunde war Marias Gemischtwarenladen bereits gut besucht. Ungefähr zehn Personen, teils Lieferanten, teils Kunden standen oder saßen herum und redeten alle gleichzeitig. Auf einmal wurde es schlagartig still.

Vier der Besucher gaben sich als Kriminalbeamte zu erkennen und verlangten von allen die Ausweise.
Weitere Kunden kamen herein, geschäftig, mit knappem Gruß, bis es ihnen die Sprache verschlug. Einige hatten ihre Papiere offenbar im Vorgarten versteckt, denn sie sprangen aus dem Fenster, andere schafften den Sprung nicht, konnten sich aber zitternd ausweisen und durften gehen. Manche mußten bleiben. Während die Beamten sie überprüften, blieb das Fenster nicht ungenutzt.
Vielleicht weil er vom letzten Fest noch verschlafen war, tat Freund Peter das Vernünftigste. Er saß in einer Ecke und wartete, ob jemand etwas von ihm wolle. Maria entging seine Ruhe nicht. Sie mogelte sich näher, und eh er's richtig wahrnahm, steckte sie ihm etwas in das an den Seiten offene Hosentürl. Darauf sprang auch sie aus dem Fenster. Ein Beamter hechtete ihr nach, und es war zu hören, daß er sie erwischt hatte.
Zwar wunderte sich Peter, kam indes nicht dazu, hinter die Federkielstickerei seiner Hosenklappe zu tasten, Ort und Zeitpunkt erschienen ihm auch nicht unbedingt günstig. Er fühlte nur den Druck eines apfelgroßen Gegenstandes auf seinen Unterbauch.
Die Kundschaft hatte sich im wahrsten Sinne des Wortes verflüchtigt oder war, nach Aufnahme der Personalien, entlassen worden. Nur eine Putzfrau fegte unbeeindruckt in einer Ecke Staub zusammen, da endlich wandten sich die Beamten dem unverdächtig Dasitzenden zu. Obwohl er keine Ausweispapiere bei sich trug, glaubten sie ihm, daß er Student und von Maria als Gefällligkeitsdolmetscher gerufen worden sei. An dem positiven Eindruck mochte auch die Lederhose beteiligt sein, die ihm eine burschenhafte Frische verlieh und sich neben den versteckreichen Mänteln

der Schwarzhändler und illegalen Kunden übersichtlich ausnahm. Was konnte man in den kleinen Taschen verstecken? Was hinterm Hosentürl, wo es unten gleich wieder herausfallen mußte? Daß die Klappe sich stark wölbte, hing mit dem Schnitt und der Dicke des Leders zusammen. Sie tat es auch, wenn nichts dahinter war.
»Sie können gehn«, entschied einer der Beamten.
Der Freigesprochene stand auf. Geistesgegenwärtig schob er sofort eine Hand in die Tasche, um den mysteriösen Apfel am freien Fall zu hindern.
»Moment noch!« hielt ihn ein anderer Beamter auf. »Kommen Sie mal mit.« Und er drängte Freund Peter ins angrenzende Badezimmer.
Was hatte das zu bedeuten? Sollte das sein provisorisches Gefängnis werden? Wollte er eine Leibesvisitation vornehmen?
Die Badewanne war mit gelblich-weißen Päckchen gefüllt, – gut ein Zentner Butter.
»Sie haben doch sicher Ihre Marken abgegeben?« fuhr der Beamte fort und deutete auf die Wanne. »Nehmen Sie sich ein Pfund Butter mit.«

Maria war und blieb verschwunden. Wir mußten uns anderweitig und weniger preisgünstig versorgen. Erst nach ungefähr vier Wochen berichtete Peter, sie sei wieder da. Trotz der Wanne voll Butter hatte man ihr, mangels Einnahmen, keine unmittelbare Beteiligung am Schwarzhandel nachweisen können. Sie sei mit einem schwarzhandelnden Schwarzen befreundet, hatte sie erklärt. Wenn man sie festhalte, werde der hellhörig und lasse sich nicht mehr blicken. Es gab ausreichend Zeugen, die bestätigen konnten, farbige Soldaten bei ihr angetroffen zu haben.

Wir freuten uns für Maria und für uns. Daß sie mit der Ausrede so glimpflich weggekommen war, verdankte sie nicht allein ihrer Schläue. Peter hatte den mysteriösen Apfel aufbewahrt und ihr zurückgegeben: eine Kugel aus kleineren und größeren Scheinen, insgesamt 120000 Mark.

Währungsreform und ihre Folgen

Im Kalender hat die Wende zum Wunder ihr festes Datum. Es ist der 20. Juni 1948, der Tag der Währungsreform. Nicht nur das Geld wurde 10:1 umgetauscht, auch die Kultur gegen die Konjunktur. Über Nacht waren die Schaufenster der Geschäfte prallvoll, die Zuschauerräume der Theater leer.

Die Kapitulation des Ideellen vor dem Materiellen, der Schritt vom Sein zum Haben fiel paradoxerweise mit dem Zeitpunkt zusammen, da das gesamte Volk von pekunären Möglichkeiten am weitesten entfernt war. Auf 40 D-Mark in der Hand zusammengestutzt, standen wir praktisch wieder auf der Straße.

Von was die Miete bezahlen, die zehn Tage später in der neuen Währung fällig wurde? Wie alte Schulden berappen, die sich durch die Abwertung mehr als verdoppelt hatten? Und wovon den Unterhalt bestreiten?

Trotz Dauerkrise hatte man sich so schön durchgemogelt, gewissermaßen mit italienischem *know how*. Und nun dieser Sturz in teutonische Legalität, in die zweite Stunde Null, die Stunde Null-Null – ein Volkstrauertag, den man zeitlebens nicht vergessen würde.

Aber merkwürdig.

Dank der Gnade des Schöpfers speichert der menschliche Bordcomputer Schreckensdaten widerwillig und lückenhaft.

Nur so viel ist mir geblieben: Weil in der *Schaubude* die

Gage stagnierte, zog ich, aus Existenznot wortwörtlich im Zug-Zwang, auf einem Leiterwagen ein geerbtes Harmonium fünf Kilometer weit durch die Stadt, um es in einem Musikhaus anzubieten – ein Kulturgerät, ausgerechnet jetzt, wo das Schöne, Erbauliche allerkleinst geschrieben wurde.

Für 20 D-Mark hätte ich es hergegeben, hergeben müssen, wenn der Inhaber bereit sein würde, mir die Hälfte seines Kopfgeldes dafür auf den Ladentisch zu blättern. Als er zu meinem Ansinnen nickte, erschrak ich, und nach Probe sämtlicher Tasten und Register gleich noch einmal über den Preis, den zu bezahlen er vorschlug: das Kopfgeld einer Familie mit Kindern.

Wie war das möglich? Durften außer den Kirchen auch Musikalienhändler eins zu eins umtauschen? Nun ist ein Harmonium für sakrale Zwecke ja besonders geeignet. Vielleicht hatte der gute Mann eine Pfarre in der Hinterhand, die das Instrument zum Dankgesang für das klerikale Umtauschwunder noch am selben Abend dringend benötigte? Zum Halleluja mit Kollekte – Musik macht Opfer leichter.

Ich nahm die wundersame Fügung als Zeichen. Neue, knitterfreie Scheine in der Tasche, machte ich mich mit dem Leiterwagen auf den Heimweg. Nicht selbstzufrieden wie ein Geschäftsmann nach erfolgreichem Abschluß, vielmehr demütig, pilgerselig, als zöge ich eine Marienstatue durch das Spalier einer Prozession: das Schicksal schien an meiner Vernichtung vorerst nicht interessiert.

Im Lauf der Jahrzehnte ist die Andacht verblaßt. Der schwarze Tag hellt sich auf in der Erinnerung. Auch Freunde werden nicht mehr kleinmütig, wenn ich sie auf das Datum anspreche. Ohne Harmonium haben sie's gar vergessen.

Axel von Ambesser überlegte lange, bei großem Mienenspiel: »Ach weißt du«, meinte er schließlich, »von der Währungsreform hab' ich nicht viel mitgekriegt. Ich hatte ja mein festes Engagement an den Kammerspielen.«
Freund Boris versank zunächst in eine Pause, bevor er mit schwäbischem Hintersinn aus den grauen Zellen zurückkehrte: »Also daran kann ich mich überhaupt nicht mehr erinnern. Da war ich, glaub' ich, verreist.«
Schusch Roemmich, der Architekt, griff auf Anhieb ins richtige Regal: »Ich hatte damals schon ziemlich viele Aufträge. Die Leute konnten nicht alle gleich zahlen. Da hab' ich bei ihnen reihum à conto gegessen.«
Wie sehr brennende Wünsche Erinnerung konservieren, beweist meine Kollegin von der Schaubude, die spätere Fernseh-Moderatorin Ruth Kappelsberger: »Ich weiß es noch genau. Mit den 40 Mark bin ich ins nächste Feinkostgeschäft gestürzt – es gab ja plötzlich wieder so viel – und habe mir einen Traum erfüllt: Für sechs Mark Tomatenketchup!«
Dutzendfach war zu erfahren, wie großzügige Gläubiger offenbar mit dem alten Geld auch ihren bisherigen Charakter umgetauscht hatten. Unerwartet standen sie vor der Tür, um Schulden einzutreiben. Bei einfallsreichem Widerstand wengistens ratenweise.
Manch einer mißtraute der neuen Währung und tauschte sein Kopfgeld in die bisher verläßlichste Währung um, in amerikanische Zigaretten. Das Päckchen zu 5 D-Mark. Vor nicht allzu langer Zeit hatte er für eine Zigarette 5 Reichsmark bezahlt. Die Abwertung zum Besseren blieb nicht auf überquellende Schaufenster beschränkt. Armin Eichholz, der Münchner Theaterkritiker, erinnert sich mit präziser Zeitangabe, nämlich vierundzwanzig Stunden nach dem

Umtausch, an den ersten, nicht schwarzen Genuß: Erdbeeren mit Schlagsahne offiziell in einem Restaurant am Englischen Garten.

Je größer die Familie, desto größer der Schreck, wie es nach dem Zwangsumtausch weitergehen solle. Doch bald folgte das Aufatmen. Fünf zu stopfende Mäuler brachten immerhin 200 D-Mark. Damit konnte die Hausfrau fürs erste jonglieren.

Der 20. Juni 1948 markiert zweifellos die große Zäsur. Auch wenn sich zunächst weniger änderte als befürchtet. Weiterhin lebten wir uns selbst überlassen, die eingefädelten Verbindungen blieben unberührt. Der Schwarze Markt zeigte sich staatsresistent. Ja, er verfestigte sich durch den Eingriff von oben zu einem kleinen Fort Knox, zur Golddeckung der neuen Währung. Über den Schwarzmarkt schloß man, wie bisher, die Lücke zwischen Zuteilung und Bedarf. Auch die Billardtechnik blieb. Wer etwas brauchte, zielte in eine Richtung, wo es das bestimmt nicht gab, um es am Ende aus einer völlig anderen zu bekommen.

Wer Fensterglas suchte, sah sich nach Eiern um, die er für Schuhsohlen einem Fahrradreifenbesitzer, im Tausch gegen Geräuchertes, für eine Kiste Hosenträger von dessen Schwager seiner Cousine abschwatzte. Sie kannte den Glaser.

Die Kunst des lateralen Denkens feierte Hochblüte. Da verschob eine junge Dame aus streng gehüteter Quelle schachtelweise Camelia gegen Butter, ohne daß ihr Verlobter von den zyklischen Machenschaften erfuhr, die ihn bei Kräften hielten. Fiel eine Kundin wegen Nachwuchssorgen aus, trat eine Sorglose an ihre Stelle. Hier Butter, dort Mutter – auch das eine Spielart der Wende, eine Doppelwende zur Unzeit. Sie rückgängig zu machen, soll ein verzweifeltes

Paar das ganze Kopfgeld gekostet haben. Vielleicht haben sie's als Warnung verstanden.
Als gutes Omen nicht zu verkennen, bekam ein Freund am Stichtag gleich zwei Care-Pakete aus den USA: Er reagierte auch prompt und leistete sich den Luxus, für seine Kopfquote etwas Unnötiges zu kaufen, einfach so, weil es ihm gefiel. Der Leichtsinn vermittelte ein Gefühl von Freiheit, von Sorglosigkeit, das damals wohltat wie ein Ausflug in die satte Schweiz, ein Gefühl, das zu schätzen wir verlernt haben.

Bis in die unstofflichen Gefilde der Geistesarbeiter wirkte das Umtauschdatum als Wendemarke. Die Realität einer soliden Währung half nebenbei, schon länger bezogene Standpunkte zu verfestigen. Man rückte deutlicher auseinander. Unmittelbar nach dem Krieg hatten sich Dreißig- bis Vierzigjährige zur *Jungen Generation* ernannt, die jetzt ihre Stimme erheben müsse. Angesichts der verlorenen Jahre eine verständliche Verspätung. Zumal die tatsächlich junge Generation noch in Schweigen verharrte.
Hans Werner Richter, Vater der Gruppe 47, hat das so diagnostiziert: »… sie schweigt, weil sie nicht verstanden wird und weil sie nicht verstehen kann, geprägt vom totalen Erlebnis des Krieges, dem Verlust der bisher gültigen ethischen, moralischen und geistigen Werte.«
Ihr Schweigen sprach für die Jungen. Sie wollten sich zuerst orientieren. Es gab noch keine ideologischen Fertiggerichte, die man nur aufzuwärmen braucht, um mitzureden. Fest stand lediglich, daß man sich engagieren werde, politisch die einen, als Gewissen der Zeit gewissermaßen – skeptisch die andern, weil sie sich nach dem jüngsten Dilemma als Ideologiegeschädigte verstanden. Sie wollten abwarten. Noch

lebten wir ja in einem Provisorium. Ihr Engagement bestand in kritischer Distanz. Sie mieden die schon damals zunehmend humorlosen Politikdiskussionen.

»Sie mißtrauten der Ideologie-Krankheit unseres Jahrhunderts, der einseitigen Verabsolutierung von Teilwahrheiten …«, wie der Publizist Gustav-René Hocke das formuliert hat. Insbesondere die Literatur sollte nicht schon wieder politisches Tendenzinstrument werden, für alle verbindlich, wie bei den Nazis.

Die Skeptiker engagierten sich für humorige Gelassenheit, für Werdenlassen statt programmierter Verbohrtheit. Sie bevorzugten die Satire, das kabarettistische Feuerwerk nach allen Seiten.

Ironie und Bierernst stießen zusammen. Die politisch Engagierten zichtigten die Skeptischen der Resignation und Oberflächlichkeit – ein logischer Schluß in unserem schwerblütigen Land.

So wurde mit der Reichsmark auch der Humor abgewertet, wieder einmal. Bis heute gilt er als zweitklassig. Die engagierte Humorlosigkeit missionierender Dilettanten behielt, wie gehabt, ihren alten Kurswert. Fröhlicher sind die Zeiten dadurch nicht geworden. Heute wissen wir's.

Doch es besteht Hoffnung, Wenn wir von der Verdrossenheit und vom Genughaben endlich genug haben, darf wieder gelacht werden. Aus Psychohygiene am besten über sich selbst. Es wäre ein Novum in der deutschen Geschichte.

Im rundherum stofflichen Bereich wirkte die Zäsur einschneidend wie ein Tranchiermesser. Selbst bei sogenannten *volkswirtschaftlich wichtigen* Betrieben zeigte es sich, daß der Einfallsreichtum, mit dem sie gegründet worden waren, plötzlich nicht mehr zählte. Wo Staat spürbar wird, haben es Individualisten mit ihren Ideen schwerer; Staat engt die Freiheit, die persönliche Entfaltung zwangsläufig ein.

»Die kleine Freiheit«

Schuld an allem war Axel von Ambesser. Wir kannten uns seit meinem Engagement an den Münchner Kammerspielen, waren uns in der Schaubude begegnet und immer wieder privat.

Axel, der Ältere, stand hoch oben auf der Erfolgsleiter, ich hatte noch festen, das heißt unsicheren Boden unter den Füßen. Gleichwohl gab es Gemeinsamkeiten. Uns verband eine im besten Sinne starke Schwäche für das Leichte, den kabarettistischen Jux bis zur Klamotte. Nur einmal hatten wir zusammen auf der Bühne gestanden: in Max Frischs Requiem *Nun singen sie wieder* an den Kammerspielen. Zur Freundschaft kam es erst Jahre nach dem Freundschaftsdienst, den Axel mir erwies.

»Da soll ein neues Kabarett aufgemacht werden«, sagte mir jemand, den Namen habe ich schändlicherweise vergessen, »mit Erich Kästner und einer Engländerin, die früher in Berlin gelebt hat, Trude Kolman heißt sie und wohnt im Hotel Bayerischer Hof; sie stellt das Ensemble zusammen. Geh mal hin! Axel hat dich schon empfohlen.«

Gerade *zufallsfrei*, fuhr ich vor, lehnte mein Fahrrad neben die Drehtür und ging dem Fingerzeig des Portiers nach auf eine Dame in der Halle zu. Der Empfang war von mantelpflichtiger Kühle. Sie rauchte, sah sich mit ihren dunklen Mandelaugen ständig nach anderen Menschen um und ließ mich meine Referenzen aufzählen wie eine Hausangestellte, die sich bewirbt.

Ihr Desinteresse bewies Format. Diese Frau mit dem dunkelroten Haar und den schlecht durchbluteten Händen hatte internationales Flair – eine gewisse Garantie gegen Provinzialität. Zumal mit Erich Kästner. Kabarett ist seiner Natur nach Großstadtpflanze.

Ein zuckriges Lächeln brachte Glanz in die dunklen Augen.

»Es hat mich gefreut. Sie hören von mir.«

Dessen gar nicht sicher gab ich ihr meine Adresse.

Wir waren zu dritt gewesen. Ihr Mann, als Dr. Egon Goliat vorgestellt, ein hamsterbackiger, vergnügter Posaunenengel, hatte überhaupt nichts gesagt, nur mit faunischem Blick zugehört. Seine Stimme vernahm ich erst Tage später am Telefon. Er bat mich, zu einer Probe in die Elisabethstraße nach Schwabing zu kommen, zu Herbert Weicker, einem Schauspieler von indisch-edlem Gesichtsschnitt, der in einer Wohnung unterm Dach eines herrschaftlichen Hauses das sogenannte *Ateliertheater* mit betrieb: ein Zimmer zu ungefähr sechzig Sitzplätzen, die Bühne niveaugleich mit der ersten Reihe.

Anspruchsvolles wurde hier gespielt, John Steinbeck, Jean-Paul Sartre und meist von Beate von Molo, einer weiteren Ex-Berlinerin, inszeniert. Es handelte sich wohl um ein Vorsprechen. Mit verkleinerter Ausstrahlung trat ich ein. Der erste Blick entspannte mich.

Familientag! Die alte Schaubude schien auferstanden. Erich Kästner, Ursula Herking, Hellmuth und Bum Krüger, Karl Schönböck, der Komponist Edmund Nick. Ich konnte sagen: »Wißt ihr noch …?«

Mit der Selbstsicherheit des Sohnes im Hause begrüßte ich die andern: Frau Kolman, Dr. Goliat, zwei junge Schauspielerinnen, Christiane Maybach, ein blondes Monroechen, und Hannelore Schützler, die kesse Dunkle, Jochen

Breuer, den Pianisten, Herbert Weicker und einen drahtigen, älteren Herrn, den Texter Per Schwenzen. Ein zweiter älterer Herr zeigte sich so herzlich, daß er von vornherein zur Familie gehörte, Robert Gilbert, Ex-Berliner, Ex-Emigrant, aus den USA zurückgekehrt, Komponist und genialer Reimer. Er sollte später die deutsche Fassung von *My Fair Lady* und anderen amerikanischen Musicals schreiben.
»Es grünt so grün, wenn Spaniens Blüten blüh'n ...«
Frau Kolman verteilte Textblätter, den Eröffnungssong von Erich Kästner mit der Musik Robert Gilberts. Ums Klavier versammelt sangen wir uns ein:

> Das Haus ist klein und heißt Die kleine Freiheit
> Und unsre Stühle sind ein bißchen hart.
> Das Haus ist klein und klein ist unsre Freiheit,
> So ist nun mal die deutsche Gegenwart ...

Mit diesem Song gab Kästner dem Kabarett den Namen *Die kleine Freiheit*.
Als Ursula Herking ein Kästner-Chanson probierte, dabei auf Anhieb den richtigen Ausdruck fand, nahm mich Dr. Goliat beiseite: »Wir müssen noch Vertrag machen.«
Es war der beste Augenblick. Bei meiner Hochstimmung hätte ich glatt etwas dazugezahlt, um dabeizusein. Axel von Ambessers Empfehlung befriedigte meinen Drang nach Spielraum über alle Maßen. Ich durfte parodieren, singen, tanzen, Saxophon spielen und eigene Texte beisteuern, sogar ein Chanson für Ursula Herking.
Am 25. Januar 1951 war Premiere.
Der Ex-Berliner Hellmuth Krüger conferierte das von Trude Kolman straff inszenierte Programm. Unsere Spiellaune und die frechen Texte spannten einen atmosphärischen Bogen von der ehemaligen Reichshauptstadt zur neuen, heim-

lichen Hauptstadt, sie erweckten das ironische Kurfürstendamm-Klima, den provokanten Leichtsinn aus dem Berlin der späten Zwanzigerjahre im Föhngebiet an der Isar zu neuem Leben.
Deswegen von Preußenimport zu sprechen, wäre verfehlt. Das internationale Flair der Remigranten, die Gelassenheit der nach Berufsverbot Rehabilitierten wurden als Laune machende Mischung geschmeckt, spritzig-behaglich, wie Bier mit Champagner.
Übrigens Kästners Lieblingsgetränk.
Von der Kritik sanft gestreichelt, sprach sich das Gebilde aus Pointen, Melodien und nicht vorhandenen Rücklagen beim Publikum herum. Gespielt wurde im Kollektiv. Ursula Herking, Trude Kolman, Karl Schönböck und Bum Krüger zeichneten als Luftschloßbesitzer verantwortlich für die Gagen der Engagierten. Aber leider, trotz ausverkaufter Vorstellungen wurde die Kleine Freiheit immer kleiner. Sie fristete im Ateliertheater ein Untermieterdasein. Beate von Molo hatte uns freundlicherweise Unterschlupf gewährt. Nun inszenierte sie selbst wieder. Die Verträge waren längst geschlossen, der Premierentermin stand bereits fest.
Von Herzen gern hätten wir gesungen: Das Haus ist *mein* und heißt Die kleine Freiheit …

Da gab es nahe beim Lenbachbrunnen ein Café, in dem sich allabendlich mietbare Damen aufwärmten. Eine Treppe führte nach oben. Nicht zu Zimmern, in denen sie Freiern zu Gleichmut hätten verhelfen können, vielmehr zu einer Bar mit Trio, runden Tischen, von unten beleuchteter Tanzfläche und einer Bühne samt Vorhang.
In diesem Etablissement hatte ich mir das kabarettistische

Rüstzeug geholt, das mir jetzt zugute kam. Ein Anruf genügte. Der Pächter, Akademiker unbekannter Fakultät, frohlockte. Die Bühne war gerade zufallsfrei.
Schon träumte ich von längerem Engagement, doch das Kollektiv zog bei meinem Bericht lange Gesichter. Vor Publikum aufzutreten, das konsumierend an Tischen sitzt, passe nicht zum Stil. Gesteigerte Tätigkeit des Verdauungstrakts mindere zudem die Aufmerksamkeit und damit den Erfolg. Man müsse die Tische entfernen, Stuhlreihen bilden, ansteigend, wegen der Sicht, oder verzichten.
An Verzicht dachte man auch in der Küche. Denn sie war warm, bis Mitternacht. Neue Bedenken kamen hinzu. Der Umbau würde nach Auskunft des technischen Direktors der Kammerspiele 2000 DM kosten. Die wollte niemand riskieren.
Schließlich fanden die beiden Akademiker eine Lösung. Der Pächter machte seinem Koch das abendlich ausverkaufte Haus mit bis dahin unerreichbar gutem Publikum schmackhaft und versprach, die Tanzfläche mit gedeckten Tischen einladend zu umstellen. Dr. Goliat empfahl dem Kollektiv, das benötigte Geld gegen Wechsel zu leihen und die Rückzahlung aus den Abendeinnahmen zu bestreiten – eine reine Rechenaufgabe, wie er sagte.
Das leuchtete ein. Wo aber das Geld hernehmen? Im eigenen Bekanntenkreis zu suchen, lehnten die Mitglieder des Kollektivs ab.
Mir ging ob solcher Verzagtheit der Pegasus durch. Wenn ich zum Haus auch das Geld brachte, würde meine Existenz auf lange Zeit gesichert sein. Ich fand einen gutmütigen Schulfreund und schleppte ihn in den Bayerischen Hof. Frau Kolman lächelte, bis die beiden Scheinebündel in ihrer Handtasche verschwunden waren. Dann sah sie sich

wieder nach anderen Leuten um. Ihr Mann übergab den Wechsel dezent im Kuvert. Auch mein Name stand drauf. Als Zeichen der Dankbarkeit hatte man mich ins Kollektiv aufgenommen.

Ich schwebte im Kabaretthimmel. Bis ich meinen Schulfreund wiedertraf, um ihm zu danken. Düster sah er mich an. Unser Dialog war sketchreif.

»Du Vollidiot!«

»Direktor! Wenn ich bitten darf …«

»Du bist dran, falls der Wechsel platzt.«

»Wieso ich? Wir haben alle unterschrieben. Das ganze Kollektiv.«

»Ja. Aber du hast ihn quergeschrieben.«

»Ob längs oder quer … Sei nicht kleinlich!«

»Sag mal, bist du so dumm?«

»Reg dich nicht auf. Doktor Goliat kennt sich da besser aus. Er hat gesagt, wenn vorne schon zu viele Namen stehen, darf man auch hinten unterschreiben.«

»Aber doch nicht quer!«

»Fängst du wieder an? Er hat ihn mir so hingelegt.«

»Reingelegt hat er dich. Menschenskind, begreif endlich! Wer querschreibt, haftet. Mit allem, was er besitzt.«

»Ach – das wird schon klappen.«

»Wollen wir's hoffen. Aber sag dem Kerl: Herr Doktor Goliat, sie haben mich da …«

»Du meinst Egon. Wir duzen uns jetzt.«

Als ich Egon sagte, was ich dazugelernt hatte, lachte er schallend. »Probieren wird man's doch dürfen?«

Der finanzielle Drahtseilakt glückte. Erfolg hielt die Balance zwischen Wollen und Können. Der ansteigende Zuschauerraum wurde verwirklicht, rechtzeitig bekam mein

Schulfreund sein Geld zurück. Im Kollektiv aber kriselte es. Wegen Geld.
Bum Krüger war im neuen Programm nicht mehr dabei. Für ihn wechselte Publikumsliebling Ulrich Beiger von der Kleinen Komödie zur Kleinen Freiheit. Gisela Fackeldey von der alten Schaubude und Rainer Penkert, Eva Andres und Karl Schönböcks erste Frau, Herta Saal, machten das Ensemble bunter, vielseitiger. Auch ein neuer Autor stieß zur Truppe, Martin Morlock. Unter seinem bürgerlichen Namen Günther Goerke und mit seinem Gardemaß zum Nachwuchs-Filmbeau ausersehen, hatte er den Schreibtisch vorgezogen und wurde neben der literarischen Vaterfigur Erich Kästner zum stilprägenden Texter.
Während ein Programm lief, trafen sich die Autoren jede Woche einmal, um das nächste vorzubereiten. Wie bei der jungen Gruppe 47 lasen wir einander Texte vor, die umgehend kritisiert wurden. Die Konferenzen fanden jeweils um 15 Uhr in Kästners Wohnung in der Fuchsstraße statt. Der Meister, gerade dem Bett entstiegen, saß im Bademantel, von seinen Angorakatzen umspielt, noch unrasiert am Tisch und frühstückte uns vor. Dem Kaffee folgten Bier und Zigaretten.
Wir, das waren Robert Gilbert, Per Schwenzen, Martin Morlock, Trude Kolman und ich. Wir bildeten auf der Eckbank sein Vis-à-vis und tasteten uns, mit Getränken nach freier Wahl versorgt, in lockerer Laune, mit ironischen Anmerkungen nicht geizend, an die Themen für neue Szenen heran. Mitunter gingen wir hochgestimmt ohne greifbare Ergebnisse auseinander. Dann klagte die Regisseurin über verlorene, weil veralberte Zeit. Verständlich aus ihrer Sicht. Wir aber nahmen die Stimmung mit nach Hause. Dort fiel uns dann doch etwas ein.

Die kleine Freiheit war ein politisches Kabarett. Nicht nur. Sie verstand sich als Lachventil für Zeiterscheinungen aller Art, verrutschte nicht zum weltanschaulichen Tribunal. Keines der Mitglieder war durch Partei- oder Gesangbuch in seiner freien Meinung behindert. Die Themen lagen, wo sie immer liegen – auf der Straße. In diesen Jahren gab nicht nur der wirtschaftliche Aufschwung Anlaß, sich zu wundern. Vor allem die Restauration überwunden geglaubter Vorstellungen erwies sich neben Schildbürgerstreichen und schon wieder verpaßten Chancen als zuverlässiger Zündstofflieferant.

Wir beschmutzten das Nest, damit es sauber bleibe.

Wiederbewaffnung, Ruhe und Ordnung, schlagende Studentenverbindungen, weiße Westen mit braunen Flecken, Korruption, Rüstungsaufträge, prügelnde Lehrer und verwandte Ertüchtigungsmaßnahmen, NS-Richterkumpanei und andere alte Kameraden nahmen wir uns vor. Aber auch das Kulturleben, der deutsche Film, Fürstenhochzeiten, Föhn, Kohle und Stahl, Schickeria, olympischer Chauvinismus, die Schlafzimmerlage der Nation, Werbungsschwachsinn, Zugereiste und andere Gastarbeiter, Humorbeamte im Fasching, die deutsche Kolonie Tessin, Modeschauen, Festspiele, Antiquitätenmessen, der Siegeszug der Mittelmäßigkeit und nicht zuletzt Soraya, die Kaiserin der Regenbogenpresse, boten reichlich Reibungsflächen, um Gelächter zu erzeugen.

Nicht immer zur Freude aller. Da verließen zwei nordische Blondschöpfe in schwarzen Ledermänteln – noch immer Erkennungszeichen für gar nicht so ehemalige Angehörige der Waffen-SS – das Theater während der Pause und drohten: »Wir kommen wieder. Dann schlagen wir den Laden zusammen!«

Für uns ein Höhepunkt an Wirkung. Auch wenn sie ihr Versprechen nicht hielten.

Trude Kolmans Traum, einmal mit fertigem Programm in die Proben zu gehen, wurde nie erfüllt. Manche Autoren brauchen Zeitdruck, um fruchtbar zu werden.
Prominentester Nachhinker war Erich Kästner selbst. Oft mußte ich in meiner Eigenschaft als radelnder Direktor morgens vor der Probe bei ihm klingeln, um einen Chansontext endlich abzuholen. Obwohl es um neun für ihn erst vier Uhr war, stand er auf, las das säuberlich getippte Manuskript noch einmal durch, fügte ein Satzzeichen ein, ehe er's mir gab, oder rief mich aus dem Treppenhaus noch einmal zurück, um mit kurzem Bleistift in langer Rohrhülse ein letztes Wort zu ändern. Er war sehr genau, denn er war ein Dichter.
Unsere Autorensitzungen endeten stets gegen fünf. Danach beendete Kästner sein Lever. Mit Homburg und eingerolltem Schirm fuhr er im Taxi zum Café Leopold. Dort, in seinem Büro, wie er sagte, diktierte er seiner Sekretärin und erledigte die Post. Am frühen Abend schrieb er zu Hause, aß eine Kleinigkeit, bevor er wieder ins Taxi stieg, seine Runde durch die Lokale begann. Alle Chauffeure kannten ihn. Er hat nie einen eigenen Wagen besessen.
Nach der Vorstellung traf ich ihn wieder. Im Konzentrat von Stimmen, Rauch und Musik, allein bei Bier mit Champagner und einem Zettel voller Notizen vor sich auf dem Tisch. Er nickte mir zu, ich ließ ihn bei seinen Gedanken. Plötzlich war er dann verschwunden, ins nächste Lokal gefahren. Seine Phantasie brauchte die Nacht und die Öffentlichkeit. Unter Menschen fiel ihm am meisten ein. Für Erwachsene und für Kinder.

Bei anhaltendem Erfolg entwuchs die Kleine Freiheit dem Etagendasein. Um alle Wünsche nach Karten erfüllen zu können, bevor das Publikum resignierte, brauchten wir schleunigst ein größeres Haus. Es fand sich in bester Lage: Maximilianstraße, gegenüber der Staatsoper. Diesmal nicht über, sondern unter einem Café.

Dort stand jeden Abend ein dunkler, höflicher und überaus begeisterungsfähiger junger Mann mit Brille am hinteren Vorhang. Gespannt verfolgte er die Entwicklung von Pointen, lachte mit dem Publikum, als wären sie auch für ihn neu, und wich erst von der Stelle, nachdem der letzte Beifall verebbt war – unser Platzanweiser.

Tagsüber Student, schien er der Kleinkunst verfallen. Sein Engagement überstieg die Pflichten, für die er engagiert war, bei weitem. Intelligent und umsichtig machte er sich überall nützlich, tat immer das, was gerade nötig war. Genau genommen studierte er Kabarett – gewissermaßen im Trockenkurs. Sein Name war Dieter Hildebrandt.

Fehlte er einmal, so hatte das politische Gründe. Er hielt bei den Heimatvertriebenen einen Vortrag. An diesen Abenden sprang ein anderer, nicht minder Besessener für ihn ein. Dieser Ersatzmann, blond und rundlicher von Gestalt, war schon beim Theater Regieassistent von Hans Schweikart an den Kammerspielen und sollte zum Generalintendanten aufsteigen – August Everding.

Er hat in der Kleinen Freiheit auch gespielt – den Urlaubsvertreter – und sagt über diese Zeit:

> Immer wenn Frau Kolman im Sommer Gastspiele brachte, vor allem Kabarett, fiel Hildebrandt als Kartenabreißer aus und übergab diesen Dienst dann mir – für

4 DM pro Abend. Ich habe jede Aufführung gesehen und vor allem viel über *Timing* gelernt. Damals hat uns abends immer Gunnar Möller in sein Haus eingeladen – er war schon ein Star seit dem Film *Ich denke oft an Piroschka* –, und wir alle freuten uns, dort zu sein.
Frau Kolman hat immer gerne darauf hingewiesen, daß so meine theatralische Karriere begonnen hat. Damals ahnte ich es noch nicht. Das einnehmende Wesen habe ich behalten, hoffentlich auch die Präzision des Kabaretts. Eines weiß ich immer noch: alle Kabarett-Texte waren bissiger, griffiger als heute. Es ging ein Raunen durchs Publikum, wenn ein besonders an-griffiger Text formuliert wurde. In unseren Knochen war noch ein Rest von einer *Ja darf man das denn*-Stimmung.
Dies war die Zeit des Aufbruchs. Man brach wirklich auf. Es war keine unfröhliche Zeit, aber das Kabarett vermochte unser Lächeln zum Gerinnen zu bringen. Wir waren manchmal nach der Aufführung wirklich zu einem Aufbruch entschlossen – und waren doch nur in einem Kabarett-Keller gewesen. Damals war Kabarett noch nicht etabliert.

Anläßlich der Festvorstellung zum zweiten Geburtstag der Kleinen Freiheit schrieb Gunter Groll in der Süddeutschen Zeitung:

> … das Ganze war, samt jenem Feuerwerk der fesselndsten Glanznummern und der glanzvoll entfesselten Darsteller, auch eine kleine Probe, wie lange aktuelles Theater sich hält. In der Kleinen Freiheit hält es lange – kraft seiner Form. Es wird, wenn der Inhalt unaktuell geworden ist, zum Dokument. Zum Dokument der Zeit und des

Kabaretts und in diesem Fall unseres kühnsten und klügsten Zeitkabaretts – sagen wir's ruhig zum hundertsten Male. Denn die Kleine Freiheit hat Geburtstag …

Mit dem dritten Umzug des Theaters auf die andere Seite der Maximilianstraße endete das literarische Kabarett *Die kleine Freiheit.* Zur rechten Zeit. *Die große Freiheit ist es nicht geworden* – heißt es in Kästners Song. Im wachsenden Wohlstand wurde der Zubiß unverbindlicher. Das Kollektiv löste sich auf, Kästner & Co. gingen samt ihren Interpreten. Friedrich Hollaender kam. Effektsicher baute er das Kanonenboot zum Vergnügungsdampfer um. Seine Revuen mit Hanne Wieder und Lukas Amann garantierten, von Trude Kolman inszeniert, weiter ausverkaufte Vorstellungen. Danach wurde die Kleine Freiheit Boulevardtheater.

Übrigens

Als wir noch schlanker waren, standen wir uns näher«, sagt Komponist Friedrich Meyer. Dieser Satz reicht sozusagen weit über den Leibesumfang hinaus. Er zielt auf die Beziehungen von Mitmensch zu Mitmensch, damals, als die Freßwelle noch Utopie war. Wir hatten mehr Zeit füreinander, beziehungsweise wir nahmen sie uns. Oder, wie es Heinz Rühmann ausdrückt: »Nach dem Theater, nach Filmdreharbeiten blieben wir zusammen. Weil wir nicht auseinandergehen konnten.«

Das hat er mir fünfunddreißig Jahre später gesagt. Jetzt sei es nicht mehr so. Die Feststellung bleibt nicht auf Künstlerkreise beschränkt. Sie gilt auch unter Freunden, Bekannten. In Geschäften, auf Banken, bei Behörden – überall hatte man seine Bezugsperson, der man vertraute, auf deren Wissen man vertrauen konnte. Sie war immer da, immer erreichbar, oft über Jahrzehnte. Wurde sie versetzt, stieg auf oder wechselte in den Ruhestand, verständigte sie einen rechtzeitig, machte den Kunden mit dem Nachfolger bekannt, beziehungsweise mit der Vertretung, ehe sie in Urlaub fuhr. Damals eine Selbstverständlichkeit im Umgang, die es noch geben mag. Die Regel ist sie nicht mehr.

Heute betraut man eine Firma, eine Anwalts- oder Steuerkanzlei mit einer schwierigen Aufgabe. Anfangs klappt alles. Man bekommt einen Sachkundigen, weiht ihn ein, bespricht mit ihm, wie vorgegangen werden soll. Über Nacht kommen Bedenken auf oder eine bessere Idee, die umgehend beredet werden muß. Man ruft an und erfährt, der Zuständige sei für drei Wochen in Urlaub gefahren. Man möge dann wieder anrufen.

Einen Vertreter hat er nicht eingeweiht. Sollte es ausnahmsweise einen Ersatzmann geben, kann man wieder von vorne anfangen. Sofern er die Unterlagen findet, die man dem Urlauber überließ und überhaupt Zeit hat. Da ist ein freier Nachmittag, ein Betriebsausflug, ein unaufschiebbarer persönlicher Termin. Überall stößt man an die Grenzen fremden Privatlebens. »Sie müssen Verständnis haben«, wird man belehrt.

Man braucht mehr: Geduld und Selbstbeherrschung. Höflichkeiten im Geschäftsverkehr sind Klischees aus der Tiefkühltruhe. Die Formel: »Was kann ich für Sie tun?« – nach Hilfsbereitschaft klingt sie nicht. Vielleicht weil der Frager einem gar nicht helfen könnte. Um einem Kundenwunsch zu entsprechen, müßte er sich auskennen in seinem Laden. Manchmal ist er ehrlich: »Tut mir leid. Ich bin erst drei Tage hier.«

Dafür muß man Verständnis haben. Auch für die Schwindelei, es täte ihm leid. Verständnis gilt als sozial. Man hat es zu haben. Schon am Telefon, wenn bei einer Firma nach dem dritten Anruf endlich jemand den Hörer abnimmt und einen ins Nichts verbindet, ohne nachzuprüfen, ob das Gespräch zustande gekommen ist. Man läßt den andern spüren, wie überlastet man sich fühlt. Die Fernsprechauskunft löst das eleganter: sie ist permanent belegt.

»Wir loben die alten Zeiten, müssen aber in den jetzigen leben«, sagte Georg Christoph Lichtenberg schon vor zweihundert Jahren. Halten wir uns an ihn, wenn wir uns umsehen, voller Verständnis dafür, daß sozialer Fortschritt und humaner Rückschritt einander offenbar bedingen.

Abends stellte der Hotelgast seine Schuhe vor die Tür. Sie wurden selbstverständlich nicht gestohlen, nur geputzt.
In Privathäusern hing morgens das Säckchen mit den frischen Semmeln an der Türklinke, neben dem Fußabstreifer stand die Milch. Zweimal am Tag wurde Post zugestellt. Bekam man ein Paket und war bei Lieferung nicht zu Hause, konnte man's auf dem nächstgelegenen Postamt abholen, ohne zu einer Zentralstelle kilometerweit durch die Stadt fahren zu müssen. Schalter waren noch nicht wegen hoher Personalkosten unterbesetzt; die Beamten kannten sich aus und mußten nicht bei jeder Kleinigkeit nachschlagen, was da zu tun sei.
Geschäfte hatten bis sieben Uhr abends geöffnet. Auch Mittwoch und Samstag. Mit dem Auto fuhr man vor, wo man hinwollte und hätte kein Verständnis dafür gehabt, um zwei Ecken herum eine Parklücke suchen zu müssen.
In Feinschmeckerlokalen verkehrten nicht Hinz und Kunz in ästhetisch beleidigendem Aufzug und einer Duftwolke von Ungewaschenheit. Es gab so etwas wie atmosphärische Sperren. Hier fühlten sich die Hinze, dort die Kunze unter ihresgleichen.
Der Begriff *Rücksicht* wurde wesentlich größer geschrieben. Geschäftliche Anrufe zwischen zwölf und zwei Uhr fielen ebenso unter »ruhestörende Ausnahmen« wie Rasenmäher oder lärmendes Heimwerken am Samstagnachmittag. Sonntags störte allein übertriebenes Kirchengeläut.
Bitten um Entschuldigung konnte man jeden Tag mehrmals vernehmen. Selbst Gerügte reagierten umgehend. Wenn ein zerstreuter Kunde ein Lebensmittelgeschäft mit brennender Zigarre betreten wollte, genügten Blicke.
Junge Menschen hielten alten deutlich öfter Türen auf, nahmen ihnen Lasten ab, boten ihren Sitzplatz an. Freunde und

Bekannte halfen einander bei der Wohnungssuche, ohne eine Vermittlungsprovision zu erwarten. Begehrte ein Fremder, man möge ihn im Auto mitnehmen, kam einem nicht automatisch der Gedanke, er wolle einen möglicherweise unterwegs ausrauben.

»Leit, laßt's doch d'Leit naus!« mahnte der Weiß Ferdl in seinem Couplet von der Trambahnlinie acht. Daran hielten sich die Menschen auch bei Haustüren. Wer hinein wollte, ließ Herauskommenden den Vortritt.

Bekam einer unterwegs Durst, nahm er einen Schluck aus der mitgeführten Bier- oder Limonadenflasche und machte sie mit dem festangebrachten Drahtverschluß tropfsicher wieder zu. Kein Kronenkäppchen blieb liegen, kein eigens gekaufter Verschlußdeckel.

Linksabbieger mußten noch nicht rechts abbiegen; auf Bankauszügen waren die roten Zahlen noch rot; es wurden keine längst bezahlten Rechnungen penetrant angemahnt. Gab es Irrtümer, konnten sie in einem Gespräch beigelegt werden. Weil sie Menschen unterlaufen waren, nicht Computern, bei denen man Verständnis haben muß, daß sie keinen Rückwärtsgang besitzen.

Konzerne schickten zu Reparaturen an ihren Geräten Fachleute in die Behausungen, ohne für die Anfahrt eine Summe zu berechnen, als wären sie eigens von auswärts mit dem Taxi gekommen. Sogar in modernsten Büros ließen sich die Fenster selbstverständlich öffnen. Keine Zwangsversorgung mit Betriebsklima aus der Blechröhre.

Und: Es gab noch Sonntagskinder! Das Berufsethos verbot den Ärzten Eingriffe in den Zeitplan der Natur, nur um sich das Wochenende freizuhalten.

Es gab mehr Menschlichkeit und weniger Sprüche.

Die Polizei mußte sich nicht zum *Freund und Helfer* hochloben. Sie verfügte über unverwechselbare Persönlichkeiten. Da gab es – vor der Verampelung – einen Schutzmann am Münchner Stachus. Er stand auf einer Kanzel und regelte den Verkehr in Handarbeit. Aber auch mit Zurufen: »Kommen S', Fräulein. Jetzt ist der richtige Moment. – So. Gleich kommen die andern wieder. Bleiben S' noch einen Moment auf der Bremse.«

Er war ein dunkler, gemütlich runder Mann aus dem Badischen und so beliebt, daß es sogar einen Schlager über ihn gab. »Ja, am Stachus hat der Schutzmann alle Hände voll zu tun ...«

Vor Weihnachten war der Verkehr schon damals besonders dicht. Am Stachus kam es zu Staus. Blinker und Winker wurden betätigt wie an einer Engstelle, auf die jedoch kein Schild hinwies. Weil es sie gar nicht gab. Auto- und Motorradfahrer drängten zur Kanzel, hielten dort an und reichten dem beliebten Schutzmann ein Geschenk hinauf. Dazu hupten sie »Fröhliche Weihnachten«.

Die Liste zu verlängern, sähe nach Verdrossenheit aus. Dazu aber besteht kein Grund. Mit wachsendem Umweltbewußtsein steigt auch das Gefühl für den Nächsten wieder im Kurs.

Inferno der Lebensfreude

Die erste *Traumkulisse* in den Kammerspielen!« Offensichtlich hat niemand die Trilogie vom 26. bis 28. Februar 1949 versäumt.

Mit ein Grund für diese Übereinstimmung ist sicher die Tatsache, daß es bis dahin nur private Feste gegeben hatte. Nur – in Anführungszeichen. Denn Räumlichkeiten, Anordnung und Dekorationen mancher dieser Feste hätten sogenannten Faschingshochburgen mehr Caché, mehr Glanz gegeben, als später mit erheblichem Aufwand erreicht wurde.

Ein weiterer Grund liegt auf der Hand – die Theaterarchitektur mit Foyer, Rang, Buffet und so weiter. Hauptursache aber war ein Manko. Warum auch immer, vielleicht aus Kleinlichkeit seitens der Stadtverwaltung, der die Bühne untersteht – jedenfalls durften die Sitzreihen im Parkett nicht herausgenommen werden. Also mußte die Theaterschreinerei in Tag- und Nachtarbeit mit Balken und Brettern die gesamte Bestuhlung überbauen. Da der Boden des Zuschauerraums nach hinten ansteigt, entstanden drei Terrassen verschiedener Höhe. Von der letzten konnte man Besuchern auf dem Rang die Hand reichen, auch führte eine Treppe hinauf; die vorderste überdeckte den Orchestergraben. Tanzfläche war die Bühne, in der Tiefe vor der Brandmauer überragt von einem Zwei-Meter-Podest für die Kapelle. Max Greger und seine Mannen saßen etwa gleich hoch wie Ballbesucher in der ersten Reihe des Ranges. Dazwischen wogte, auf dem tiefsten Punkt wie im antiken Theater, mit heute nicht mehr vorstellbarer Intensität das Inferno der Lebensfreude.

Keine andere Raumaufteilung ergibt eine ähnlich aufheizende Konzentration. Wer aus den Proszeniumslogen, vom Rang oder von den Terrassen auf die Bühne hinuntersah, vergaß die rationierte Realität in dieser sprichwörtlichen Traum-Kulisse. Wolfgang Znamenacek, der geniale Bühnenbildner, hatte den Effekt noch mit riesigen, von innen beleuchteten Fischen gesteigert, die oben unter der Decke zu schwimmen schienen, weil die aufsteigende Wärme ihre durchsichtigen Flossen bewegte.

Von diesen phantastischen Wächtern der Tiefsee gegen die Außenwelt abgeschirmt, feierten wir auf dem Meeresgrund die Auferstehung vom Untergang. Zynisch lächelnd wie das leibhaftige Laster stand Friedrich Domin, Protagonist im Hause, an der Rampe, Kostüm und Gesicht geteilt in eine helle und eine dunkle Hälfte – ein geiler Gärtner aus Hieronymus Boschs *Garten der Lüste*.

In einbezogenen Nebenräumen gab es Erfrischungs- und Schummerecken, draußen im Foyer flanierten die Paare, suchten stiere Blicke nach entschwundenen oder noch nicht gefundenen Nixen, alberten Alberiche mit Rheintöchtern, trugen Radfahrer auf der Lenkstange ihre schöne Beute davon. Einer gar – Freund Boris – knatterte mit dem Motorrad auf den Velours und gab es an der Garderobe ab. Ein vielbeachteter, aber auch teurer Auftritt. 20 oder 30 Deutsche Mark, immerhin.

Außer Freund Boris wüßte ich niemanden, der den offiziellen Eintrittspreis bezahlt hätte. Wen ich auch fragte, ob Fremde, Bekannte oder geistig Verwandte, die mir erst später über den Weg gelaufen sind – alle antworteten ohne Zö-

gern: »Wir sind nicht vorne rein. Wir sind hinten eingestiegen. Durchs Klofenster.«
Sie meinten damit eine Toilette im Bühnenhaus auf der Damenseite, wo sich die Garderoben der Schauspielerinnen befinden.
Als ehemaliger Regieassistent mit den Örtlichkeiten genau vertraut, war auch ich auf diesem Weg hereingekommen. Wie aber hatten die anderen davon erfahren? Es müssen an die hundert gewesen sein.
Einhelliger Kommentar zu Achselzucken: »Das wußte man eben.«
Man mußte es lange vorher schon gewußt haben. Auch Einzelheiten über Lage und Höhe des Fensters. Aussagen zufolge kamen Ballbesucherinnen nicht kostümiert wie sonst, sondern in passendem Aufzug für eine Fassadenklettertour. Das Faschingskostüm brachten sie in einer Tüte oder im Rucksack mit und zogen sich nach beherztem Sprung auf den Deckel, der Nachdrängenden nicht achtend, an Ort und Stelle um. Der Einstieg erforderte keine besonderen Kletterkünste. Auch Nicht-Schwindelfreie schwindelten sich ungefährdet hinein.
Bisweilen muß es draußen beträchtlichen Rückstau gegeben haben. Er wurde diszipliniert hingenommen. Die Wahl zwischen Geduld und D-Mark fiel leicht. Schlangestehen war man ja gewöhnt.
Eine Ballbesucherin hatte den Krieg nicht auf deutscher Seite, sondern in der Emigration erlebt, die Schauspieler-Agentin Elli Silman. Die quirlige, reichlich mit Siegerspeck bepackte Miss Elli wurde nervös und scherte mit zweien ihrer Schützlinge aus der Schlange aus. Drüben auf der Herrenseite gab es eine Feuerleiter. Allen Warnungen zum Trotz ließ sie sich zur untersten Sprosse hinaufhieven. Einer

der beiden Schauspieler kletterte an ihr vorbei, um die Seilschaft ohne Seil anzuführen, der andere wuchtete das mollige Paket von Stufe zu Stufe.
Im zweiten Stock sei ein Fenster offen, meldete der Vorkletterer. Miss Elli, noch nicht im ersten, wurde von Schwindel befallen. Angstvoll klammerte sie sich an die Leiter und verweigerte sowohl Auf- als auch Abstieg.
»Mach die Augen zu!« riet der Vorkletterer und zog an ihrer Hand. Sie schrie.
Der Nachkletterer hörte nichts. Er kam sich vor wie der Riese Atlas, nur wesentlich kleiner. Den Kopf ins beträchtliche Hinterteil Miss Ellis gebohrt, faßte er sie abwechselnd an den Knöcheln, um die zitternden Füße sicher auf die nächste Sprosse zu hieven, bevor er die Kopflast weiter himmelwärts bewegte.
Endlich oben angekommen, stieg der Vormann ein, drehte sich um, stemmte das Knie gegen die Mauer und zog die zähneklappernde Miss Elli an beiden Händen übers Fensterbrett wie einen Rochen an Bord. Als alle drei wieder festen Boden unter den Füßen hatten, keuchten sie und wischten sich die Stirnen ab. Dasselbe taten zwei Stockwerke tiefer die Tänzer auf der Bühne nach einer entfesselten Boogie-Woogie-Serie.
Irgendwie bekam die Theaterleitung Wind von den undichten Stellen im Bühnenhaus. Sie ließ Türen absperren, Fenster vernageln, doch ohne Erfolg. Direktor Harry Buckwitz drehte, als Logenschließer oder Feuerwehrmann getarnt, Kontrollrunden und prüfte auch den offiziellen Einlaß. Die Kosten für den Umbau mußten ja wieder hereinkommen.
Erst nach Mitternacht legte er das Dienstkostüm ab und schlüpfte in eine Verkleidung, um die Traumkulisse zu ge-

nießen, die Stimmung auf sich wirken zu lassen. Schließlich war er der Initiator. Ihm gebührt nachträglich unser aller Dank.

Er selbst sagte später dazu: »Die Traumkulisse in den Kammerspielen, das war nie ein Ball, das war jedesmal ein Fest, das sich die Freunde des Hauses gaben. Jeder kannte beinah jeden oder lernte ihn hier kennen. Alles hatte Stil, war nie brutal oder primitiv. Eine elegante, anspruchsvolle Gesellschaft von ansteckender Unbeschwertheit ...«

Einer aus unserer Clique verweigerte auch ohne Motorrad den sanitären Pfad. Dabei wäre es gerade für ihn ratsam gewesen, den Weg des geringsten Widerstandes zu wählen, hatte er doch aus chevalereskem Leichtsinn gleich zwei Mädchen versprochen, sie hineinzuschleusen. Sei es als Snob, als Ästhet oder als Architekt – mein Freund Schusch zog offene Türen dem Klofenster oder gar der Feuerleiter vor.

So näherten sich etwa um die elfte Abendstunde drei biedere Zivilisten dem Haupteingang der Kammerspiele.

»Wir kommen vom Arbeitsamt und sollen in der Küche helfen«, sagte Schusch zu dem Zerberus, der sich ihm in den Weg stellte.

Da die drei in normal-ärmlichen Mänteln steckten, nicht geschminkt waren, weder abenteuerliche Kopfbedeckung noch ausgefallene Beinkleider trugen, ahnte der Türhüter keine List. Schuschs Einfall, mit dumpf-devotem Blick vorgetragen, erschien ihm glaubwürdig. Er sagte den Dreien, wohin sie sich wenden müßten und ließ sie ein. Sie wandten sich zur nächsten Garderobe, vervollständigten ihre Kostüme und tauchten ein ins Meer der Sinnenfreude.

Wie der vermeintliche Küchenhelfer mir Jahre später sagte, haben wir beide in wenigstens einer dieser Nächte unent-

geltlich zur Stimmung beigetragen. Wenn die Kapelle Pause machte, soll er zur Gitarre und ich zum Akkordeon gegriffen haben.
War das so gewesen? Ich konnte mich nicht erinnern, das sperrige Instrument durchs Klofenster gehievt zu haben. Hatte ich es schon vorher ins Theater gebracht? Plötzlich ein Erinnerungsschub. Ich sah ihn sitzen, auf der Bühne mit der Gitarre. Nicht aber mich bei ihm, nur die Fische über den Köpfen.
Fällt das Stichwort Traumkulisse, verklären sich noch heute die Blicke. Was war denn so einmalig?
Normalerweise spiegelt sich Glückseligkeit im Partner wider, mit dem und durch den man sie erlebt. Schließlich werden Erinnerungen über Emotionen gespeichert. Offenbar befanden wir uns alle in Trance, von Rhythmus gepeitscht, von tausenderlei Eindrücken und Wonnen viel zu überwältigt, um noch Details unterscheiden zu können – ein wahrhaft heidnisches Fest. Hier wurde im Kollektiv mehr Vergangenheit bewältigt als in politischen Schulungskursen, in Psychoanalysen und anderen Bewußtmachungsprozessen. Auf der Traumkulisse haben wir wohl den Krieg offiziell hinausgetanzt.

Als Beitrag des Ensembles sollte ein Mitternachtskabarett mit Friedrich Domin, Adolf Gondrell, Axel von Ambesser, der auch die Texte schrieb, stattfinden. Doch die Prominenz des Hauses fürchtete richtigerweise, die Stimmung zu stören, worauf jüngere Kollegen einsprangen, als *Kabarett der Nichtprominenten*, was bei ihren Namen reichlich kokett klang: Elisabeth Goebel, Hans Reiser, Karl Lieffen und der König der Regieassistenten, Franz Josef Wild.
Wenn es tatsächlich stattgefunden hat, dann zu spät. Auch

wußte keiner so recht, wo. Im Keller? Man war in Nächstenliebe tätig und hatte überhaupt genug Ablenkung.
Auf dem Rang zum Beispiel, wo sich ein pompöses Paar huldvoll winkend im eigenen Auftritt sonnte. Golddurchwirkt, mit wallendem Cape, schweren Ringen auf weißen Handschuhen, lächelte Münchens Salonlöwe Nummer eins, der spätere königliche Thai-Konsul Herbert G. Styler als Renaissancefürst auf das Faschingsvolk herab. An seiner Seite, in Prunkrobe mit reichlich Geschmeide, das Gesicht weiß gepudert, Idi, die Baronin, seine wesentlich ältere, ständige Begleiterin. Zwei Luxusgeschöpfe wie von der Riviera vor dem Ersten Weltkrieg, noble Spielernaturen, die sich nach Verlust ihres Vermögens beim Roulette in ihrer Hotelsuite erschießen. Mit silbernem, elfenbeinbeschlagenem Damenrevolver.
Getanzt haben die Nobilitäten auf der Traumkulisse nicht. Selbst ein Prinzenwalzer als Soloeinlage wäre ihnen anbiederisch erschienen. Sie schritten auch nicht durch die Menge; die bombastischen Kostüme gestatteten keine Tuchfühlung. Sie nahmen lediglich Blicke entgegen, dazu etwas Champagner. Ihr Auftritt als Standesherrschaft war bestes Kabarett.
Das meinte auch der Hausherr, Hans Schweikart, in seiner clochardhaften Kostümierung nicht auf Anhieb als Intendant zu erkennen. Ganz im Gegensatz zur Ersten Dame des Ensembles, Maria Nicklisch. Sie tanzte gewissermaßen daheim, auf dem Schauplatz ungezählter Erfolge.
Von der anderen Straßenseite, aus dem Hotel Vier Jahreszeiten, war an einem der drei Abende ein prominentes Paar herübergekommen: Hildegard Knef in Begleitung von Hollywood-Regisseur Anatole Litvak, der osteuropäische Amerikaner, des Faschings unkundig, im Smoking.

Hans Reiser, bereits in gehobener Stimmung, sah das Paar und zeigte sich als Münchner sofort um die Reinhaltung des Festes besorgt. Mit Maria Nicklisch breitseits schwebend, belehrte er den Smokingmann in kollegialem, aber bestimmtem Ton: »Des G'wand is nix! Jetzt gehst schön heim und ziehst dir was anderes an. Dann kannst wiederkommen.« Um ganz sicherzugehen, daß seinem Rat auch entsprochen werde, zog er ihm die Smokingschleife auf, nahm vom nächsten Tisch eine Sektflasche und netzte das gefältelte Hemd. Lächelnd nahm's der Regisseur als Regieanweisung und befolgte sie prompt.

Dank lichter Momente erinnere ich mich, Paul Dahlke auf der Tanzfläche gesehen zu haben, Heidemarie Hatheyer, Wilfried Seyferth mit Tatjana Iwanow, Harry Buckwitz als Feuerwehrmann, Maria Koppenhöfer und, umgeben von einem Rudel junger Schauspielerinnen, Fita Benkhoff in enger Corsage mit Netzstrümpfen.

Im Verlauf des wogenden Festes flüchtete einer der jungen Mimen vorübergehend in den Keller. Verschnaufen wollte er, etwas kühle Luft schnappen, dem Gedränge entrinnen, vielleicht auch einer allzu anhänglichen Tanzpartnerin. Auf der Unterbühne, wo die Versenkungen münden, in die Verdammte zur Hölle fahren, aus denen Tischlein-deck-dich auftauchen, schien ein Erdbeben ausgebrochen. Das ganze Theater zitterte. Die Bohlen über ihm ächzten, sie federten in dumpfem Gepolter, als stürmten Kavallerie und Panzer gemeinsam das Haus. Unter der mittleren Versenkung, die jeden Augenblick durchzubrechen drohte, stand mit verzweifeltem Ausdruck Hanns Zimmermann, der technische Direktor.

Dem Schauspieler stockte das Herz. »Um Gottes willen!« stammelte er. »Wenn die Bühne durchbricht ...«

»Deswegen steh ich ja da.«
Sie hielt. Auch im nächsten Jahr. Dann stoppte Intendant Hans Schweikart den Fasching in den Kammerspielen. Das Einmalige durfte nicht zur Serie verkommen, sagte ihm seine Theaternase.

Viele der Damen gaben sich geheimnisvoll. Sie trugen Masken, die sie, wie früher üblich, erst nach Mitternacht lüfteten. Irgendwo im Hause entdeckte der Verwaltungsdirektor bei seinem Rundgang eine gertenschlanke, wunderschön gewachsene Frau und wurde, wie er sagt, sofort nervös. Vom Hals bis zu den Knöcheln zeichnete ein schwarzes Seidentrikot ihre Konturen nach. Das Gesicht war hinter einer glitzernden Maske versteckt und von einer Perücke umrahmt. Gebannt folgte er dieser Augenweide, bis sie unvermittelt stehen blieb und ihn warnte: »Lassen Sie sich nicht mit mir ein, Buckwitz! Sie werden tief enttäuscht sein.«
Sie kannte ihn, besser offenbar. Sonst hätte sie *Herr* Buckwitz gesagt.
In seinen Schläfen tickte der Eros. »Von Ihnen kann ich ein Leben lang nicht enttäuscht werden«, sprudelten seine Lippen. »Bei Ihrer Figur und Ihrem Charme. Ich werde Sie verfolgen. Um ein Uhr müssen Sie die Maske lüften.«
»Um ein Uhr werde ich mich verstecken«, antwortete sie und es gelang ihr, im Gedränge zu verschwinden.
Doch der Pfadfinder im Manne, auf dem Pfade der Wonne absolut schwindelfrei, obsiegte. Zur entscheidenden Stunde fand er sie in passender Dekoration – einem schummrigen Kellerraum. Sie mußte die Maske abnehmen und zierte sich nicht. Millimeterweise wich das Geglitzer dem Antlitz.
»Jetzt sehen Sie, wie alt ich bin.«

»Sie können für mich gar nicht alt genug sein.«
Es war die damals schon nicht mehr junge Lil Dagover.

Einmalig stilvoll, allen unvergeßlich und weniger selbstbewußten Männern unheimlich tummelte sich, von mehreren Dompteuren betreut, eine einzige Großkatze im Freigehege. Ein Fabelwesen von atemberaubendem Wuchs. Der Zeichnung ihres hautengen Fells nach zwischen Leopard und Gepard, bewegte sie sich mit lasziver Geschmeidigkeit über die Tanzfläche. Den rassigen Kopf zurückgelegt, lauerte hinter den schweren Lidern der mandelförmig ummalten Augen der nicht zu enträtselnde Blick einer ägyptischen Sphinx. Auch der Mund, ein Monument an Ausdruckskraft, lauerte. Verschlingungsbereit. Lässig ruhte die um den Nacken des Tänzers gelegte Rechte.
Jeder sah die Gefahr, falls sie die verwöhnten Krallen ausfahren würde. Doch sie dachte nicht daran, blieb sanftes Raubtier, das spielt, zärtlich-grausam, ihre Möglichkeiten nur andeutend, eine stolze Schlange vom Baume genauester Kenntnis und wie geschaffen für dieses Paradies: Inge von Österreich, Schauspielerin und Axel von Ambessers Frau.

Einmalig, unnachahmbar einmalig wollte Fabius von Gugel erscheinen. Als Maler fühlte er sich zu einem optisch ganz eigenen Auftritt verpflichtet. Sein Kostüm sollte alle überragen. Er kam als Hirsch. Nicht gehörnter Ehemann, nein, König des Waldes mit majestätischer Krone aus sechzehn spitzen Symbolen männlicher Kraft.
Sein Aufwand war beträchtlich, die Verwandlung kostete viel Zeit, das unerbittliche Malerauge forderte letzte Perfektion. Nicht nur farblich, auch technisch.
Die Traumnacht hatte bereits begonnen, und noch immer

fielen die sechzehn Enden bei jeder Kopfbewegung um. Zog er den Kinnriemen fester, ließ sich der Mund nicht mehr öffnen, lockerte er ihn wieder, neigte sich der Potenzturm in Zeitlupe nach irgendeiner Seite.
Wie im Fieber bastelte der säumige König des Waldes an einer umschnallbaren Versteifung. Bis sie endlich hielt und er sich anschicken konnte, seinen Auftritt mit gewaltigem Röhren anzukündigen, hatte der Hahn längst gekräht, gehörte das ferne Revier den Nebenbuhlern. Mit einem letzten verzweifelten Gebrüll streifte der gehörnte Platzhirsch seine Krone ab und setzte sich in der traumlosen Kulisse seiner vier Wände an den Frühstückstisch.

Eine Programmbeilage wies Wochen davor auf die Feste hin. Unter dem Titel *Die Traumkulisse im Lichte der Weltliteratur* hat sich Franz Josef Wild als Parodiertalent vorgestellt, Brecht, Morgenstern, Heine, Goethe. Hier seine Version der Paralipomena zu *Faust II*:

FAUST: Es schwingt der Geist sich auf der Welt zu trotzen
und baut sich eine höhere Wirklichkeit –
MEPHISTO: Sagt's doch heraus, der Plunder ist zum Kotzen,
aus Tünche, Leim und Dreck und Eitelkeit.
FAUST: Du Spottgeburt, wirst nie von Höherem wissen,
begreifest nicht die heilige Phantasie –
MEPHISTO: Verliebter Narr, wie deine Traumkulissen
von hinten ausseh'n, das begreifst du nie!
FAUST: Die niedre Knechtschaft deiner tierischen Triebe,
das ist es, was bei dir die Wahrheit heißt.
In Traumkulissen blüht die wahre Liebe
und frei von Fesseln schwinget sich der Geist.

Die Bedingung

»Du mußt den Valentin engagieren, Erich. Er ist der einzige wirklich Komische.«

Der Mann, der das sagte, kam während einer Probe in den dunklen Zuschauerraum geschlichen. In der fünften Reihe brannte nur das schwache Birnchen am Regiepult. Ohne ein Wort zu sagen, legte er dem Regisseur kurz die Hand auf die Schulter, setzte sich hinter ihn und verfolgte das Geschehen auf der Bühne. Ein eigenes Aroma strömte von ihm aus. Zigarre und noch etwas. Erst als Erich Engel die Szene unterbrach, begrüßte er ihn. Es war Bert Brecht.

Die beiden kannten sich seit Jahrzehnten. 1928 hatte Erich Engel im Theater am Schiffbauerdamm in Berlin die Uraufführung der *Dreigroschenoper* inszeniert.

Die Probe ging weiter. Eine Komikerszene, noch ohne Komik. »Komisch ist etwas erst, wenn der Vorhangzieher lacht.«

Diesen Ausspruch Engels hatte sein Biograph bereits notiert. Wir warteten und sei es nur auf einen einzigen Frohton – vergeblich. Schließlich sagte Brecht den Satz. Und fügte sogleich einen Kommentar dazu: Man müsse Karl Valentin allerdings gestatten, sich den Text zurechtzubiegen, um seinen Sprachwitz nicht zu schmälern.

Engel nahm die Zigarettenspitze aus dem Mund – ein Zeichen für Wichtigeres – und drehte den Kopf zu mir. »Versuchen Sie rauszukriegen, wo Valentin steckt. Vielleicht kann er mal vorbeikommen ...«

Den Schwierigen zu finden, erwies sich als nicht allzu schwierig. Liesl Karlstadt war nicht in München, aber einer, der bei Valentin gespielt hatte, in der *Ritterspelunke*, seiner letzten künstlerischen Adresse, konnte mir den Stadtteil nennen, wo ich ihn vielleicht finden würde. »Ich glaub', er schleift Schern. Er soll da so a Wagerl ham, so eins mit nur oam Rad«, vertraute der Mann mir an. Zu unserem Ansinnen schüttelte er allerdings den Kopf. »Mei, spuiln. I glaub, es geht ihm net so gut. G'sundheitlich.«
Ich schwang mich aufs Fahrrad. In dem angegebenen Viertel traf ich Valentin nicht an. Fünf Kilometer weiter, isarabwärts, erwischte ich ihn. Mit dem Fahrrad auch er – eine gute Eröffnungsbasis für unser Gespräch.
»Ja, wie nehmen wir ihn denn?« Diese berühmte Frage von Hans Moser in seiner Rolle als Dienstmann ging mir durch den Kopf, und ich entschied mich für – langsam.
Valentin hatte beim Scherenschleifen sein eigenes Rasiermesser vergessen. Er war stoppelig, ungemein faltig und dürr. Wie immer eigentlich. Schon in den fetten Jahren hatte er ausgesehen, als müsse er von 1000 Kalorien im Monat leben. Ich fing bei Brecht an, der ihn verehre.
Valentin nickte grüblerisch. »Der is, mein ich, von Augsburg …«
Nachdem ich Engel als Spezi von Brecht eingeführt hatte, kam ich ohne weitere Umschweife zur Sache.
»Ach so is des!« Valentin schob den Hut aus der Stirn. »Ja wenn das so ist …«, sein Blick, zwischen listig und giftig, streifte mein Ohr, »ja also in diesem Falle, da sagen wir halt …«
Er mußte meine freudige Erwartung gespürt haben und stockte sofort. »Ja …«, dehnte er, »… dann sagen wir halt …« Mit geneigtem Kopf lauschte er den Worten nach. »Dann

sagen wir halt: unter einer Bedingung ...« Wieder stockte er, die Zuspitzung in Etappen freute ihn mehr als der Inhalt. »... unter einer Bedingung, hab' ich g'sagt: Daß ich meinen Freund mitbringen darf.« Ein Kopfruck, er sah mich an. Eingedenk der von ihm hochentwickelten Eigenschaft, Mitmenschen das Leben durch Auflagen zu erschweren, nickte ich auf eigene Faust. Sag nichts mehr! warnte mein Instinkt, sei zufrieden und geh, bevor er alles wieder rückgängig macht!

»Dann kommen S' halt mal vorbei auf der Probe. Mit Ihrem Freund«, schloß ich, absichtlich vage. Ihn auf einen bestimmten Tag oder gar eine Uhrzeit festzulegen, erschien mir zu riskant.

Auf der Rückfahrt holte mich ein solcher Schreck ein, daß ich anhielt: Er soll mal vorbeikommen, hast du gesagt, und das Wichtigste vergessen: In welchem Jahr!

Zu spät. Wir konnten nur hoffen. Vom Pförtner angefangen waren alle im Haus, die ihm über den Weg laufen konnten, verständigt: er werde nicht allein sein, man möge ihn sorgfältig behandeln und um Himmels willen nicht lachen.

Wenn Valentin meine textliche Ungenauigkeit nicht wortklauberisch ausnutzte, hing das vielleicht mit seinem Freund zusammen. Schon in der darauffolgenden Woche, gegen Ende einer Probe, steckte der Inspizient den Kopf hinter dem Bühnenportal vor: »Er ist da!«

Engel beendete die Probe, blieb hinter dem Regiepult sitzen und schickte mich Valentin entgegen. Da stand er, mit Hut, beim Vorhangzieher, der sich an die Lachsperre hielt, stand da mit seinen geschnitzten Händen, neben sich einen Zwerg von der allerkleinsten Sorte, aber – ja, ich hatte richtig gesehen – mit einem vergleichsweise riesigen Höcker.

»Mein Freund«, machte uns Valentin bekannt und schaute alarmierend freundlich. Obwohl ich so tat, als sei das alles selbstverständlich für mich, scheiterte mein Versuch, ihn zu Engel zu bringen, der nicht heraufgekommen war, weil er ihn auf der Bühne sehen wollte.
Valentin schaute weiterhin freundlich mit Kopfschütteln. »Erst kommt mein Freund. Außerdem haben wir noch was draußen.«
Kein Widerspruch. Ich nickte, kletterte die Bühnenleiter hinunter und berichtete. Vom Zwerg sah ich kein Wort, nur, daß Valentin offenbar etwas vorführen wolle.
Wir warteten. Lange blieb die Bühne leer, wir hörten nur merkwürdige Geräusche und Zischen, als ob eine Souffleuse schrie. Plötzlich flitzte der Zwerg heraus. Schneller als es seine kurzen Beine erlaubten, geduckt, doch in Übermannshöhe auf einem Hochrad drehte er behende Runden um einen Karl Valentin, der jetzt in der Mitte stand, sich mitdrehend, damit er den Freund nicht aus den Augen verliere, und in Abständen verzückt hervorstieß: »Ist er nicht herrlich! Ist er nicht herrlich!«
Es war – makaber wäre untertrieben – es war konsequent. Bilder haben den Unglücklichen zeitlebens verfolgt. Optische, akustische, situative Bilder – wie schon in seiner Frühzeit der Tick, eine kleine Bühne völlig auszufüllen. Dazu erschien er in alter Uniform, Helm mit Helmbusch, der an der Decke anstieß, weil er hoch auf einem Brauereiroß saß, das querstand, ohne Spielraum, wie hoffnungslos eingekeilt in einer Parklücke. Mangels Leibesfülle hielt der Reiter zusätzlich eine Baßtuba im Arm, auf der er ein paar Töne blies. Aus.
Diesmal faszinierte ihn wohl eine graphische Assoziation, aus der er nicht mehr herauskam: der hochradelnde Zwerg

mit dem Höcker, gewissermaßen als Halbmond über der Erdkugel.
»Zu spät«, sagte Engel vor sich hin, dann rief er hinauf: »Sehr schön, Valentin. Und was machen Sie?«
Der Zwerg radelte ab; Valentins geschnitzte Hände baumelten an den Gelenken. »Ja also … ich trete, wie Sie sehen, nur mit meinem Freund auf.« Er schaute zur Seite, strahlte: »Ah, da ist er ja!«
»Sehr schön, Valentin«, wiederholte Engel, »wenn Sie uns noch das Stück dazu liefern, machen wir's sofort.«

Denkmalpflege

Heute möchte ich einem Münchner, der wie nur wenige andere zu dieser Stadt gehört, selbst ein unverwechselbares Stück München ist, ein Zweit-Denkmal setzen – dem Sommer Sigi.

Von Anfang an bei der Abendzeitung, hat er das Leben der Landeshauptstadt auf allen Schauplätzen handschriftlich festgehalten. Vom Mutterl, das mit seinem Zamperl den Vater auf dem Friedhof besucht und mit ihm spricht, über die Schickeria in teuerster Halbseide, Stenze, Nordlichter im Trachtenanzug bis zur Selbstdarstellung der Großkopferten.

Mit seinem Zweit-Ich als *Blasius der Spaziergänger* durchstreifte er seit 1948 mit Röntgenblick die Stadt. Der Architekt und Karikaturist Ernst Hürlimann hat diesen literarischen Stuntman porträtiert, seinem Wesen, seinem Blickwinkel Gestalt verpaßt: Humor, Distanz, Grant, Unbestechlichkeit und Herz.

Wenn ich's mir recht überlege, ist das bereits ein Dritt-Denkmal. 1950 habe ich *Blasius den Spaziergänger* in einer Kabarettnummer auf die Bühne der Kleinen Freiheit gestellt. Ulrich Beiger, Schauspieler und selbstverständlich Münchner, hat die kauzige Figur mit der Melone, dem Schnauzbart und dem an Chaplin erinnernden Spazierstöckchen auf so liebenswerte Weise lebendig gemacht, daß sein geistiger Vater Sigi den leiblichen Uli als Kuckucksei annahm.

Längst ist der Sigi Sommer bei der Stadt unter unverlierbarem Inventar aufgeführt. Trotzdem möchte ich ein Verdienst hervorheben, das noch zur Ehrung aussteht: Der Titel eines Doktor phil. honoris causa. Für erfolgreiche Verteidigung der Landessprache gegen drohende Überfremdung im Tschüs-Stil.
Wie kein anderer hat Siegfried Sommer das Weltstadt-Bayerisch gepflegt, es um bildhafte Neuschöpfungen bereichert und weiterentwickelt. In seinen Kolumnen, in seinen Büchern, auf dem Theater.
Wer erinnert sich nicht an den *Beatle mit Schiebedach* – eine Sommer-Bezeichnung für Stirnglatze zur Zeit der Liverpooler Sängerknaben? Oder an seine zahllosen Erotica Bavarica? Zum Beispiel die Füllung eines Dirndls hinterm Behördenschalter, die er griffsicher als »die beiden rosigen Schalterbeamten« vorstellte.
Ein Original hat originell zu sein. Je müheloser ihm das gelingt, desto originaler ist es. Hier gibt's für den Sigi keine Schwierigkeiten. Als Tennisspieler leichte Fußbekleidung zu schätzen wissend, hat er, lange vor Aussteigern und Joggern, den Turnschuh boulevard- und salonfähig gemacht. Für seine Person. Gummilatschen zum Smoking kann er sich leisten, wie Karajan Wildlederschuhe zum Frack. Seine persönliche Freiheit ist gummigeerdet. Im wachsenden Stadtverkehr hat er sie vom Cabriolet auf die Trambahn verlagert.
Wer an seinem Stammtisch im »Klösterl« oder im Augustinergarten sitzen darf, braucht sich nicht mehr ins Goldene Buch der Stadt einzutragen. Die lebenslängliche Schonzeit eines Ehrenbürgers ist ihm sicher.
Der Sigi sieht und registriert. Seine Momentaufnahmen aus dem Leben in München gehen in die Tausende. Was der

Schreibmaschinenmuffel nicht mit der Hand festhält, speichern seine grauen Zellen. Nach dreißig Jahren hat er mir den Kästner-Song von der Kleinen Freiheit vorgesungen. Erst bei der dritten Strophe kam seine Trambahn. Wie sich die *Humorlage der Nation* mit den Jahren veränderte, mußte auch Blasius erfahren. Fühlten sich bisher von einer Glosse gelegentlich *natürliche Personen*, also Menschen, betroffen, traten mehr und mehr *juristische Personen*, sprich Interessengruppen und Verbände, an ihre Stelle.
Da meldete sich 1952 in einer Leserzuschrift, die den beanstandeten Artikel an Länge weit übertraf, ein Berufsvertretungsverband e. V. aus dem Bereich der Dentalmedizin. Der Text wäre als Zeitkritik, sprachlich wie inhaltlich, kabarettreif gewesen.

> ... wenn wir feststellen, daß Glossen dieser Art unsere überaus schwierige Aufklärungsarbeit noch schwieriger zu gestalten geeignet sind, möchten wir hinzufügen, daß wir durchaus Sinn für eine kernige Dosis Humor besitzen, ja, daß darüber hinaus der Schreiber dieser Zeilen (er unterschrieb nicht) selbst nicht nur ein echter Bajuware, sondern sogar ein völlig unverfälschter Münchner ist. Mit dieser Feststellung soll dem Verdacht vorgebeugt sein, daß etwa »bayerischer Humor nicht verstanden« werde ...

Nachdem sich der Verband damit Humor bescheinigt hatte, sprach er ihn dem Sigi ab.

> ... Es wird Ihnen, sehr geehrter Herr Chefredakteur, sicher klar sein, daß niemand sich unterfangen würde, etwa über eine Hals-, Nasen-, Ohren- oder eine Frauenklinik ähnliche Witze zu machen. Den merkwürdigen

> Bezeichnungen *Fistel-Hochburg, Plomben-Tobbogan, Alpursa-Hauer* analoge »Begriffe« würden in bezug auf andere Gebiete der Medizin niemandem einfallen …

Hier wird *Blasius der Spaziergänger* grob unterschätzt. Nach einer längeren Ausführung, welche die Arbeit des Verbandes werbewirksam schilderte, schlug sich der anonyme Verfasser auf die andere Seite:

> … Wir sind davon überzeugt, daß Sie mit uns darin übereinstimmen, daß man *auf diese Art* der breiten Öffentlichkeit nicht klarmachen kann, daß die Zahn-, Mund- und Kieferheilkunde ein vollwertiges Fach der Gesamtmedizin ist und welche Bedeutung ihr im Hinblick darauf zukommt, daß Hunderttausende an schweren allgemeinen Erkrankungen leiden, die ausschließlich durch vernachlässigte Zahn- und Mundkrankheiten verursacht sind. Wir können uns wirklich nicht vorstellen, daß Sie nicht mit uns eine *andere Art* für glücklicher halten, der Öffentlichkeit die große Bedeutung der Volksgesundheit …

Volksgesundheit – dieses von den Nazis strapazierte Wort ragte als Mahnmal von gestern noch herüber und blieb trotz des großen sittlichen Ernstes der einzige Ausrutscher in die noch nicht bewältigte Vergangenheit.

Die Gisela

1950 wurde die Rationierung der Lebensmittel aufgehoben. Es gab wieder Speck, und wir setzten ihn an. Wellen schlugen über uns zusammen: die Kaufwelle, die Freßwelle, die Bekleidungswelle, die Einrichtungswelle, die Reisewelle – der Aufschwung war nicht zu übersehen.
Bei der Münchner Gastronomie hatte das Wirtschaftswunder einen Mädchennamen – Gisela. Die Gastwirtschaft *Gisela* mit ihrer singenden Wirtin Gisela in der Occamstraße 8 wurde weltbekannt und blühte wie kein anderes Schwabinger Lokal.
Sprach man irgendwo auf dem Globus über München, fiel mit ziemlicher Sicherheit entweder der Name Gisela, oder man sang den Refrain ihres berühmten Couplets: *Aber der Novak läßt mich nicht verkommen …*
Wie es sich für ein Couplet gehört, verwob Gisela ständig aktuelle Begebenheiten hinein. So läpperten sich mit der Zeit dreiundachtzig Strophen zusammen. Neunundvierzig davon gab's auf Schallplatten. Zur Erinnerung sei eine erwähnt, die Ur-Strophe, mit der die Novak-Welle begann, komponiert und getextet von dem Wiener Schriftsteller und Kabarettisten Hugo Wiener:

Ich habe einen Mann, den viele möchten,
der immer mich bewahrt vor allem Schlechten,
ein jeder kennt ihn, Novak ist sein Name –
ihm danke ich, daß heut' ich eine Dame.

Ob angezogen oder als ein Nackter,
der Novak hat am ganzen Leib Charakter –
ich hätt' schon längst ein böses End genommen,
aber der Novak läßt mich nicht verkommen.

Mit dieser Zeile enden sämtliche dreiundachtzig Strophen. Die Verse zu Tagesereignissen hat Gisela selbst gereimt. Das Lokal *Gisela* wurde am 1. Dezember 1952 eröffnet und am 6. Juni 1974 geschlossen – ein Schwabinger Rekord. Die Wirtin Gisela besaß den unbekümmerten Schwung der Nachkriegsjugend, die wenig gelernt hatte, aber viel wußte – nämlich aus allem etwas zu machen.

Da hatte es um die Ecke in der Haimhauser Straße ein anderes Lokal gegeben. Es trug den für Bayern kolonialistischen Namen *Pfälzer Hof* und wurde betrieben von einer legendären Wirtin mit Spitznamen *Mutti Bräu*. Später nistete sich dort ein Kabarett ein: die *Münchner Lach- und Schieß-Gesellschaft*. Der Pfälzer Hof war das gewesen, was Bürger ein Künstlerlokal nennen. Eng, verraucht, einfach möbliert, Kerzen auf den Tischen – ein Platz zum Bleiben, zum Verhocken.

In diesem Pfälzer Hof gab es ein für den kleinen Raum üppiges Podium, darauf eine Kapelle aus echten, lebenden Musikern. Gelegentlich trat jemand auf und ließ sich begleiten, wie Marietta di Monaco, auch sie ein legendäres Schwabinger G'wachs, eine Isar-Piaf, ebenso klein, mit wesentlich weniger Stimme, aber ungemein frech im Vortrag. Oder Walter Hillbring, ein kahler Sonortöner mit baltischem Akzent, stets in grauem Flanelldoppelreiher und Krawatte, dabei Bohemien von Format – ein an Schwabing zerschellter Seigneur.

Auftritte waren Stimmungssache. Man bekam nichts dafür,

wurde aber auch nicht gehindert, nur schlimmstenfalls ausgepfiffen. Für manche gab's vielleicht doch so etwas wie Gage, eine Flasche Wein, ein warmes Essen. Ich habe meinen Be bop immer gratis gesungen, aus Spaß an der Freud'.
Aber zurück zu ihr:
Im Pfälzer Hof stand die Wiege der *Sängerin* Gisela. Ohne Sonderhonorar, denn im Puppenstadium war Gisela noch Fräulein Jonas und bei Mutti Bräu engagiert. Nicht auf dem Podium – hinter den Kulissen als Mädchen für alles. Vom Kartoffelschälen bis zur behutsamen Entfernung Volltrunkener.
Im Dienst von der Pike – ich komme um Erfolgsmenschenlebenslaufklischees nicht herum –, im Dienst von der Pike auf erwarb sie sich: Umsicht und Vielseitigkeit, die nötig sind, um einen Laden zu schmeißen. Stimme und Bühnensicherheit gehörten dazu, die Nase für Publikum. Von Haus aus nämlich war Gisela, wie viele einfühlsame Menschen, erheblich schüchtern. Vor jedem Auftritt zog ihr Pulsschlag beängstigend an. Bis heute heißt ihr ständiger Begleiter Lampenfieber.
Man merkte es nie. Selbstmitleidige Koketterie lag ihr nicht. Sie kultivierte die besten Tugenden ihrer Generation. Gisela war ein bescheidenes, diszipliniertes, geduldiges Mädchen für alles. Erst als sie kochen, singen, rechnen, einkaufen, putzen, aufmuntern, spülen, beruhigen, engagieren, einschreiten, entlassen, verhandeln, hinauswerfen und selbst im Fortissimo der Kapelle das Gras wachsen hören konnte, stieg sie in die Selbständigkeit um.
Ohne Schwierigkeiten bei den Behörden. Die Freiheit wurde noch nicht als Zwang verwaltet. Mit kleiner und großer Bar hatte das Lokal einhundertdreiundzwanzig Plätze, die aus mindestens vier, höchstens sechs lebendigen Musikern

bestehende Kapelle nicht mitgerechnet. Von Anfang an herrschte Gedränge, und bei der erfolgreichen Enge blieb es. Edward Kennedy, damals noch schlank, zwängte sich auf einen Stuhl, Maria Callas atmete willig die stimmtötende Rauchluft, Orson Welles verdichtete den Qualm mit teurer Zigarre, Sowjetmensch Juri Gagarin, erster Nichtaffe im Vorgarten zum Weltraum, durfte im kapitalistisch-frivolen Schwabing zwischenlanden und Giselas defaitistisch-bourgeoisem Gesang lauschen:

... er hätte gern den Weltraum übernommen,
aber der Sputnik ließ ihn niederkommen.

Den Atem raubend klopfte Giselas Herz, wenn sie vor prominenten Musikern singen sollte. Noch heute fühlt sie in Erinnerung an den Abend mit Leonard Bernstein ein Nachbeben.

Er habe in Amerika von Gisela gehört, ließen Begleiter des Maestro wissen. Da er in Europa hauptsächlich französisch spreche, wäre ein Lied in dieser Sprache angebracht. Die Wahl fiel Gisela leicht. Sie hatte nur eines im Repertoire.

Bernstein, kein Meister im Stillsitzen, zeigte sich während des Vortrags angetan. Das half ihr sehr. Anschließend beim Händedruck am Tisch raffte sie alles Französisch zusammen, um deutlich zu machen, wie *enchanté* sie über den Besuch sei.

Väterlich faßte der Dirigent sie bei den Schultern und – das war doch deutsch, was er da sagte: »Dankescheen, Gisela. Machen Sie so weiter!«

Gisela versprach's und hielt's. Weder den Novak ließ sie verkommen, noch ihre hochgerühmte Spezialität: Gulaschsuppe.

So manchen Studenten oder jungen Künstler hat sie damit durchgefuttert, wenn der Magen ebenso leer war wie die Taschen. Jahre später kamen sie dann wieder, voller geworden – auch in der Brieftasche und revanchierten sich mit Champagner. Einer von ihnen könnte Udo Jürgens gewesen sein. Die Bezeichnung, die der Barde für Gisela fand, klingt nach dankbar vollem Herzen. Er nennt sie

Engel von Schwabing.

Selbst der »Spiegel«, im Umgang mit Lob nicht eben leichtfertig, hat ihr einen Ehrentitel wider den eigenen politischen Standort verliehen:

Königin von Schwabing.

Im Freistaat fiel die Anerkennung sparsamer aus. Zunächst. Überschwengliches Lob gilt auch unter Zugereisten als unbayerisch. Scheinbar ungerührt löffelte man die köstliche Gulaschsuppe. Genüßliches Schmatzen ging in Musik und Stimmengewirr unter.

Peter Paul Althaus, Lordsiegel- und Traditionsbewahrer Schwabings sowie Bürgermeister der Traumstadt, empfand das neue Lokal als Fremdkörper in *seinem* Schwabing; Gisela – das war, wenn überhaupt Schwabing, dann ein anderes, stellte er sehr richtig fest. Der Zusatz zum Wandel der Zeiten als natürliche Entwicklung fiel ihm erst später ein. Dann allerdings kapitulierte er ehrenhaft und gründlich. Gisela bekam die erzschwabingerische *Silberne Seerose* und den *Schwabinger Kunstpreis*.

Jetzt wußte man's: Sie verkörperte eine Ära. Die Ära Gisela. Auch die konnte nicht ewig dauern.

»Unbeschwert war's bis 1966!« hat ihr präzises Gedächtnis festgehalten.

Immer schneller wandelten sich die Zeiten, und Gisela zeigte, was sie durch Peter Paul Althaus gelernt hatte: sich nicht

zu entrüsten, nicht zu lamentieren, nicht am eigenen Nimbus zu stricken, nur festzustellen: »Jetzt haben wir ein anderes Schwabing. Das ist richtig so.«
Und frei von nostalgischen Beschwerden hat sie wieder ein Lokal – ein anderes. *Kaiser Friedrich*. Ein vorgestriger Name, ohne ihr Dazutun. Die Wirtschaft heißt so.
Mein Denkmal aus Buchstaben gilt der Königin von Schwabing, der Queen des unbeschwerten giselanischen Zeitalters.
Was hatten wir's fröhlich! Welchen Lärm ertrugen die Anwohner, als sei Lebensfreude für Nichtbeteiligte schlafferdernd. Gulaschsuppe gab's offiziell bis drei Uhr früh. Pünktlich zur Polizeistunde sperrte Gisela ab. Die Gäste blieben. Sie wurden nur umbenannt – in *Geschlossene Gesellschaft*. Und haben weitergefeiert, gelacht, oder, frei nach Hugo Wiener, gereimt:

> ... und hat sich wer beim Tanzen übernommen,
> ließ ihm der Novak noch 'ne Suppe kommen.

Beamte der Funkstreife klopften an die Tür – die Geräuschkulisse war zu orgastisch-orgiastisch. Giselas Augen funkten Freude. Sie bat sie herein ins geschlossene Bacchanal.
Man sei sehr laut! rügten die Ordnungshüter regelmäßig, und die Polizeistunde gelte auch für die Küche. Zur Antwort ließ Gisela ihnen Gulaschsuppe servieren, deren Duft allein Ausreden wie *Man sei im Dienst* in mechanische Schluckbewegungen umwandelte. Während die Mannen aßen, entpuppte sie sich als Avantgarde des Umweltschutzes.
»Wer löffelt, ist leise!« verkündete sie. »Ihr seid der beste Beweis. Sonst wär' hier der Teufel los. Drum muß die Küche offenbleiben.«
Gisela hat eben das – und hat es noch –, was die perfekte

Schwabinger Wirtin ausmacht: Gespür für die Menschen um sich herum, eine Antenne für Harmonie, die Störsender rechtzeitig ausmacht und ihre bösen Wellen mit behutsamem Zureden glättet; den siebten Sinn hat sie, zu dem Menschenliebe gehört.

Sagen wir's feierlich: Gisela hat sich um Schwabing verdient gemacht. Sie ist ein Stück München geworden, das noch immer leuchtet. Bis nach Übersee.

Der Diplomat

Mit langen weiten Röcken kam 1947 der *New Look* für die Damenwelt – und für einen einzelnen Herrn in München. Heiter und wohlriechend trotzte er, von dem schon die Rede war, dem Trümmerdasein mit gepflegtestem Äußeren, Nelke im Knopfloch und tadellosen Manieren. Am 15. August zur Welt gekommen – wie Napoleon –, in Leipzig übrigens, entwischte er der Stadt wie der Franzosenkaiser nach der Völkerschlacht. Vor allem aber dem sächsischen Dialekt. Er sprach mit französischem Akzent, gebrauchte französische Redewendungen. Sein ständiger Ausruf: »Oh mon Dieu!«

Der Sohn eines Kunsthistorikers, im Sternzeichen des Salon-Löwen geboren, liebte er Luxus und spektakuläre Auftritte. Herbert mit Vornamen gefiel sich in souveräner Ironie. Er stilisierte die Welt, wo sie ihm zu grau erschien, stilisierte sich selbst. Bis in die Orthographie, indem er seinen Nachnamen *Stieler* statt mit IE mit Ypsilon schrieb.

Sein fröhliches Gepränge paßte nicht in die Zeit, tat ihr aber gut. Er sah sich barock, was seiner Statur entsprach, und hätte am liebsten zur Zeit Ludwigs XIV. gelebt – als Edelmann bei Hof, versteht sich. Vom Schicksal im 20. Jahrhundert inkarniert, blieb er seinem absolutistischen Wesen treu. »Die einzig mögliche Gesellschaft ist man selbst«, könnte er gesagt haben, wäre ihm nicht Oscar Wilde zuvorgekommen, mit dem ihn manche Anlage verband – oh mon Dieu! –, von der Literatur einmal abgesehen.

Erscheinungen wie Herbert Styler gibt es nicht mehr. Bei allen gesellschaftlichen Ereignissen zeigte er sich gepflegt, overdressed, weder das Leben noch sich selber ernst nehmend, ein letzter Dandy, Daseinsgourmet aus Leidenschaft, ein lockig-mediterraner Dorian Gray, de profundis die königliche Kirsche auf der Crème de la crème, eine Majestät der Fröhlichkeit, Seine Grazie Herbert, Sonnenkönig von München.

Daß er einmal im Fasching als *Roi Soleil* erschien, ist weder Zufall noch Wunschtraum. Er lebte im größtmöglichen Stil und parodierte ihn gleichzeitig – in unserem prestigesüchtigen Land eine bemerkenswerte Spielart von Souveränität.

Sein Aufstieg begann an der Isar. Nicht einflußreiche Männer ebneten ihm den Weg. Zwei Frauen waren es, Idi und Ysabel, beide keineswegs jung, die ihm den Rahmen gaben. Beide genossen die Gegenwart des charmanten Kavaliers, und er dankte es ihnen mit großer Anhänglichkeit.

Eine Freundin jener Idi hat mir die Geschichte anvertraut. Sie ist zu schön, um nicht wahr zu sein:

Diese Freundin, als Witwe eines sehr viel älteren Reeders, das, was man eine nicht mehr taufrische, gleichwohl glänzende Partie nennt, hatte den zweiten Mann ihrer Träume schon gefunden. Nicht ganz so nahtlos fügte es sich bei Idi. Sie hatte einen alten Baron auf dem Friedhof, das Vermögen auf der Bank und suchte noch, von der schon wieder Glücklichen unterstützt.

»Ich hab' ihn!« verkündete Idi eines Tages und holte die Hilfewillige zur Besichtigung. Das war in den Dreißigerjahren. »Er arbeitet in der Textilbranche«, ließ die Baronin ihre Freundin wissen. Dabei steuerte sie auf ein renommiertes Konfektionshaus zu – ein jüdisches Geschäft, das muß gesagt werden. Am repräsentativen Eingang öffnete ein junger Mann in Livree die Tür. Mit ungewöhnlich heller Stimme begrüßte er die Damen, erkundigte sich, welche Abteilung sie suchten, um ihnen den Weg dorthin zu beschreiben.

Die Baronin dankte. Man wisse Bescheid.

Sie traten ein. Neugierig musterte die Freundin alle anwesenden Männer. »Wer ist es?«

»Das war er«, antwortete die Baronin.

»Wer?«

»Der an der Tür.«

»Idi!« Die Freundin blieb stehen. »Der ist ja noch nicht einmal im Stimmbruch.«

»Das täuscht.« Sibyllinisch lächelte die Baronin. »Na, nun sag schon, wie findest du ihn?«

Die Freundin zögerte und wurde beschwichtigt. »Er ist Volontär. Ja und? Irgendwo muß er ja anfangen.«

Sie gingen zurück.

»Auf Wiedersehn, die Damen. Beehren Sie uns wieder«, wisperte der junge Mann.

Die Freundin musterte ihn mit Pferdekennerblick. »Gut aussehen tut er ja«, sagte sie draußen.

»Und nächste Woche spricht er tief«, versicherte die Baronin. »Wir waren schon beim Arzt. Nur eine kleine Verwachsung am Stimmband.«

Sie sollte recht behalten.

»Enchanté!« sagte der junge Mann bei der nächsten Vorführung im Salon der Baronin, sagte es, seiner um zwei Oktaven tieferen Stimme genüßlich nachhorchend und küßte, von keiner Türklinke behindert, der Reederswitwe galant die Hand.

Seine Konversation war witzig, mit lässiger Eleganz bewegte er sich im neuen Maßanzug, mixte ausgezeichnete

Drinks, als sei ihm die gehobene Lebensart von der Wiege an geläufig. Selbstironisch sprach er über seine gegenwärtige Tätigkeit, bekannte freimütig, was er der Baronin zu verdanken habe, sie sei die gute Fee in seinem Leben. Damit hatte die Beziehung zu der älteren Frau ein schickliches Gewand. Jedermann mußte ihm Taktgefühl bescheinigen, niemand wäre auf den Gedanken gekommen, er fühle sich ausgehalten.

In diesem jungen Mann steckte Charakter. Das wurde klar, als die jüdischen Geschäftsinhaber sich anschickten, das Land zu verlassen. Überall lauerten damals nationale Geier, entschlossen, den Besitz der Emigrierenden weit unter Preis zu erwerben.

Der Volontär sah seinen Posten gefährdet. Er wollte aber unter allen Umständen in der Textilbranche bleiben. Über die geliebte Mutter bestand ein Affekt. Verwandte von ihr hatten in ihren Tuchfabriken Uniformstoffe für die zaristische Armee gewoben. Idi, die gute Fee, nahm seinen Wunsch mit Rührung auf. Sie erklärte sich bereit, ihm den Laden zu kaufen.

Seine Reaktion war bemerkenswert. Er willigte ein – unter einer Bedingung: Sie möge ihr nobles Angebot mit einer guten Tat verbinden und den jüdischen Besitzern den tatsächlichen Wert ausbezahlen. Man dürfe ihre Notlage nicht ausnützen.

Über Konten der Baronin im Ausland kam der reelle Verkauf, von den neuen Machthabern unbemerkt, zustande. Nun war er Chef und hat seine gute Fee geheiratet. Nicht auf die alltägliche Weise mit Standesamt, vielmehr ganz privat. *Réligeusement* – wie er es nannte.

Das Geschäft florierte nicht. Ein zu spät geborener Sonnenkönig ist eben kein Kaufmann. Was diese Talente angeht, ähnelte er mehr einem anderen Geburtstagsvetter: Lorenzo dei Medici, il Magnifico. Der hatte aus Florenz eine blühende Stadt gemacht, bis seine Kassen leer waren.

Der Laden ging in merkantilere Hände über, Herbert Styler konnte sich wieder ganz dem Schönen und Angenehmen widmen. Mit 27 Jahren war er als Konsul von Albanien der Jüngste im Corps. Zwei Jahre später wurde er Konsul von Paraguay. Die Südamerikaner legten ihm nahe, das Deutschland des Österreichers zu verlassen. Alles wäre glatt gegangen, doch er fühlte zu europäisch, blieb und wurde Konsul von Siam, das später Thailand hieß – Land der Freien, wie er sagte.

Auch zu Hause blieb er frei – im Widerstand. Ein kleiner, stiller Kreis, dem Idi und ihre Freundin angehörten, ferner die Frau des Polizeipräsidenten sowie eine Dame, die sie *Fleur Bleue* nannten, unterhielt Kontakte zu nicht Linientreuen auf einflußreichen Posten. Über diese Beziehungen – ein Konsul kann da einiges tun – halfen sie Bedrängten ins Ausland, versteckten Gesuchte und bogen Strafversetzungen an die Front ab.

Nach der Befreiung kaufte der Konsul des Landes der Freien wieder einen Laden, in bester Lage, stattete ihn mit Empiremöbeln aus – Reverenz an Geburtstagsvetter Napoleon – und verkaufte die erlesensten, teuersten Stoffe, die der Weltmarkt anbot.

Privat sorgte der Konsul in aufopfernder Weise für die mittlerweile betagte Baronin. Er liebte ältere Frauen, weil sie mehr zu sagen haben, erfahrener, witziger und überlegener sind. Aber auch manchem jungen Mann stand er, nun selber gute Fee, hilfreich zur Seite. Ja sogar die Öffentlichkeit, das Münchner Kulturleben sollte von seiner sprichwörtlichen Großzügigkeit profitieren.

Da setzte 1949 an den Münchner Kammerspielen der Direktor Harry Buckwitz ein Stück der amerikanischen Botschafterin Clare Booth-Luce in Szene: *Frauen in New York*, eine extravagante Schlangengrube, ein parfümierter Großstadtprospekt, gut-böse und mit über vierzig weiblichen Rollen. Da es im Sehr-reiche-Leute-Milieu spielte, bereitete die Ausstattung Kopfzerbrechen. Für jede der Schauspielerinnen mußten zwei bis drei ausgefallene Kleider entworfen und gefertigt werden. Der Regisseur mobilisierte die Münchner Haute Couture. Mit Erfolg. Heinz Schulze-Varell und andere erklärten sich zu schöpferischer Mitwirkung bereit – gegen Nennung ihrer Namen im Programmheft.

Auch Styler fehlte nicht. Zum Einkaufspreis lieferte er die Stoffe und übernahm aus freien Stücken das Amt des *Arbiter elegantiarum.* Seine Stoffe durfte man nicht einfach für Schauspielerinnen zurechtschneiden, sie sollten zu ihren Trägerinnen passen, die Zusammensetzung der Farben in den verschiedenen Szenen mußte komponiert werden – von ihm.

Der Regisseur gab dem Kompositeur recht und versprach, an einem Abend nach Ladenschluß alle Damen zur Stoffauswahl mitzubringen.

»Mais non, cher ami«, abwehrend hob Styler beide Hände, der kleine Brillant funkelte wie ein Rebellenauge, »vierzig Frauen auf einmal – oh mon Dieu! Das gibt unerträgliche Rivalitäten. Bringen Sie sie einzeln.«

Damit war für Harry Buckwitz die Hundert-Stunden-Woche gesichert. Jeden Abend geleitete er eine seiner Damen, Maria Wimmer, Susanne von Almassy, Maria Nicklisch, Liesl Karlstadt, Eva Kerbler, Gertrud Kückelmann, Herta Saal, Dagmar Altrichter und wie sie alle hießen, in den Luxustempel aus Farbe und Feingewebe. Dort schwelgten sie bei spendiertem Schaumwein in der Pracht. Schon das hält auf, und da Compositeur Styler als Ästhet nur schwer zu ermüden war, fiel die Entscheidung selten vor Mitternacht.

Immerhin, die Zusammenarbeit von Compositeur und Couturier wurde belohnt. Schickeria aufwärts sprach man von Münchens elegantestem Theaterereignis. Bald nach der Premiere landete die Verursacherin Clare Booth-Luce in Riem. Harry Buckwitz, der sie abholte, glaubte nicht recht zu sehen. In Begleitung von zwei hollywoodreif aussehenden Jesuitenpatres in weißen Soutanen entstieg sie dem Flugzeug.

Abends saß das Trio in der Vorstellung, erste Reihe Mitte. Ohne es zu wollen, sorgten die Patres für zusätzliche Stimmung. Ungeniert amüsierten sie sich über jede der zahlreichen Frivolitäten. Und das Publikum lachte doppelt. Einmal über den Text und noch einmal über die Reaktionen der Patres.

Trotz bester Lage ließ sich das Geschäft mit den teuren Stoffen nicht halten, oh mon Dieu! Die Zeiten wurden immer konfektioneller; der noble Kaufmann ohne *fortune* – auch Geburtstagsvetter Ludwigs des Heiligen von Frankreich – nahm's leicht. Der überzeugte Monarchist schloß die Tür, vergaß die Verluste und widmete sich dem Angenehmen. Dazu gehörten für ihn auch die Repräsentationspflichten als Honorarkonsul der Märchenmonarchie Thailand. Überall sah man *Hercules I.*, seinen gelb-schwarzen Rolls-Royce, Baujahr 1928 mit CC-Schild.

Um die Mitte der Fünfzigerjahre zeigte sich der Generalkonsul öfter allein. Die Baronin kränkelte. Doch gelegentlich sah man das Paar in Begleitung einer älteren Dame von

wahrhaft internationalem Zuschnitt. Im Hotel Vier Jahreszeiten vor allem, wo die Fremde ein Jahresappartement bezogen hatte. Ihr Auftreten war beherrschend wie ihre großrandigen Hüte. Ihr Schmuck aber übertraf alles, was an Münchner Hälsen, Handgelenken, an Händen und Ohren glitzerte.
Sie sei die Witwe oder Tochter eines südafrikanischen Diamantenhändlers oder Minenbesitzers und millionenschwer – munkelte man in der Schickeria und in anderen Kreisen.
Wieso kam diese *Grande dame*, die aus einer andere Epoche herüberragte, ausgerechnet nach München zu den Stylers? fragte man sich. Und schließlich den Portier.
Sie kam aus den USA, hieß Ysabel Tass, aus Holland gebürtig, Jüdin, beherrschte sechs Sprachen und war – was der Portier nicht wußte – eigens an die Isar gereist, um den Generalkonsul kennenzulernen. Nach drei Ehen auf der Suche, ihr Leben neu zu zentrieren, hatte sie von einer Freundin aus der Berliner Haute Couture folgenden Rat bekommen: »Fahr nach München, geh zu den Stylers. Lerne ihn kennen, und du hast etwas zum Freuen.«
Es wurde in der Tat viel gelacht am Tisch im Restaurant *Walterspiel*. Mitunter sah man die beiden Damen auch allein, doch immer häufiger den Generalkonsul mit Madame Tass. Die Baronin kränkelte.
Klatschmäuler und Klatschspalten nahmen das Paar als willkommenes Wiederkäufutter, stets mit mokantem Unterton und damit ganz im Sinne von Stylers profiliertem Unernst. Ihr nimmermüder Eifer machte das distinguierte Gespann zu einer Münchner Institution.
Nun konnte auch der Chronist seine journalistische Sorgfaltspflicht erfüllen. *Blasius der Spaziergänger* gab Madame

Tass einen stark volkstümlichen Namen, der ihr bleiben sollte: *Diamanten-Wally.*

Den Sonnenkönig ließ der Rummel ungerührt. Er gab sich weder getroffen, noch mißvertanden. Sprach ihn jemand darauf an, lächelte er in seiner liebenswürdigen Art und gab die entwaffnende Antwort. »Mon Dieu! Damit kann ich mich nicht aufhalten.«

Zwei Jahre residierte die fröhliche Witwe im Hotel Vier Jahreszeiten. Dann ging es mit der Baronin zu Ende. Aufopfernd umsorgt von ihrem Weggefährten, schied die gute Fee beruhigt wie im Roman. Ihr Gatte – réligieusement – würde versorgt sein. Noch im selben Jahr wurde das Appartement im Hotel aufgegeben.

»Wenn man etwas haben will, muß man dafür bezahlen.« Mit diesen Worten hatte Madame ihr Warten auf den Generalkonsul umschrieben. Jetzt sollten Freunde wie Klatschmäuler erfahren, daß es kein Scherz gewesen war.

»Ich bin Holländerin und brauche Ordnung. Ich will ein Haus führen, Gäste empfangen …«, ließ sie verlauten.

Im April 1957 wurde sie im Zürcher Stadthus Madame Styler. Amtlich, nicht nur réligieusement.

In Harlaching bezogen die Stylers eine Villa mit Diener und bis zu zwölf Möpsen; der Kardinal segnete das Haus; das Gästebuch verzeichnet bekannteste Namen aus aller Welt, Politiker, Industrielle, Adelsschickeria. Bazillen waren nicht zugelassen. Um ihnen vorzubeugen, mußte das Hausmädchen zum Bettenmachen weiße Handschuhe tragen.

Schlich sich dennoch einer ein und verursachte beispielsweise Schnupfen, sagte der Generalkonsul alle Einladungen ab und verließ das Zimmer nicht, bis die Störung abgeklungen war. Bazillen aus Dabeiseinwollen an andere weiterzugeben, hätte er als rücksichtslos empfunden. Einen der

vielen Möpse ja – den konnte man weitergeben, wie es einmal geschehen ist. An den Schah von Persien, ganz entre nous.
Gelegentlich sah ich sie, die Möpse, von Madame mit großem Hut, zierlichem Stöckchen und kleinen Schrittchen Gassi geführt. Oder ihn, im taillierten Mantel mit Seidenschal, Homburg, Spazierstock und Diplomatentasche, das gepflegte Bärtchen unter der Nase von einem Lächeln in die Breite gezogen, an einer Haltestelle der Straßenbahn.
»Konsul, Sie hier?« wollte ich sagen, doch da hatte er mein Erstaunen bereits unterlaufen.
»Mon cher ami, es gibt nur zwei Arten, sich forzubewegen: Trambahn oder Rolls-Royce.«
Vierzehn Jahre dauerte das ausgereifte Glück aus Rücksicht, Toleranz und gemeinsamem Lachen. Galant ließ er Madame auch an der letzten Tür den Vortritt, gab das Haus auf, zog in die Maximilianstraße schräg gegenüber dem Hotel, wo sie einstmals auf ihn gewartet hatte. Nun wartete er.
Es wurde stiller um Styler. Wie es um ihn stand, zeigte sich bei einer Bootspartie auf dem Gardasee. Wohlgelaunt und leichtherzig brillierte der Salonlöwe wie gewohnt. Ein Sturm kam auf, die Wellen spielten mit dem Schiff. Schreiend und zu Tode geängstigt klammerten sich die Gäste an feste Gegenstände. Nicht so der Generalkonsul. Im Trenchcoat, den Mantelkragen hochgeschlagen, ein Hermès-Tuch unterm Kinn geknotet, saß er in korrekter Haltung auf dem Achterdeck. Selbst als das Schiff zu kentern drohte, blieb er unbewegt.
Todesangst? Mon Dieu! Damit konnte er sich nicht aufhalten und sagte nur, ganz für sich: »Ysabel, ich komme.«
Seine Zeit war vorbei, doch er mußte noch warten. Elf Jah-

re nach Madames Abschied fiel er auf der Maximilianstraße um und kam nicht mehr zu Bewußtsein.

Paradiesvögel wie er sind ein Maßstab. Sie gedeihen in fröhlichen Zeiten. Mit Freunden den Freuden zugetan, für sich selbst bescheiden, immer dezent, ein gütiger Pfau, eine Zelle Heiterkeit in der Welt, hatte Münchens Sonnenkönig das, was man Lebensart nennt. Homburg ab vor Herbert Styler.

Erstes freies Nikolaus- und Engerltreffen

Ort der Handlung: eine der beliebtesten Festadressen, die Atelierwohnung einer Fotografin im schönsten Teil von Schwabing. Die Besitzerin, eine hübsche Hellblondine aus alter Münchner Akademikerfamilie – so unterschied man damals –, liebte es, viele fröhliche Menschen um sich zu haben, die sie nimmermüd nach Kräften bewirtete. Sie war das, was man einen Freund nennt.

Wir hatten eine Methode entwickelt, um Freundschaft zu messen. Das Rezept bestand aus einer einzigen Frage: Du hast jemanden umgebracht und traust dich nicht nach Hause. Zu wem würdest du gehn?

Dabei fiel regelmäßig der Name der Fotografin, und man wußte, wie ihre Antwort lauten würde: Soso, deinen Nebenbuhler hast du umgebracht! Komm rein und trink erst mal was, damit du dich beruhigst. Dann legst du dich aufs Ohr. Morgen sehen wir weiter.

Freunde dekorierten die Räume, machten mit Fotolampen und Farbfiltern phantastische Lichteffekte, ohne daß der erhöhte Stromverbrauch beim Elektrizitätswerk auffallen konnte.

Das Fest wurde zu einer hinreißenden Ballnacht. Nikoläuse, dick vermummt, vom Gehpelz bis zum Bischofsornat, und Ruprecht-Knechte, den Sack geschultert, in dem sich mehr oder weniger trinkbarer Alkohol befand, alle mit umgehängten Bärten, die sie zum Küssen hochklappten, lasen

züchtigen und leichtgeschürzten Engerln zuerst die Leviten, um ihnen schließlich ihre Sünden zu vergeben. Die noch zu erwartenden eingeschlossen.
Ein Nikolaus fiel allen auf. Besonders der Fotografin. Ein Malerfreund hatte ihn mitgebracht und als italienischen Nicolausio vorgestellt. Man hörte es. Seine deutschen Sprachkenntnisse waren noch begrenzter als die Bewegungsfreiheit von uns Deutschen. Trotzdem gelang es ihm, uns deutlich zu machen, daß er der Neffe eines berühmten adeligen Schriftstellers sei, dessen Name bei uns zur Schulbildung gehörte.
Die Nacht wurde durchtanzt. Als die ersten gingen, hatten ernsthaftere Bürger ihre Arbeitsplätze längst eingenommen. Auch der italienische Nikolaus ging. Um seine Koffer zu holen, Schrankkoffer voll erlesener Garderobe, darunter drei Smokings. Seitdem hat er das Haus nur noch kurzfristig und ohne Gepäck verlassen. Sein Deutsch besserte sich im Lauf der Jahre so sehr, daß er der Fotografin auf dem Standesamt sein Ja-Wort geben konnte.

Viel später, um die Mitte der Sechzigerjahre, wurde er an seine Einzugsnacht erinnert. Noch immer trafen sich Freunde in dem gastlichen Haus, und das Fotoatelier, inzwischen mit neuen Scheinwerfern und Apparaten bestückt, ernährte die beiden. Eines Abends, beim Gespräch unter vier Augen, machten sie eine bemerkenswerte Entdeckung.
Sag mal, bekommen wir eigentlich Stromrechnungen?
Das regelst doch du!
Ich? Dann würd' ich ja nicht fragen.
Hm. Ich wüßte nicht, daß ich je eine gesehen hätte. Vielleicht wird's vom Konto abgebucht.
Das hätte ich bemerkt.

Komisch. Vielleicht ist der Zähler kaputt?
Das hätten die von der Stadt bemerkt.
Schau halt mal nach!
Weißt du, wo er ist?
Ich kenn' mich da nicht aus.
Im großen Freundeskreis war es nicht schwer, einen Kundigen zu finden. Der suchte lange, kroch in alle Ecken des verwinkelten Altbaus und sagte, als er endlich wieder zum Vorschein kam: »Ich gratuliere euch. Ihr habt überhaupt keinen Zähler.«
Das stimmte nachdenklich. Gemeinsam drehten sie die Zeit zurück. Bis zum ersten freien Nikolaus- und Engerltreffen. Es mußte auch das erste zählerfreie gewesen sein.
Das stimmte besorgt. Gemeinsam überlegten sie. Hatte einer seinerzeit den Kasten vielleicht abmontiert, um die Lichtfülle überhaupt beizubringen? Wenn ja – wer? Was nützt der Name jetzt noch?
Sie begannen nachzurechnen, Stromgebühren im Lauf der Jahre, Normalverbrauch, zusätzlicher Verbrauch durch Atelierscheinwerfer und andere Apparate. Die Summe, die sich ergab, belief sich auf stattliche 50 000 D-Mark.
Das stimmte bange. Gemeinsam machten sie Scharfsinn flott. Mußte man das melden? Dann gäbe es sicher eine saftige Strafe dazu, denn wer würde ihnen glauben? Und wenn man heimlich einen Zähler einbaute? Aber woher nehmen? Dann käme mit Sicherheit heraus, daß vorher keiner da war. Das würde die Strafe unweigerlich erhöhen. Am sichersten wäre es, auszuziehen. Wie aber dem Nachfolger die Installation erklären?
Glücklicherweise waren einige der Engerln vom ersten freien Treffen im Himmel angekommen und zu Schutzengeln für ihresgleichen umgeschult worden. Sie bewirkten, daß

das Fest ohne böse Spätfolgen blieb. Niemand sollte nach dem Zähler suchen, kein Beamter konnte dahinterkommen, daß er fehlte. Die schuldlos Schuldigen wurden von ihrer Last befreit. Sie mußten ausziehen. Das Haus, samt allen vorhandenen und nicht vorhandenen Installationen, wurde abgerissen.

Traumspiele und Wirklichkeit

Wie Axel von Ambesser müßte man's machen, dachten viele beim Theater, deren Karriere noch nicht angebrochen war. Ambesser hatte gefilmt, Drehbücher und Stücke geschrieben, er hatte inszeniert und spielte auf großer Breite, vom Klassiker über Boulevard bis zum Kabarett, wofür er auch textete. Für die Münchner Theaterjugend war Ambesser Galionsfigur, ihr progressiver Protagonist und Autor. Ich sehe uns noch jubelnd mit geschwollenen Fingern immer weiterklatschen bei der Premiere seines Stücks *Das Abgründige in Herrn Gerstenberg*. So müßte man's machen! Das Stück geschrieben haben, die Hauptrolle spielen und nach zwanzig Vorhängen noch kein Ende des Beifalls feststellen können, wie an diesem 30. Oktober 1946.

Mir lag Axel besonders mit seinem ausgeprägten Sinn für Unsinn, seinem sittlichen Unernst und Mangel an deutscher Tiefe, was immer das sein mag. Er war kein Verwandler, kein Rollenschlüpfer wie Werner Krauß, der sich bis in die Stimme verändern konnte, so daß man im Programmheft nachschauen mußte, wer das wohl sei. Ambesser war immer Ambesser, ob als Hektor in *Der Trojanische Krieg wird nicht stattfinden* von Jean Giraudoux, am 15. April 1946 erstaufgeführt, oder als Korff in Molnárs *Spiel im Schloß*, der Silvesterpremiere von 1945. Immer wirkte er unangestrengt, kein augenrollender, nüsternblähender Gesichtsgymnast, kein bedeutungsschwerer Sonortöner, ein leiser Herr, der sich mit Spaß selber spielt und dem man dabei gerne zusah. Auf der Kabarettbühne gefiel er mir am besten. Da konnte er den konservierten Text verlassen, sich in Wortspiele verlieren, Einfälle mit Pointen dazwischenschieben. Einfälle erschienen mir als das Wichtigste überhaupt, Einfälle bestimmten seit Jahren das Leben all derer, die sich nicht mit der Herde zum Schlachthof treiben ließen, sich lieber auf eigenes Risiko durchschlagen wollten: Einfälle machten Freiheit möglich.

Den Zweitambesser strebte ich nicht an, sah im Original eher eine Art Leitplanke, um meine Unentdecktheit auf Kurs zu halten. Für den richtigen Kurs schien mir ein richtiger Kurs das Richtige.

Da gab es, einem Gerücht zufolge, im Isartal das erste Unternehmen mit der Bezeichnung *Studio*, eine Schauspielschule besonderer Art. Dort werde, unter Anleitung eines erfahrenen Theaterpraktikers und mit einer von C. G. Jung beeinflußten Atemtherapeutin, der Umgang mit dem Werkzeug des Schauspielers, dem Ich und dem Rollen-Ich, psychologisch vertieft. Die noch ahnungslose Gestaltungskraft werde bewußt und damit verfügbar gemacht, das Repertoire der schlummernden Möglichkeiten durch Arbeit an eigenen Träumen ermittelt und erweitert. Nach Bewußtmachung werde das Gewonnene über Atemtechnik ins Unterbewußte abgesenkt – man zitierte in diesem Zusammenhang Kleists Schrift vom Marionettentheater – und sei von dort als Gestaltungseinheit jederzeit für den Auftritt abrufbar. Ein esoterisch-dynamisches *Center*, würde man heute sagen. Dahin zog es mich.

Aktivitäten mit aparten Absichten waren gang und gäbe. Das Kulturleben steckte voller Renovierungseifer. Wir versorgten uns à la carte. Beim staatlichen Theater am Brun-

nenhof der Residenz hatte ich in einem Stück mitgewirkt, einem Lebensbilderbogen des Malers Vincent van Gogh in ungewöhnlicher Aufbereitung. Arnulf Schröder, der Regisseur, setzte seine Spielschar in die ersten beiden Parkettreihen. Hier verwandelten wir uns vor den Augen des Publikums, stülpten Perücken über, klebten Bärte an, wechselten Kostüme und konzentrierten uns sichtbar auf den nächsten Auftritt. Jeder spielte mehrere Rollen. Bei einem alten Professor härteten wir mit endlosem Gebrüll unsere Stimmritzen und honorierten den Meister mit Butter, Speck und Kaffee.
Diese Ausbildung für die Bühne trug mir durch die seltsamen Atem- und Sonnengeflechtsstrapazen einen Zwerchfellhochstand ein. Ich glaubte, einen Herzfehler zu haben, und rätselte woher. Bis ein kurzes Gastspiel bei der Buddhistischen Gemeinde das Leiden mit Yogaatmung wieder behob. Gymnastik und Florettfechten mögen dabei mitgeholfen haben. Heinrich Sauer und ich schrieben in durchträumten Nächten ein Stück, dessen Aufführung allen erspart blieb. Wir hatten auch die Musik dazu komponiert, und waren nicht die einzigen. Alle Welt gab sich schöpferisch, suchte und fand. Zumindest eine Schublade für die Träume.
Jetzt also Isartal! Meinem Drang in das Studio stand ein Vorsprechen im Weg. Ich versuchte mich an Naturburschikosem aus *Der zerbrochne Krug*, meiner Treu', ich Tölpel, und, um privat sein zu können, an Ambessers Rolle aus dem *Gerstenberg*, dem Ansager. Meine Selbstkritik ließ mich durchfallen, doch das Studio nahm mich auf, und eine Ausbildung begann, die selbst in Theaterkreisen als unkonventionell bezeichnet werden muß.
Auf einer Wiese nahe der Isar, zwischen Bad Tölz und Leng-

gries, stand ein militärisch anmutendes Lager: Zelte, Faltbetten, Decken, Klappstühle, -tische, Geschirr – alles aus amerikanischen Armeebeständen. Die Ausrüstung täuschte jedoch: das war die Schauspielschule. Das Lager befand sich neben den Wohnsitzen der evakuierten Atemtherapeutin und des Regisseurs, die als Bombengeschädigte bei Bauern untergekommen waren.

Doch wieso die amerikanische Ausrüstung? Es gab keine deutsche Dienststelle, die einem Privatunternehmen wie dem Studio Unterrichtsraum zur Verfügung hätte stellen können, schon gar nicht in München, wo alle Wege beschwerlich und zeitraubend waren. Also hatte man umgedacht: Wenn die Schüler im Studio wohnten, in der Nähe ihrer Lehrer, und dort auch verpflegt würden, wäre das die beste Lösung. Sie wurde angestrebt, die Umstände sorgten für Abstriche. Eine Waldwiese ersetzte die Bühne, essen konnte man unter freiem Himmel und bei Regen im Bauernhof, dort wohnen war allerdings nicht möglich.

Im dicht besetzten Bad Tölz gab es leider keinen amerikanischen Theateroffizier, der friedlichen Thespisjüngern ein komplettes Camp zur Verfügung gestellt und sie obendrein auch verpflegt hätte. Diese Lücke mußte mit dem für Deutsche freigegebenen Baumaterial geschlossen werden: mit Organisation und Improvisation. Der Bauleiter, ein Mann mit Einfällen und Beziehungen, war bereits gefunden. Bei den Amerikanern beschäftigt, mit einer der jungen Schauspielerinnen aus dem Studio verlobt, brachte er zunächst alle Voraussetzungen mit, später auch alles weitere.

Seine jüngere Vergangenheit glich einem Summa-cum-laude-Zeugnis für Krisenbewältigung. Lutz Hengst, Jagdflieger, im Frühjahr 1945 mit Schußbruch im Heereslazarett Jüterbog. Die Russen haben die Oder überschritten, und in

ihre Gefangenschaft zu geraten, ist das Letzte, was man sich wünscht. Da plötzlich gibt's Unruhe im Lazarett. »Der Unruh kommt!« heißt es. General von Unruh durchkämmte im Auftrag Hitlers Schulen, Rüstungsbetriebe, Lazarette nach einigermaßen kampffähigem Menschenmaterial. Die Menschen nannten ihn *Heldenklau*. Freund Lutz beobachtet, wie Herr General im schweren Horch mit Generalsstander vorfahren.
Das ist die Chance!
Kaum hat der General mit Gefolge das Lazarett betreten, schleicht er sich mit einem Fliegerkameraden hinaus. Ohne Gepäck, ohne Zahnbürste klauen sie den Wagen des Heldenklau und rasen, was der Karren hergibt, davon.
Dank dem Generalsstander passieren sie Kontrollen der Feldgendarmerie, die sie, ohne Papiere, als Fahnenflüchtige in den Unheldentod geschickt hätte. Bei Halle an der Saale geht das Benzin zur Neige. Sie erreichen den Fliegerhorst und steigen auf einen Funkwagen um, den ihre Einheit dort zurückgelassen hat. Damit haben sie eine nachprüfbare Antwort für Kontrollen: unterwegs zur Truppe bei Landau.
Von dort wird Lutz ins Jagdfliegerheim Bad Wiessee am Tegernsee überstellt, wo sich verwundete Piloten erholen. Die Amerikaner kommen, lösen das Heim auf, erklären die Verwundeten zu Gefangenen und bringen sie an einem eisigen Maitag mit Lastwagen ins nahe Rottach-Egern. Dort befindet sich auf schneebedeckter Wiese ein provisorisches Gefangenenlager. Es gibt nur wenige Zelte, die meisten Gefangenen haben die Nacht unter freiem Himmel verbracht. Die Neuzugänge werden sofort von deutschen und amerikanischen Militärärzten untersucht. Diese teilen sie ein: LV – lagerverwendungsfähig, das bedeutet Gefangenschaft,

LZV – lazarettverwendungsfähig, das betrifft die schweren Fälle.
Zu ihnen gehört Lutz nicht. Aber in dem eiskalten Lager möchte er keinesfalls bleiben. Die Idee, die ihm dabei kommt, wird umgehend verwirklicht: Er schlendert zu den Ärzten, zu dem Tisch, wo die Gefangenenlisten liegen. Während sich die Mediziner unterhalten, sucht er seinen Namen auf einer der Listen, findet ihn, macht aus dem LV dahinter ein LZV und trollt sich wieder.
Die Gruppen werden getrennt. 5000 Mann bleiben im Lager, Lutz und siebzehn schwere Fälle landen auf einem Umweg über das Krankenhaus Tegernsee im Versorgungskrankenhaus Bad Tölz. Die Ärzte dort rätseln. Außer dem Schußbruch muß er ein schweres inneres Leiden haben, sonst wär er nicht da. Man wird ihn beobachten.
Auch er beobachtet. Vor allem die Chefsekretärin, eine angehende Schauspielerin – seine spätere Frau. Es geht ihm gut, der Bruch ist verheilt, ausgedehnte Spaziergänge kräftigen den Rätselpatienten. Eines Tages kommt er von einer Bergtour zurück und findet sein Bett mit einem anderen Verwundeten belegt. Er ist entlassen, die jahrelange Versorgung durch Vater Staat ist beendet.
Wohin?
Er steht auf der Straße und sieht sich um. Schräg gegenüber befindet sich das Hotel, das für Offiziere des Hauptquartiers von General Patton requiriert wurde und wo es aus der Küche immer so verlockend riecht. Die Idee, die ihm dabei kommt, wird umgehend verwirklicht: In seiner Fliegeruniform ohne Schulterstücke und Kragenspiegel tritt er ein und wird von einem amerikanischen Offizier aufgehalten. Was er hier zu suchen habe?
In Schulenglisch bekommt der Mann einen ausführlichen

Steckbrief: Gruppenkommandeur eines Jagdgeschwaders, 28 Abschüsse, nur Amerikaner und Engländer, 14mal selbst abgeschossen, 12mal mit Fallschirm gerettet, 2 Bruchlandungen, vom Lazarett als geheilt auf die Straße gesetzt, auf der Suche nach Arbeit.
»Sie sind der erste Deutsche, der zugibt, was er alles getan hat!« antwortete der Captain, als Jude des Deutschen mächtig, »Sie können gleich hier anfangen.«
Da es sich bei dem Captain um den Messeoffizier handelte, um den Küchenoberbefehlshaber, der verantwortlich ist für die Ernährung des amerikanischen Offizierscorps sowie der deutschen Zivilangestellten, war die Versorgung des Schaupielstudios gesichert.

EINZELKÄMPFER

Kurz vor Kriegsende hatte Freund Rudi aus der Villa des geflohenen Gauleiters Volkseigentum zurückgeführt. Nicht zuletzt aus dem Weinkeller hatte er mit dem Rucksack davongeschleppt, was die Gurte hielten, die Spitzenprodukte eilends im Vorgarten versteckt, um so schnell wie möglich in den Gauleiterkeller zurückzukehren, ehe andere ihm zuvorkämen.

Schnell mußte man sein in diesen turbulenten Tagen und an alles denken. Auch an die lieben Nachbarn, ob sie einen nicht etwa beobachteten. Während Rudi den nächsten Sack voll Flaschen seinem Privateigentum zuführte, entwendeten sie die Ladung des ersten aus dem Vorgarten.

Der Verlust, durch Giereifer entstanden, ließ sich verschmerzen. Noch heute ziert ein stattlicher Teppich aus dem unfreiwilligen Nachlaß des Gauleiters sein Haus.

Ré Grossmann, der Maler, lebte mit einer Freundin von karger Attraktivität. Das schont die Nerven. Sie hatte die verführungspflichtigen Jahre hinter sich und schob, gleichsam zum Beweis ihrer ausgereiften Kochkunst, eine stattliche Wölbung in der Äquatorzone vor sich her, eine Wampn, wie man in Bayern sagt. Er nannte sie zärtlich Wamba. Diese dunkle, düster blickende Frau besaß ausgleichshalber ein zweites Gesicht. Sie sah nicht gerade hell, ahnte jedoch mehr und richtiger als andere und sicherte ihre Prognosen mit Karten ab, die sie gegen Honorar in Form von Naturalien für jedermann legte.

Bei ihr saß Ré, stets um den guten Ausgang seiner Schwarzmarktaktivitäten wissend, wohlgeborgen an der Quelle. Wo andere sich mit Entscheidungen plagen mußten, über Hoffnungen keinen Schlaf fanden, zwischen Partnerschaften pendelten, war er, der gebürtige Elsässer, *l'homme tranquille*, aus Reife und Bequemlichkeit treu. Frauen mit Ahnungen verläßt man besser nicht, sagte er sich, man wartet, bis die Karten sagen, es sei aus. Daß sie es sagen, läßt sich mit Konzentration beschleunigen, doch was hat man dann?

Ré genoß die schlechte Zeit nach Art des Zauberlehrlings, der von seinem Meister schon weiß, wann andere sich wundern werden und worüber. Die ständige Gegenwart einer sensitiven Person macht zwar noch keinen Esoteriker, auch nicht mit Hilfe von Wein, den beide schätzten und sich zu beschaffen wußten, zweifellos aber beeinflußt sie den eigenen Blickwinkel. Kopflastigkeit klingt ab, der Bauch fängt an zu denken, man ertappt sich zunehmend dabei, daß man Ratschläge gibt. Oft fallen sie rüde aus, die veränderte Sicht drängt zur Klarheit, ohne schonende Umschreibung.

Ré wurde dieser innere Wandel bewußt, als ein Bekannter auf der Straße seine heitere Gelassenheit witterte und sie zum Anlaß nahm, sämtliche Sorgen bei ihm abzuladen.

»Das ist kein Leben mehr! Zweimal ausgebombt, alles verloren, unterernährt, nichts zum Heizen, die Frau schwerkrank, keinen Pfennig, die Freundin mit den letzten Habseligkeiten durchgebrannt, und da sagt mir der Arzt, ich hätt' eine offene Tb. Ich weiß nicht mehr, was ich machen soll ...«

Ré wußte Rat. »Da hilft nur ein Stein an einem Strick um den Hals und in die Isar!«

Auch die Altvorderen hatten den Schwarzhandel als Komfortstütze erkannt. Besonders, wenn im Laufe eines langen Lebens gewisse Süchte seßhaft geworden waren. Bei Peter Barthels Vater handelte es sich um das Rauchen. Der große dünne Mann führte das freie Leben eines vorbildlichen Schwabingers. Er nahm an den Festen seiner Söhne teil, ging entsprechend spät zu Bett und stand nie vor zwölf Uhr mittag auf. Wie es ihm gelang, die für ihn lebenswichtigen Zigaretten in solchen Mengen zu beschaffen, daß er damit neben dem beträchtlichen Eigenbedarf den Unterhalt für seine Familie finanzieren konnte, blieb sein Geheimnis. Nachmittags zog er los, die Waren zu besorgen, am Vormittag wurde verkauft. Um sein Privatleben möglichst wenig zu stören, wickelte er die Geschäfte im Schlafzimmer ab. Kam ein Kunde, mußte seine Frau ihn wekken. Wegen Geld aufzustehen, wäre zu viel der Mühe gewesen.
Meist öffnete er nur ein Auge. Erschien ihm der Kunde vertrauenswürdig, hörte er sich seine Wünsche an und hob dabei ein Bein. Ging's um *Chesterfield* und *Camel*, das linke, bei *Lucky Strike* und *Pall Mall* das rechte. Da lagen die Stangen im dämpfigen Fermentierklima unter der Bettdecke. Der Kunde bediente sich, legte das Geld auf den Nachttisch, das Bein senkte sich, das observierende Auge fiel wieder zu. Kein Polizist der Welt hätte den alten Herrn des Schwarzhandels verdächtigt. Dem Vernehmen nach soll auch nie einer gekommen sein. Es sei denn, um Zigaretten zu kaufen.

Wie wenig man sich auf Konventionen noch verlassen durfte, wie fest andererseits Erziehung und Moralbegriffe verankert waren, wurde an Kleinigkeiten deutlich. Bei einem

Wiedersehen etwa konnten Floskeln, mit denen man gemeinhin seine Freude bekundet, spontanem Bedürfnis nach Klarheit zum Opfer fallen.
Da kam im Mai 1945, von den Engländern aus einem norddeutschen Gefängnis befreit, ein Freund nach München zurück, in die Stadt, wo ihn die Nazis verhaftet hatten. Zu Fuß ging er ins Heimatviertel Schwabing. Das Ausmaß der Zerstörung, die er zum ersten Mal sah, steigerte sein Überlebensglück, da entdeckte er auf der Leopoldstraße das erste bekannte Gesicht. Die Freude, die er ihm entgegensendete, prallte auf nicht zu übersehende Bestürzung: »Sag mal, du lebst ja!«
»Wie du siehst«, triumphierte der Heimgekehrte.
Das bekannte Gesicht erstarrte. »Das ist jetzt blöd ...«
Die seltsame Reaktion löste noch keinen Argwohn aus, wohl aber die berechtigte Frage, wieso das blöd sei.
»Wenn du dich erinnerst ...« Der andere stockte und begann neu. »Du hast mir vor deiner Verhaftung ein Paar Skistiefel geliehen. Eines Tages hieß es, sie hätten dich aufgehängt. Wir hatten es auch nicht leicht, da hab' ich sie verkauft ...«
»Ski Heil!« sagte der Heimgekehrte und gab dem Freund mit Schulterklopfen die Absolution.

Es war ein naßkalter Tag mit Regen- und Schneeschauern. An einem noch stehengebliebenen Schwabinger Wohnhaus der Jahrhundertwende wurde aus einem Fenster im vierten Stock an langer Schnur ein Körbchen heruntergelassen. Mit Hüpfern überwand es die stark vorspringenden Fenstersimse, bis etwa in Tischhöhe über dem Gehsteig die Abwärtsbewegung endete. Das Körbchen blieb hängen und drehte sich frei, linksherum, rechtsherum, wie das Werk einer Jahresuhr unterm Glassturz. Die Pirouetten machten Passanten aufmerksam. Wer näher trat, fand auf dem Boden des Geflechts einen Zettel. Darauf stand in großer, deutlicher, auch ohne Brille gut lesbarer Schrift:

> Bin krank und allein. Kann die Wohnung nicht verlassen. Wer mir helfen will mit Essen und Trinken (Milch vor allem), soll es vor die Tür stellen. Nicht läuten! Ansteckungsgefahr. Bitte Namen und Adresse beifügen. Wird baldmöglichst bezahlt.
> Herzlichen Dank
>
> Boris

Den Nachnamen ließ der findige Patient weg. Man kannte einander in der Straße.
Stunden später, nach umständlicher Schwitzkur und lauem Bad, öffnete er, dick vermummt, das Fenster, um das Körbchen wieder heraufzuziehen. Es war leer. Auch der Zettel mit dem Hilferuf fehlte. Freund Boris öffnete die Wohnungstür und stand für Sekunden starr. Der Anblick rührte ihn und wirkte wie eine Penicillinspritze. Was er vorfand mit dem fiebrigen Blick, der einem Kind vor dem Weihnachtsbaum eigen ist, entsprach der Wochenration eines Schwerstarbeiters: Milch flaschenweise, Eier, Butter, Brot, Wurst, Zucker, ein Topf mit dicker Suppe, eine Flasche Portwein und sogar Zitronen.
Nur eins fehlte. Keiner der Spender hatte seiner Bitte entsprochen, Namen und Adresse zu hinterlassen. Lediglich Wünsche für baldige Genesung ließen auf mehrere Samariter schließen – leider in unpersönlicher Blockschrift, was eine Identifizierung so gut wie unmöglich machte.
Nachdem die Kalorien die Bakterien besiegt hatten, dauerte es noch Wochen, bis Boris mit allerlei Tricks und Fang-

fragen seine Wohltäter überführen, sich erkenntlich zeigen und den damals wertvollen Kochtopf zurückgeben konnte.

Starauftrieb

Wenn sich die Branche für Ilse Kubaschewskis *Gloria*-Filmball herausputzte, repräsentierte sie die Stars und Starlets. Aus spiegelnden Limousinen stiegen sie in glitzernden Bühnenroben unterm Statusnerz, in Frack und Smoking mit Nelke im Knopfloch, sonnten sich im Scheinwerferlicht der Wochenschau, bevor sie in die Menge der Bewunderer und Autogrammjäger vor dem Eingang zum Ort des spektakulären Geschehens tauchten.
Ernste, ungeduldige Herren folgten ihnen, die niemand kannte. Produzenten, Verleiher, Produktionsleiter, Finanziers, Pressechefs, Drehbuchautoren, Komponisten, Regisseure, Ehemänner oder ständige Begleiter und Gäste.

Warum die Kabarettisten zu den Filmbällen eingeladen wurden, läßt sich nur ahnen. Vielleicht als Farbtupfer oder zum Beweis für vorhandenen Humor. Wir parodierten die Branche ja nicht gerade zimperlich. Fest auf der Gästeliste stand selbstverständlich Kabarettnestor Werner Finck. Einmal wurden wir unter flascher Flagge vorgestellt. Beim offiziellen Filmball im Deutschen Theater hatte man eine glitzernde Treppe errichtet, über welche die Stars einzeln und sinnbildlich zu ihrem Publikum hinabsteigen sollten.
»Almabtrieb«, lästerte Werner Finck hinter der Bühne, wo alle, an Haaren und Garderobe zupfend, auf ihren Auftritt warteten.
Draußen am Fuß der Treppe stand Axel von Ambesser mit

Namensliste als Zeremonienmeister. »Und jetzt kommt eine Kollegin aus England. Die Schauspielerin Jean Simmons!«
Sie stand vor mir und schwebte ins Scheinwerferlicht, in den Beifall. Ich rückte nach im Pferch wie ein Rodeostier. Was hatten wir hier verloren?
»Grüß schön!« alberte Werner Finck. »Und fall nicht.«
Meine Füße trabten an. Zur Unterscheidung vom Filmstrahlen zeigte ich das maliziöse Lächeln meiner parodistischen Zunft. Da es keine Filmhauptrolle zu benennen gab, etikettierte mich Freund Axel mit komödiantischer Spielfreude.
Nach mir kam wieder eine Echte, im filmischen Sinn des Wortes. Zirkusreif aufgeputzt, gebärdete sie sich so überwältigt, daß sie für einen Augenblick stehenbleiben mußte. Vielleicht lag's auch an dem unübersichtlichen Kleid oder war berechnet, um den Beifall zu verlängern. Nicht nur bei ihr, auch bei anderen wurde ich an einen Ausspruch der *Grande dame* der Operette, Fritzi Massary, erinnert: »Die Schauspielerinnen von heute können nicht mehr über eine Freitreppe hinunterschreiten.«
Von Werner Finck erwartete das niemand. Er schlurfte ins Licht, grüßte gekonnt linkisch mit der Hand und … stolperte. Wer ihn kannte, hatte das erwartet. Ein Auftritt ohne Text mußte bei ihm genau so seine Pointe haben.
Die Treppe verdeutlichte alles zum pedalen Psychogramm. Jede Absicht, jede Geziertheit, jede Hemmung offenbarte sich wie unter der Lupe.
Ansonsten überzuckerte Arglosigkeit die Filmbälle. Berechnung, Ehrgeiz und Neid blühten zwar offener, wurden aber durch die Narrenfreiheit gemildert, die diesem Gewerbe eigen ist. Ernst konnte auch Spiel sein und umgekehrt.

Man plätscherte mit im jungen Wohlstand, genoß die Oberfläche nach den schweren Jahren. Das mußte Folgen haben. Arglos schwelgten die Zuschauer in vielen, arglosen Filmen, zu arglos, um auf die Dauer im internationalen Geschäft mithalten zu können. Lieschen Müller schaufelte bereits an ihrem späteren Grab im Silberwald.
Einer, der stets dabei war beim großen Starauftrieb, eine mittlerweile legendäre Figur des deutschen Films, ließ sich im Ballsaal nur selten blicken: der Berliner Produzent Artur – Atze – Brauner. Während seine temperamentvolle Frau Maria keinen Tanz versäumte, während Alkohol, Rhythmus und Balz den Sinn für Geschäfte bereits weitgehend anästhesiert hatten, lauerte er, gleich dem Raubritter in der Talenge, an einem Portal, durch das alle irgendwann einmal kommen mußten – am Ausgang zu den Toiletten.
Sein Ballgeflüster war sterotyp, jeder kannte es: »Entschuldigen Sie einen Augenblick, ich möcht' mit Ihnen Vertrag machen ...«
Über die Gagen, die er anbot, hätte man sich andernorts entrüstet, zumindest milde gelächelt. Wie ein Autogrammjäger hielt Atze Formular und Feder bereit. Man zögerte zu zögern – um mit Werner Finck zu sprechen.
Die Hand gehorchte dem inneren Drang. Trotz Bedenken gegen die noch undeutliche Aufgabe kehrte man erleichtert auf die Spielwiese für privilegierte Wunderkinder zurück.
Es gab auch Verweigerer, internationale Filmgrößen, denen der Ruf vorauseilte, es sei nahezu unmöglich, sie mittels Vertrag festzunageln. Zu ihnen zählte der unermüdliche Damentorero, der ego- wie exzentrische Regisseur Roberto Rossellini. Durch seine Ehe mit Ingrid Bergman hatte er sich auch als Klatschspaltenlieferant ein Denkmal gesetzt. Der Maestro, so hieß es, lehne jeden Vertrag von vornher-

ein ab, äußere täglich neue, unerfüllbare Wünsche, komme grundsätzlich zwei Stunden zu spät und halte sich an keinen Drehplan. Für den sparsamen Atze Brauner ausreichende Gründe, ihn vor keiner Tür abzufangen.

Eine Münchner Filmproduktion besaß zufällig die Rechte an einem Stoff, der diesem Primadonnus liegen mußte, wie schon der Titel verrät: *Angst*. Das Wort – ein Omen für sich. Alle rieten ab. *Angst* mit Rossellini sei Selbstmord. Außerdem komme man als deutscher Produzent gar nicht an ihn heran.

Nun unterscheidet sich Franz Seitz – unter Freunden Buba genannt – von seinen Produzentenkollegen nicht nur durch hartnäckig betriebene Thomas-Mann-Verfilmungen. Dem hageren, stets dezent-eleganten Urbayern eignet neben seiner Leidenschaft für den Reitsport ein hintersinniger Humor im Valentinformat, der ihm ebensowenig ausgeht wie seine Tabakpfeife.

Zu Verhandlungen über ein anderes Projekt weilte Buba für einige Tage in der Ewigen Stadt. Nebenbei kam er auf Rossellini zu sprechen. Ein Filmkaufmann wußte, wo der Unberechenbare anzutreffen war und vergaß nicht, die bekannte Warnung zu wiederholen. Schlüssig klang sie nicht. Wenn Rossellini zu keinem Vertrag zu bewegen war, wie drehte er dann seine Filme?

Nach Antwort suchte der Münchner nicht, er hatte bereits eine Idee. Auf einer Abendgesellschaft machte der Filmkaufmann die Herren miteinander bekannt. Sie verständigten sich französisch. Franz Seitz blablate nicht lange. Er umriß den Stoff im Telegrammkonzentrat, nannte eine zusageträchtige Regiegage und ließ dem Köder die Einschränkung folgen: Auf einen Vertrag werde er verzichten. Künstlerische Tätigkeit entziehe sich juristischen Formulierungen. Die würden nur Unfrieden schaffen, indem sie ein großes Konzept in Kleinlichkeiten aufsplittern, um auf deren Erfüllung zu bestehen. Auch wenn diese von der schöpferischen Verdichtung längst überholt sind.

Befremdetes Schweigen. Rossellinis Brauen verharrten in Höchststellung. Romanische Textvorwegnahme mit Händen und Mienenspiel, endlich Worte: Ein Film ohne Vertrag? Wo bleibe da die Sicherheit?

»Im künstlerischen Impetus!« entgegnete Buba und fügte hinzu, daß er den Maestro für fortschrittlicher gehalten habe.

Impossibile!

Der Italiener preschte zum Rückzug vor. Er sei interessiert, den Film zu machen, ja er müsse ihn machen, bestehe aber auf einem Vertrag. Sein Anwalt werde ihn aufsetzen.

Mit einem Lächeln fügte sich der Produzent. Rasch einigte man sich über Einzelheiten, zumal Ingrid Bergman die Hauptrolle spielen sollte.

Alsbald kam das Ehepaar Rossellini nach München. Mit großem Renommiergerät, darunter ein Ferrari-Coupé, ein offener Rennsport-Ferrari, ein Rolls-Royce.

Landlauf, landab wurde gedreht. Die Produktionsleitung gab täglich zweierlei Dispositionen für den nächsten Tag heraus. Eine für Schauspieler und Stab, eine für die Familie Rossellini mit Drehbeginn um sieben Uhr früh.

Gegen diese, für sein Verständnis teutonische Arbeitswut protestierte der Maestro erwartungsgemäß. Er kam grundsätzlich zwei Stunden später, pünktlich zum normalen Drehbeginn um neun. Oft raste er vorher im Rennsport-Ferrari spazieren. Vorbei an der winzigen Windschutzscheibe traf ihn einmal ein kleiner Stein neben dem Auge.

Schwerverletzt legte sich Rossellini ins Hotelbett und ließ

das Unglück melden, um dann mittags tapfer im Atelier zu erscheinen und ohne Pause bis Mitternacht durchzudrehen. Im äußeren Augenwinkel klebte etwas in Hautrosa, nicht größer als ein Schönheitspflaster aus dem Rokoko. Es wuchs sich zu einer Art Talisman aus.

Tage später saßen wir in der Weinstube *Zur Kanne* in kleinerer Runde, der Maestro trug sein Pflaster, Ingrid Bergman lächelte. Nicht darüber, noch weil sie sich in der Öffentlichkeit befand – für viele Stars ein Anlaß, Natürlichkeit als Rolle darzubieten –, ihr Lächeln strahlte von innen. Sie trieb keinen modischen Aufwand, trug aus Rücksicht auf ihren Roberto Slipper ohne jeden Hauch von Absatz.

Aber nicht nur körperlich machte sie sich kleiner. Sie schwieg gern, konnte zuhören ohne Drang, Mittelpunkt zu sein. In der Arbeit war sie die personifizierte Disziplin. Sie beherrschte ihren Text, mußte ihn nicht vor jeder Einstellung nachschlagen. Nie hätte sie sich in einen Sessel gesetzt, der zur Dekoration gehörte – dort räkelten sich unausgeschlafene Starlets. Fehlte der Klappstuhl mit ihrem Namen, blieb sie stehen, als sei das selbstverständlich. Ihrer Garderobiere gelang es nicht, Kaffee für sie zu holen. »Das ist nicht deine Aufgabe«, sagte Ingrid Bergman und holte ihn selber. Ihre Herzlichkeit begeisterte alle. Sie gehörte sozusagen zum Stab.

»Da siehste den Unterschied«, berlinerte man hinter der Kamera, »det is eben 'n Weltstar.«

Ihr Name – zusammen mit dem des Maestro – lockte 2,6 Millionen Besucher in die Kinos und das, obwohl es sich um einen sogenannten anspruchsvollen Film handelte. Zum Vergleich: Seichte Renner brachten es seinerzeit auf acht Millionen Zuschauer und mehr. Bei entsprechend größerem Aufwand. Die Produktionskosten hatten sich auf DM 700 000 belaufen. Geschäftlich konnte der Produzent zufrieden sein, ebenso künstlerisch. Jean-Marie Straub, ein damals schon renommierter Cinéast, hielt *Angst* für den besten deutschen Film nach dem Krieg. Aus pekuniärer Sicht betrachtet muten die Fünfzigerjahre heute nachgerade exotisch an. In dem Schlagerfilm *Die süßesten Früchte* stand ein gewissen Peter Alexander mit dem Titelsong 1953 vor der Filmkamera, zwei Drehtage lang, den Tag zu einer Gage von DM 150.

Deutsche filmten im Ausland, Ausländer drehten in Deutschland. Der internationale Betrieb machte selbst vor mir nicht halt. Meine kabarettistischen Fertigkeiten konnten den Ausschlag nicht gegeben haben, denn der amerikanische Schauspieler und Produzent Douglas Fairbanks – lebenslänglicher Junior des legendären Hollywood-Altstars gleichen Namens – sprach kein Wort deutsch und hat unser Kabarett nie betreten.
Im Hotel Vier Jahreszeiten lernte ich ihn kennen und bekam meine erste Hauptrolle. In englischer Sprache. *Silent Night* hieß der Film. Er verklärte die Entstehung des Weihnachtsliedes »Stille Nacht« aus amerikanischer Sicht bis zum Segen des Salzburger Bischofs für den Komponisten. Und der war ich, Lehrer Gruber aus Oberndorf an der Salzach im bayerisch-österreichischen Grenzgebiet.
Auf der Kinoleinwand sah das Voralpenland dann mehr nach Disneyland aus, ein Ballungsraum von Folklore und Gemütlichkeit, mit U nicht mit Ü. Mittendrin Lehrer Gruber, vor sich auf dem Tisch die Zither und den Bierkrug. Nach einem letzten Schluck küßte ihn die Muse. Gewiß, es war kein Rheingold-Bier gewesen, dem die Welt das

berühmte Lied verdankte; man begnügte sich raffiniert mit der Assoziation. Rheingold-Beer, ein amerikanisches Brauereiprodukt jenseits des alpenländischen Reinheitsgebots, hatte den Film finanziert.
Mit dem Hollywood-Attribut des Verführers der Zwanzigerjahre, dem Menjoubärtchen, jenen zwei frivolen Gedankenstrichen über der Oberlippe, pries Douglas Fairbanks das Getränk im Vorspann und das in großer Höhe: auf der Terrasse des Schneefernerhauses unterhalb der Zugspitze, die seitdem im mittleren Westen wohl als Hausberg der Oberndorfer angesehen wird. Zur Premiere wurde ich nicht in die USA eingeflogen. Douglas Fairbanks jr. klopfte mir auf die Schulter und reiste ab.
Jahre später gab Benny Goodman sein erstes Konzert in München. Während der Pause nahmen mich Freunde in seine Garderobe mit. Eine kleine, mütterliche Frau öffnete die Tür, sah mich an und – wie heißt es doch so schön? – sie konnte den Blick nicht von mir wenden.
»I know you!« sagte sie und überlegte. »I'm sure I know you.« Nach einem Augenrollen schnippte sie mit den Fingern. »Christmas! Yes. *Silent Night!* You are Lehrer Gruber, aren't you?«
Wie sich herausstellte, lief der Film jahrelang zu Weihnachten im US-Fernsehen. Der Popularitätsrausch des Filmstars aber blieb für mich auf dieses eine Mal beschränkt, und so ist mir der Name von Benny Goodmans Sekretärin unvergessen. Muriel Zuckerman.

Es war eine fröhliche Zeit beim deutschen Nachkriegsfilm. Nicht nur aus meiner Kleintierperspektive. Mit geschultem Improvisationstalent tat man, was man glaubte, daß man konnte, um den Anschluß an das internationale Niveau wie-

der herzustellen. Technisch, finanziell, künstlerisch. Die Prozentanteile dieser drei Ingredienzen variierten.
Es gab Beachtliches, wie *Nachtwache, Duell mit dem Tod, Berliner Ballade.* Es gab die treuherzige Verwechslung von Gehalt mit Breite – im neuen Breitwandformat, einer technischen Revolution ohne erkennbare künstlerische Folgen. Format und Format sind eben zweierlei. Der deutsche Drang zur Tiefe lebte auf, die Problemsuche in Trümmern, das Erneuerungsgebaren. Zu manchem Seelenorgasmus kam's – Charaktertriumph im Dickicht schicksalsschwerer Entscheidungen, Großmut vor Ort, wo andere versagen würden, trotz Klavieruntermalung. Die alte Ufa stand Pate, wie gehabt, in besten Akademikerkreisen, und Franz Schafheitlin spielte den Hausfreund, der eigene Begierde überwand: »Ich kann und darf nicht an mein Glück denken!«
Das einfache Glück fehlte nicht, die wundersame Fügung unter gesunden Gemütern in Gottes herrlicher Natur. Ein herzhafter Kuß oberhalb der Baumgrenze – wer möchte ihn verwehren, wenn ferne Blasmusik aus dem Tal das Dorffest ankündigt, just der rechte Platz, die Verlobung bekanntzugeben? Mag auch der Steinbock den Kopf schütteln wie ein gehörnter Voyeur.
Manch weißes Rößl trabte, als wär's ein Lipizzaner; Goldkehlen trällerten im Konditionsrokoko des Jagdschlößchens, wo der fesche Rittmeister beim Kammerfensterln seine weiße Unterhose zerriß. So spielt es halt, das Leben.
Und dann – die wahre Tiefe, die Leere, das Nichts unter der verlorenen Hose. Verlorene Zeit, millionenhaft belacht.
Endlich war der Krieg auch kulturell verloren. Auf dem Weg über die *Die letzte Brücke* vollzog sich die Wende zum Wunder: der deutsche Film wurde erwachsen. Eltern, Verwand-

te, Spielgefährten denken noch heute mit Wehmut an seine unbeschwerte Kindheit zurück. Jetzt wissen sie, was nicht in den Drehbüchern stand: Fröhliche Zeiten erkennt man an den arglosen Fehlern, aus denen unfröhlichere erwachsen. Weil niemand auf die Nestbeschmutzer hört.

Zurückgeblättert

In der Münchner Abendzeitung vom 10. Juni 1952 stand unter *Ganz privat* zu lesen:

> In den frühen Morgenstunden des Samstags hat sich in der *Arche Noah* der Münchner Kabarettist Oliver Hassencamp an einem Käsebrot einen Backenzahn ausgebissen.

Kommentar:
Man war damals für den Verlust von Privateigentum noch so trainiert, daß man sich später nur schwer daran zurückerinnern kann. An meinem Backenzahn hatte wohl der Kollege von der Zeit hauptsächlich genagt. Die jahrelange Überforderung mit hartem Kommißbrot kann als ausschlaggebend angenommen werden. Der Käse in der Arche Noah jedenfalls war 1952 längst wieder von friedensmäßiger Qualität. Das Lokal, damals ein beliebter Schwabinger Treffpunkt, befand sich auf einem Trümmergrundstück Ecke Leopold/Martiusstraße in einer alten Militärbaracke, wo der Boden beim Tanzen federte, nicht nur weil die Drei-Mann-Kapelle sehr heiße Musik produzierte.
Betrieben wurde der Laden von einem bühnenflüchtigen Schauspieler. Knut Benecke hieß er – wir hatten zusammen im Brunnenhoftheater auf der Bühne gestanden, ohne nennenswerten Mißerfolg, hatten als Schwarzhändler dagegen kläglich versagt.
An dem zunächst vielversprechenden Versuch, kurz vor der

Währungsreform einige hundert Flaschen Himbeergeist aus nicht mehr rekonstruierbarer Quelle mit Gewinn zu veräußern, wären fast unser beider Lebern betriebsuntauglich geworden.
Nachgerade dilettantisch seriös fühlten wir uns im allgemeinen Betrugsklima verpflichtet, die Ware vor Weiterverkauf zu prüfen. Nicht stichprobenweise, sondern durch ein Schlückchen aus jeder Flasche. Ärzte fanden für unser reelles Geschäftsgebaren eine völlig andere Bezeichnung. Sie sprachen von Alkoholvergiftung. Es blieb nicht bei diesem Schlag. Das Geschäft scheiterte – der Abnehmer war plötzlich verschwunden.
Die Erinnerung an diesen Verlust ist lückenlos. Schon beim Duft von Himbeergeist rebelliert noch heute der gesamte Organismus. Ich kann hier mit gutem Gewissen für den Ex-Kollegen Benecke sprechen, der sich später nach Süden abgesetzt hat. Er betreibt in Spanien ein Restaurant. Sollte auf der Getränkekarte von Don Knut unter *Spirituosen* kein Himbeergeist zu finden sein, wäre das nur zu verständlich.
In die Rolle des Gastronomen war er geschlüpft, um eine Zeit ohne Engagement zu überbrücken. Er half aus, entdeckte dabei unvermutete Talente und nutzte sie, bis aus der Überbrückung ein Beruf wurde. Da ihm das Grundstück, auf dem die Arche stand, nicht gehörte und er an Asthma litt, war die Auswanderung eine Existenzfrage. Seine Freundin und Kollegin ging mit. Als seine Frau.
Schicksale zeigten sich damals deutlicher. Was man ist, das ist man geworden. Gelernt hat man's nicht, um es zu werden. Probieren ging – wie man so sagt – über Studieren. Mancher arbeitete sich in eine Tätigkeit ein, die sich ergab, weil er in der Nähe wohnte. Oder frei nach dem immer hilf-

reichen Geheimrat Goethe: Keiner kennt seine Kräfte, ehe er sie nicht versucht hat. – Kräfte, die er, ohne Not vor eine Berufswahl gestellt, nie bei sich vermutet hätte.
Und so lächelt heute mancher über planmäßige Ausbildung. Nicht nur bei Akademikern, wo die Speicherfähigkeit des Gehirns honoriert wird, unbesehen innerer Beziehung zum Metier, dem Talent, etwas Eigenes damit anzufangen, von Lust am Risiko gar nicht zu reden.
Heute geht es um Sicherheit. Löblich gewiß, doch für ein langes, zufriedenes Berufsleben etwas wenig. Die angeblich betrogene Generation lächelt zuletzt. Ihre Aussichtslosigkeit war ein elementarer Ansporn. Aus Handicap wurde Vorsprung.

> Im Schlafzimmer des Staatsintendanten Curth Hurrle (Theater am Gärtnerplatz) nistet ein Schwalbenpärchen, das auf vier Eiern brütet.

KOMMENTAR:
Diese *Ganz Privat*-Meldung der Münchner Abendzeitung aus dem Jahr 1952 erhellt in zu Herzen gehender Weise die noch immer angespannte Lage auf dem Wohnungsmarkt. Daß Schwalben ungehindert in den Intimbereich eines gehobenen Staatsdieners vordringen konnten, war für den Bürger beruhigend. Er wußte sich in der jungen Demokratie geborgen. Hier wurde der Wiederaufbau gerecht vorangetrieben. Schäden in den Behausungen wichtiger Persönlichkeiten hatten keinen Vorrang.
Der Staatsintendant selbst und seine Frau gewannen zusätzlich Sympathien. Einerseits als Tierfreunde, indem sie das Schwalbennest ließen, das ihr eigenes Nest erheblich bekleckerte, andererseits als Kulturschaffende. Sie waren keine Miefschläfer hinter geschlossenen Gardinen, keine

verqueren Stubenhocker. Sonst hätten sich die sensiblen Vögelchen einen anderen Nistplatz ausgesucht.
Ihr Verbleib bewies das Niveau ihres Hauptmieters. Gerade ein Theatermann braucht in seinem fensterlosen Musentempel einen gelüfteten Kopf, um das Schwingungsspiel auf der Bühne in Harmonie zu bringen. Schwalbendreck ist gewiß ein seltenes, gleichwohl überzeugendes Lob für die Qualitäten eines künstlerischen Menschen.

Ideen waren damals alltäglich. Auch beim Bayerischen Rundfunk. Die folgende Zeitungsmeldung mag es belegen. Ein Mitarbeiter des Senders hatte vorgeschlagen, als Gegenstück zu der Sendereihe *Die Regierung spricht* eine andere, *Die Regierten sprechen*, einzuführen.
»Ich finde«, sagte er, »daß für den einfachen Staatsbürger, der hilflos der Staatsmaschinerie gegenübersteht, ein Forum geschaffen werden müßte, in dem er zu Wort kommt. Allerdings nicht bei privaten Nörgeleien, sondern nur in Fragen, bei denen es sich um einen echten Konflikt zwischen Bürger und Staat handelt.«
Daß ein Staatsminister davon hörte, mag Zufall gewesen sein. Um so gezielter war seine Antwort:

> Die Demokratisierung des Rundfunks ist nur darauf abgestimmt, das Volk vor der Regierung zu warnen. Damit erzieht man eine Anarchie des Volkes, die auf die Dauer den Bestand des Staates untergraben muß. Es ist an der Zeit, dieser Entwicklung entgegenzutreten!

KOMMENTAR:
Bei vorliegendem Text handelt es sich – so unwahrscheinlich das anmuten mag – *nicht* um Sience fiction von Ludwig Thoma. Der Vorschlag wurde 1949 tatsächlich gemacht.

Ideenfeind im Kabinettsrang war der Restaurator und Schwarzmaler Dr. Alois Hundhammer. Sein Kinnbart galt damals als Erkennungszeichen für altväterische Rückschrittlichkeit. Seine Denkweise dagegen beschleunigte die befürchtete Demokratisierung. Unfreiwillig hat er sich um das Vaterland verdient gemacht. Und um das Kabarett – eine seltene Union.

November 1955

Prinz Franz von Bayern siedelt in den nächsten Tagen zur Fortsetzung seines Jurastudiums von Schloß Berg nach Schloß Nymphenburg über.

KOMMENTAR:

Sozusagen das Gegenteil von Millöckers *Bettelstudent* und Beweis für den Aufschwung im Freistaat. Kein Mangel an Schlaf- und Studienplätzen. Für einen Bayern.

3. Februar 1954

Die Zeitschrift »Madame« veröffentlicht in einer Reportage über Schwabinger Leben ein Oktoberfestfoto der beiden Karikaturisten der Süddeutschen Zeitung, Ernst-Maria Lang und Ernst Hürlimann, mit dem Bildtext: »Auch Fernfahrer sind vertreten.«

KOMMENTAR:

Der Psychophysiognomik, nach Carl Huter die Wissenschaft, vom Äußeren auf das Innere zu schließen, an Körper, Gesicht, Charakter, Talente und Tätigkeit abzulesen, wurde hier nicht bemüht. Sonst hätte man bemerkt, daß der Umgang mit dem Zeichenstift andere Züge prägt als der Umgang mit Schaltknüppel und Handbremse. Um Irrtümer zu vermeiden, beschriften Bildreporter ihre Schnappschüsse.

Hat der Redakteur seine Sorgfaltspflicht vernachlässigt? Vermutlich durfte Schwabing nicht nach elitärem Künstlerviertel aussehen. Der Trend zum Sozialen mußte durchschimmern und sei's auf Kosten der Richtigkeit – ein Beispiel, das Schule machen sollte.

15. Januar 1954

Erich Kästner machte bei der Geburtstagsfeier für den Schriftsteller Wilhelm Herzog den Vorschlag, die Herzog-Wilhelm-Straße in Wilhelm-Herzog-Straße umzubenennen.

KOMMENTAR:

Obwohl aus Scherz oft Ernst wird – man braucht ihn nur falsch zu verstehen –, geschah in diesem Fall nichts. Vielleicht dachte der zuständige Beamte, der eine sei in der Bevölkerung so unbekannt wie der andere.

22. Oktober 1955

Generalkonsul Herbert G. Styler bediente sich im »Weichandhof« selbst, da die ganze Belegschaft mit einer Hochzeit voll beschäftigt war.

KOMMENTAR:

Daraus sollte nicht geschlossen werden, der Generalkonsul habe der Einfachheit halber auch gleich das Hochzeitsmenü mitgegessen. Bei allem Entgegenkommen wahrte er doch stets Distanz.

16. November 1955

Bei einem Abend im Hause des Rechtsanwalts Dr. Fritz J. Berthold las Joseph-Maria Lutz aus seinen Werken, die Weilheimer Vier sangen und Thomas Wendlinger spielte bayerische Volksmusik. Unter den Gästen befanden sich

Staatsminister Friedrich Zietsch, Staatssekretär Joseph Panholzer, Dr. Alois Hundhammer, Staatsintendant Prof. Rudolf Hartmann, die Regisseure Willi Forst und Franz Antel, Fred Kraus und Hannelore Bollmann.

KOMMENTAR:
Solche buntgemischten Gesellschaften sollte Fritz Berthold nicht mehr lange geben. Sein Berufsethos kollidierte mit Parteiinteressen – wie er's umschrieb. Seine spektakuläre Verhaftung mit Fernsehen und Presse markierte für viele eine Wende zum Wundern. Zivilcourage wurde Störfaktor, die politischen Sitten begannen schon wieder zu verfallen.

Weihnachtsbilanz einer deutschen Familie von 1945–1959

1945	Vater	amerik. Taschenlampenbatterie, Paar Schuhsohlen
	Mutter	Wiechert: *Das einfache Leben*, Wollstrümpfe, 0,5 Pfund Kaffee
	Sohn	Kasperlefiguren
	Tochter	Puppe (aus Uniformstoff)
	Onkel Eugen	Großvaters Regenpelerine
	Tante Lisbeth	2 Topflappen
	Freund Paul	Ohrenschützer
	Schwiegervater	(im Lager)
1947	Vater	Fahrradschläuche, Schweizer Chronometer, Camel
	Mutter	Amerikanische Wolldecke, Dose Nescafé, *Das Buch vom Tee*
	Sohn	Candies, Roller (antiquarisch)
	Tochter	Candies, Kleidchen (aus Tischdecke)
	Onkel Eugen	Rasierapparat (gegen Raucherkarte)
	Tante Lisbeth	Peanutbutter, Reader's Digest
	Freund Paul	Lucky Strike, Aluminiumaschenbecher
	Schwiegervater	(noch im Lager)
	Captain Sullivan	Altdeutschen Zierhumpen, Perserbrücke

1949	VATER	Schonbezüge (Opel P4) Anzugstoff, Camel
	MUTTER	Kalbfellmantel, Nylonstrümpfe, Schuhe
	SOHN	Anorak, Karl May
	TOCHTER	Teddybär, Pullover
	ONKEL EUGEN	Diplomatentasche, Krawatte
	TANTE LISBETH	Christstollen, Flasche Vermouth
	FREUND PAUL	Fahrrad (vom Vater)
	SCHWIEGERVATER	Argentinienreise (einfach)
1951	VATER	Borgward, Smoking, Cognac, Zigarren
	MUTTER	Cocktailkleid, Perlenkette
	SOHN	Fahrrad, Werkzeugkasten
	TOCHTER	Kunstlaufschlittschuhe, Webrahmen
	ONKEL EUGEN	Schweizer Chronometer (vom Vater)
	TANTE LISBETH	Christstollen, Flasche Vermouth
	PUTZFRAU	Wollschal, Handschuhe
	CHEF	Kunstdruck (Böcklin)
1953	VATER	Goldene Uhr mit Goldarmband, Siegelring, Zigarren, Reise- und Opernführer
	MUTTER	Persianer, Ceram: *Götter, Gräber und Gelehrte*, Siegelring
	SOHN	Moped, Duffle Coat
	TOCHTER	Skiausrüstung, Duffle Coat
	ONKEL EUGEN	Ledermantel, Kirst: *08/15*
	TANTE LISBETH	Christstollen, Flasche Vermouth
	DIENSTMÄDCHEN	Eau de Cologne, Wecker
	GESCHÄFTSPARTNER	Kiste Spätlese

1955	Vater	Krokodilbrieftasche, Krokodilfüllhalteretui, Korkodilzigarettenetui, Krokodilstreichholzetui, Brillantring
	Mutter	Krokodilhandtasche, Krokodilschuhe, Brillantring, Fernsehtruhe (Chippendale)
	Sohn	Vespa, Siegelring (vom Vater)
	Tochter	Plattenspieler, Schallplatten, Siegelring (von der Mutter)
	Tante Lisbeth	Christstollen, Flasche Vermouth
	Dienstmädchen	Kofferradio, Eau de Cologne
	»X«	Kofferradio, Eau de Cologne, Seife, Appartement, Modellkleid, Krokodilhandtasche
1957	Vater	Chrysler, Ferienhaus (Tessin), Cuba-Zigarren
	Sohn	Volkswagen, Smoking, Magnetophon, goldene Armbanduhr
	Tochter	goldenes Armband, Cocktailkleid (von Dior), Satz Lederkoffer, Krokodilhandtasche
	1. Dienstmädchen	Gehaltserhöhung, Eau de Cologne, Seife
	2. Dienstmädchen	Gehaltserhöhung, Eau de Cologne, Seife
	Abgeordneter Y	Freßkorb (DM 400)
	Rechtsanwalt	Freßkorb (DM 500)
	»X«	Nerzstola, 190 SL
1959	Vater	Manschettenknöpfe (18 Karat), Gehpelz, Cuba-Zigarren

TOCHTER	Appartement, Nerzstola, 190 SL
1. DIENSTMÄDCHEN	Eau de Cologne, Seife, DM 500 (im Kuvert)
2. DIENSTMÄDCHEN	Eau de Cologne, Seife, DM 250 (im Kuvert)
CHAUFFEUR	Gehaltserhöhung, Ledergürtel, Feuerzeug
RECHTSANWALT	Gotische Madonna (Lindenholz)
STEUERBERATER	Krimsekt, Dose Kaviar
GEMEINDEKASSE TESSIN	DM 5000
»X2«	Appartement, Modellkleid, Krokodilhandtasche
SOHN	Kaution (DM 20 000)

Ausklang mit Musik

Mancher mag den düsteren Hintergrund jener Zeit vermißt haben, die nackte Not, die es wahrlich gab. Sie wurde in anderen Büchern ausreichend beschrieben.

Der Mensch ist so geschaffen, daß er die Schrecken vergißt. Das Erfreuliche aber, das soll man aufschreiben, über jene berichten, die bei aller Misere ihren Humor nicht verloren haben. Ihnen ist dieses Buch gewidmet. Mein Dank gilt allen Freunden, die dazu beigetragen haben.

Schließen wir mit Musik.

Weil Musik den Schwingungszustand einer Ära am deutlichsten beschreibt. Das freiheitliche Lebensgefühl unserer Jugend, das der Jazz ausgedrückt hatte, endete weltweit mit dem Übergang zum Rock'n'Roll.

Verwundert erwachte die Kriegsgeneration aus ihrem Traum von der großen Freiheit. Ihre Bereitschaft, die Welt zu umarmen, gefror in dem Klima zunehmend menschenfeindlicher Technik und rüder Geldmacherei. Ein neues Lebensgefühl, eine Musik aus Angstschreien im Phonbereich schwerer Artillerie machte Verständigung unmöglich, wollte das. Trotzig erklärten die Jungen den Älteren den Krieg. Um Frieden zu erzwingen, wie sie ihn sich vorstellten, probten sie die Kulturrevolution. Und scheiterten an ihrer Blaublumigkeit.

Man kann die Altvorderen nicht ins Abseits schieben. Sie werden nicht weniger, sie werden immer älter. Neue Alte rücken nach. Das macht sie unumgänglich. Noch verteidigt eine bärtige Nachhut den neurotischen Kindergarten, und schon kündet die Musik der Noch-Jüngeren ein noch neueres Lebensgefühl. Mit leiseren, gläubigeren Tönen, scheu umarmungsbereit, voller Hoffnung. Wo die Bäume sterben, sind wir auf dem Holzweg. Und warten auf die nächste Musik.

Nachwort

Mein Dank gilt allen aus der alten Clique, die sich mit mir in Gesprächen erinnert haben. Anfängliche Befürchtungen, nichts mehr zu wissen, weil die Ereignisse zu weit zurücklägen, verflüchtigten sich rasch. Meist genügte der Name einer Person oder eines Schauplatzes, und die Vergangenheit klappte auf wie ein Fotoalbum.

Kann man Erinnerungen trauen? Oder droht nach Jahrzehnten Veteranenstolz die Realitäten zu überwuchern? Nimmt sich nicht gerade die Jugendzeit, nachdem Mühsal und Leid vergessen sind, wie eine Kette tolldreister Begebenheiten aus? Bei Schilderungen einiger wäre Vorsicht geboten, nicht aber, wenn sich viele unabhängig voneinander bis in Details übereinstimmend äußern. Daß sie nichts vergessen haben, beweist Authentizität und Qualität ihrer Eindrücke. Manche wollten nicht namentlich genannt werden, andere hatten nichts dagegen.

Einhelliges Urteil aller im nachhinein: Wir hatten eine besonders intensive, abenteuerlich schöne Jugend. Langeweile, Selbstmitleid, Resignation gab es nicht. Wir waren davongekommen, eine Generation der Todesangst, bei der jede Stunde im Freundeskreis zum Fest wurde, weil sie die letzte sein konnte. Lebensangst kannten wir nach der Befreiung trotz fehlender Zukunftsaussichten nicht. Alle haben ihren Weg gemacht und könnten notfalls – was Gott verhüten möge – noch einmal bei Null anfangen.

184 S., ISBN 3-7844-2577-1

Gabriel Laub

Man kann's auch positiv sehen

Das Leben kann so schön sein, man muß nur die richtige Perspektive finden.

Gabriel Laub macht entsprechende Anregungen zu Klima, Politik, Reise, Liebe und unzähligen anderen Themen und bietet satirische Problemlösungen für jede Stimmung. Lesevergnügen auf höchstem Niveau mit treffenden Zeichnungen von Marian Kamensky.

Langen Müller